차례

● 표 차례

● 그림 차례

● 부록 차례

제**1**장

부상(浮上)하는 중국: 현상유지국인가, 도전국인가?*
미·중 국제구조의 현재와 미래

I. 머리말

2010년 중국은 GDP와 국방비 지출 면에서 미국에 이어 세계 2위를 기록했으며[1] 인구(13억 3천8백만 명)와 현역병 보유수(2백3십만 명)에서 세계 1위를 기록하고 있다.[2] 이처럼 명실상부한 강대국으로 급부상하고 있는 중

---

* 이 글은 남궁영·양일국, "중국의 부상을 보는 두 시각: 현상유지국인가, 도전국인가?" 『21세기 정치학회보』 제22집 2호(2012)를 수정·보완한 것이다.

1) 세계 GDP 현황은 World Bank, http://data.worldbank.org/indicator/NY.GDP.MK TP.CD(검색일: 2011년 9월 15일); 국방비 지출 현황은 SIPRI(Stockholm International Peace Research Institute), http://www.sipri.org/databases/milex(검색일: 2011년 9월 27일).

2) 세계 인구 현황은 World Bank, *World Development Indicators Database*, July 2011; 현역병 보유수는 Global Fire Power, http://www.globalfirepower.com/active-mili-tary-manpower.asp(검색일: 2011년 9월 27일).

국을 보는 국제사회의 시각은 긍정적 입장과 부정적 입장이 혼재돼 있다. 영국 BBC가 2011년 3월에 27개국 2만 8천 명을 대상으로 설문조사한 결과에 따르면, 미국·프랑스·캐나다·독일 등 주요 선진국에서는 중국이 경제 대국으로 성장하는 것에 대해 부정적인 견해가 과반을 차지한 것으로 나타났다. 반면 조사 대상국 전체로 볼 때는 평균 50%가 중국의 부상을 긍정적으로 보았고, 부정적 시각은 33%에 그치고 있다.3) 특히 주요 선진국들이 중국의 부상에 대해 부정적 입장을 보인 것은 중국의 부상으로 인해 자국의 이익이 직·간접적으로 침해될 수 있다는 우려를 하고 있음을 보여준다. 그 외에도 중국의 폐쇄적·권위주의적 체제 또는 인권탄압 등에 대한 반감 등 다양한 배경이 자리하고 있다.

한편, 긍정적 입장은 중국의 부상을 자국의 이익을 위한 하나의 기회로 인식하거나 중국 역시 기존의 세계질서(민주주의·인권·자유·국가 간 협력의 중요성 인정 등)에 안정적으로 편입해 상호 이익을 거둘 수 있을 것이라는 낙관적 기대가 녹아 있다. 결국 중국의 미래에 대한 낙관 또는 비관의 주된 논거는 중국이 국제규범 준수·자유무역·민주주의 등 주로 미국이 강조하는 가치에 대해 어떤 태도를 취하느냐에 달려 있는 것이다.

국제정치이론의 측면에서 보면, 중국이 현상유지국이 될 것이라는 낙관적 시각은 중국 역시 보편적인 국가들과 마찬가지로 국제사회에서 국익을 추구하기 위해 기존의 질서를 수용해야 하며, 그 질서를 전복할 수 있는 역량이 있기 전까지는 자세를 낮추고 공존을 모색할 수밖에 없다는 현실주의적 입장과4) 자유로운 국제무역과 교류·상호의존의 확대가 상호이득을 가져다 줄 것이라는 자유주의적 시각으로 구별될 수 있다.5) 반면 중국이 국제

---

3) 『연합뉴스』, "중국 경제대국 부상에 우려 증가 〈BBC〉," 2011년 3월 28일.

4) Patric E. Tylor, "Who's Afraid of China?" *New York Times Magazine*, August 1, 1999, pp.46-49.

5) Aaron L. Friedberg, "The Future of US-China Relations: Is Conflict Inevitable?" *International Security*, Vol.30, No.4(Fall 2005), pp.12-16; Alastair Iain Johnston, "Is China a Status Quo Power?" *International Security*, Vol.27, No.4(Spring 2003),

사회에 도전할 것이라고 보는 비관론은 중국이 현재와 같이 급성장을 통해
축적한 막강한 국력을 바탕으로 미래에 패권국의 지위를 얻기 위해 필연적
으로 기존 국제질서에 도전할 것이라는 인식에 기초하고 있다. 따라서 중국
의 패권추구 과정에서 다양한 갈등과 분쟁이 불가피하다는 현실주의적 가정
을 바탕으로 하고 있다.6) 동시에 자유주의적 시각에서도 미국을 포함한 자
유 진영과 1당 권위주의체제인 중국 사이의 상이한 이념과 역사·문화적 배
경 등으로 자유로운 상호교류가 결코 순탄하지 않을 것이기 때문에 갈등의
심화는 언제든지 출현할 수 있다는 우려가 제기되고 있다.7)

　이처럼 중국의 부상과 미래에 관해 비슷한 전망을 내놓는다 해도 국제정
치에 대한 기본시각과 근거는 다를 수 있으며, 대체로 유사한 이론적 공동체
에 속한 학자들 사이에서도 낙관과 비관이 엇갈리고 있다. 따라서 누구도
미래를 정확히 예측할 수 없는 현 단계에서는 한쪽 시각이 더 옳다는 식의
논쟁보다는 객관적 지표를 바탕으로 미래 중국의 도전 또는 현상유지의 가
능성이 어느 정도이며, 각각의 예측이 실현 또는 억제되는 데 있어 어떤 제
반 환경이 요구되는지를 규명하려는 노력이 더 중요할 수 있다. 이러한 측
면에서, 중국의 부상과 미래를 보다 객관적인 국제정치이론의 틀에서 검토
함으로써 중국이 기존 국제질서에 도전하거나 또는 수용하는 데 있어 필요
한 조건을 규명해 보고자 한다.

　이 글에서는 중국 부상에 대한 낙관론과 비관론을 현실주의와 자유주의
의 입장에서 검토한 뒤, 양측의 근거를 바탕으로 중국이 국제사회의 책임

---

pp.38-49. 자유주의자는 모든 국가는 비교우위를 가지며, 각국이 비교우위에 있는 상
품 생산을 지향하는 것이 전체로서의 세계복지에 최선이라고 믿는다. 모든 국가는 상품
의 자유교환, 투자의 자유로운 유입, 노동의 국제적 분업화를 통해 세계의 희소자원을
효율적으로 이용함으로써 이득을 취할 수 있다고 본다. 남궁영, 『국제정치경제 패러다
임과 동아시아 지역질서』(서울: 도서출판 오름, 2011), p.27.

6) 이러한 공격적 현실주의에 관해서는 John J. Mearsheimer, *The Tragedy of Great
Power Politics* (New York: W. W. Norton & Company, 2001) 참조.

7) David Shambaugh, "Containment or Engagement of China?: Calculating Beijing's
Responses," *International Security*, Vol.21, No.2(Fall 1996), pp.180-209.

있는 일원으로 안착할 수 있는 조건을 도출하고자 한다. 또한 여러 지표에 근거해서 현재 중국의 부상이 어느 정도 진행됐으며 그 배경과 요인이 어디에 있는지를 분석한 뒤 가까운 장래에 중국의 부상이 어떤 양상으로 전개될 것인지 전망해 볼 것이다.

II. 중국 부상을 보는 낙관론과 비관론

현실주의적 관점이 반드시 갈등으로 귀결되거나 자유주의적 관점이 평화로 귀결될 것이라는 이분법적 단정은 중국의 부상과 미래를 인식하는 데 논리적 오류의 문제를 안고 있다. 여기에서는 이러한 단선적 접근을 좀 더 개선하여 현실주의와 자유주의 입장에서 각각 어떠한 근거로 낙관 또는 비관론을 전개할 수 있는지를 살펴보고자 한다. 물론 현실주의와 자유주의는 하위 영역에 다양한 분파가 존재하며 경합하고 있기 때문에 이들 두 관점이 근거하고 있는 기본 가정을 중심으로 논의하고자 한다.

1. 낙관론: 현상유지론

중국의 미래에 대한 낙관론은 중국이 현상유지를 지향하는 가운데 국제사회의 규범을 준수하고 무력이 아닌 협상을 통해 갈등해결에 나설 것이라는 믿음에 기초하고 있다. 더불어 무역·투자 등의 합법적 수단으로 국익을 추구하며, 인권 등 보편적 가치를 수용하는 방향으로 나아갈 것이라고 기대하고 있다. 낙관론자들은 주로 자유주의자들로, 중국이 합법적인 국제무역과 투자를 통해 고도성장을 계속하고 있다는 점과 국제연합(UN: United Nations), 세계무역기구(WTO: World Trade Organization), 아시아·태평

분쟁이 심화될 경우 얼마든지 미국과의 군사적 충돌도 가능하다고 경고하였다.[21] 이들은 낙관론을 주장하는 자유주의자들이 종종 강조하는 중국의 경제성장도 군사대국화로 가기 위한 것으로 인식하는 경향이 있으며 중국이 미국에 도전하기 이전에 미국을 위시한 국제사회가 "중국이 원하는 것을 얻기 전에" 이를 응징할 수도 있다는 점도 아울러 강조하고 있다.[22]

2) 자유주의에서 본 비관의 근거

자유주의는 국가 간 무역 등 자유로운 상호 교류와 의존이 평화를 가져온다는 입장을 견지하고 있다. 대체로 낙관론을 지지하는 자유주의 진영에서도 자유로운 상호 접촉과 교류가 제약되는 상황을 가정할 때에는 비관론의 전개가 가능해진다. 자유주의적 비관론자들은 특히 중국 정권의 속성, 역사·문화적 상황 등으로 인해 미국을 위시한 자유진영과 상호 신뢰 및 의존이 어렵다는 점을 우려하고 있다.

우선 민주주의 국가와 비민주주의 국가 간 갈등의 가능성이 크다는 점을 들 수 있다.[23] 자유주의적 비관론자들은 중국의 지도자들이 설득력 없는 공산주의의 계승자이며 정권 자체가 자유선거가 아닌 군과 정보기관에 의지해 유지되고 있음을 주목한다. 또한 국제사회와 인권 문제로 잦은 갈등을 빚고 있다는 점에서 이러한 추세가 심화될 경우 국제사회의 책임 있는 일원으로 안착하기 힘들 것이라 전망하고 있다. 또 거시적으로 중국이 권위주의에서 민주주의 정권으로 이행하고 있다 하더라도 민주화 초기 단계에는 외부와 더 많은 분쟁과 갈등이 있을 수 있다는 점, 그리고 미국이 그간 자유를 억압하는 국가들과 마찰을 빚어왔다는 점을 강조하고 있다.[24] 더구나 이러

---

21) Richard Bernstein and Ross H. Munro, "The Coming Conflict with America," *Foreign Affairs*, Vol.76, No.2(March/April 1997), pp.18-32.

22) Friedberg(2005), p.20.

23) 마이클 도일은 "법치화되고 상업적 이익을 공유하며, 국경을 넘어 개인의 인권을 존중하는 국가는 비민주국가와 갈등을 빚기 쉽다"고 지적하였다. Michael Doyle, "Kant, Liberal Legacies and Foreign Affairs, Part 2," *Philosophy and Public Affairs*, Vol.12, No.3(Summer 1983), pp.325-326.

한 권위주의적 정권은 경기가 불황으로 접어들 경우 국가주의에 호소하고, 국민의 불안과 좌절감을 외부, 즉 일본, 대만 또는 미국으로 돌려 지지를 결집할 것이라는 우려도 제기된다.[25]

III. 중국의 낙관적 부상을 위한 조건

여기에서는 현실주의와 자유주의의 시각에서 상정한 낙관론이 실현되기 위한 조건을 정리해보기로 한다. 첫째, 미국의 국력이 중국을 억제할 수 있

〈표 1-1〉 중국 부상과 미래에 대한 현실주의·자유주의의 낙관 및 비관 근거

	현실주의	자유주의
낙관론	• 미국 및 동조하는 동맹국들의 견제 • 미국에 대한 편승(bandwagon)	• 자유무역을 통한 상호의존·이해 증진 • 국제기구 및 협약에의 적극적 참여를 통한 보편적 질서 수용
	국제사회와 협력	
비관론	• 패권국이 되기 위한 분쟁 유발 • 경제력을 바탕으로 군사대국화	• 선진국들과 상이한 정치체제로 인한 상호 불신 증대 • 인권 등 보편적 가치에 대한 이견
	국제사회와 갈등	

---

24) 자유주의 진영에서 전개하는 비관론의 유형과 근거에 관해서는 Friedberg(2005), pp.29-30 참조.

25) Allen S. Whiting, "Chinese Nationalism and Foreign Policy after Deng," *China Quarterly*, Vol.142(June 1995), pp.295-316. 파리드 자카리아(Fareed Zakaria)는 " … 중국의 권위주의체제는 강력한 경제성장으로 스스로를 합리화했다. 만일 그 효과가 사라진다면 중국의 경제문제는 정치문제로 바뀔 것"이라 전망했다. 『한국일보』, "[파리드 자카리아 칼럼] 중국의 경제위기," 2012년 5월 25일.

〈그림 1-1〉 IISS가 발표한 상위 10개국 국방비 지출 현황

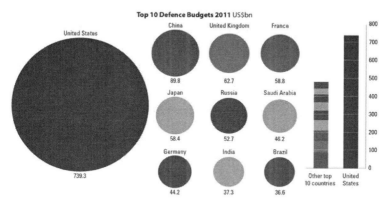

출처: IISS, https://www.iiss.org/en/about%20us/press%20room/press%20releases/press%20
releases/archive/2012-ebe1/march-1290/military-balance-2012-press-statement-b956(검
색일: 2015년 8월 10일)

단적인 척도라 할 수 있는 국방비와 핵무기 및 항공모함 보유수에서 미·
중 간 격차가 두드러지고 있다.

한편 미국과 중국을 포함한 주요 선진국들의 국방비 지출액을 검토한 결
과 미국의 압도적 우위가 보다 선명하게 나타나고 있다. 영국 국제전략문제
연구소(IISS: International Institute for Strategic Studies)의 2011년 보고
서에 따르면 미국의 국방비는 전 세계 국방비 총액의 43%에 달하며 이하
2~10위 국가들의 국방비를 모두 합친 액수를 크게 상회하고 있어 군사적
패권구도를 보여주고 있다. 또한 미국과 중국의 군사력을 비교할 때 국방비
못지않게 중요한 것은 세계 어느 곳에서나 전쟁을 치를 수 있는 지구적 투
사능력(global reach projection capability)이 있느냐이다. 미국은 세계 해
양을 통제하고 있고 전 세계에 군사기지를 가지고 있다. 반면 중국은 지역
전(local war)을 할 수 있는 군사력을 보유할 뿐 범세계적 투사능력은 없다
(〈부록 1-1, 1-2, 1-3〉 참조).

이외에도 지정학적 요인까지 고려하면 중국의 열세는 가중될 전망이다.

군사 전문 사이트 글로벌 파이어 파워(Global Fire Power)는 다른 국가와 접경(Shared Border) 거리가 긴 국가일수록 국방에 더 많은 자원을 투입해야 하는데 이러한 면에서 최악의 조건을 가진 국가로 중국을 지목했다.[28] 물리적 접경거리 외에도 중국은 러시아와 인도 등 인접 대륙 강국과 국경분쟁 가능성이 상존해 있으며 이들을 견제하기 위해 상당한 육군력을 보유해야 하는 부담 탓에 해·공군력 양성에 주력하기 어렵다는 점도 주요한 지정학적 열세 요인으로 지목된다.

반면 미국의 경우 자국을 위협할 만한 강대국과 접경하고 있지 않은데다가 북으로 캐나다, 남으로 멕시코 등 자발적인 동맹국들이 포진해 있고 동·서로는 바다와 접하고 있어 지정학적 안보위협의 수준이 중국에 비해 크게 낮은 것으로 분석된다. 또한 이러한 지정학적 열세로 인해 중국이 미국 및 그 우방국들에게 도전을 감행한다 해도 여기에 협력할 국가가 많지 않을 것이라는 전망도 가능하다. 우선 해양국가이며 동아시아 라이벌인 일본이 중국 중심의 반미 연합에 가입할리 만무하며 전통적인 접경 라이벌인 인도와 러시아 역시 중국에 합세하기를 주저할 것으로 보인다. 이러한 맥락에서 골드스타인(Avery Goldstein)은 중국의 인접 강국들이 강제적 혹은 자발적으로 합세하지 않는 한 중국은 사실상 지역패권을 장악하기조차 불가능하다고 진단한 바 있다.[29]

(2) 미·중 경제력 비교

유엔무역개발회의(UNCTAD: Conference on Trade and Development)의 통계(현 US$ 기준)에 따르면 지난 40여 년간 1987년부터 1997년까지

---

28) 중국은 22,117km의 접경으로 세계 1위이며 2위는 러시아(20,241km), 3위는 브라질(16,885km), 4위는 인도(14,103km), 5위는 미국(12,103km)으로 조사됐다. Global Fire Power, http://www.globalfirepower.com/border-coverage.asp(검색일: 2012년 5월 14일).

29) Avery Goldstein, *Rising to the Challenge: China's Grand Strategy and International Security* (Stanford: Stanford University Press, 2005), pp.32-34.

〈그림 1-2〉 주요 선진국 GDP 추이

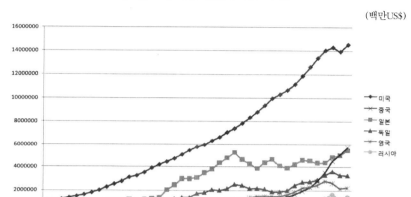

주: 독일의 1970~1989년 수치는 서독의 GDP, 러시아의 1970~1991년 수치는 소련의 GDP임
출처: UNCTAD, http://unctadstat.unctad.org/TableViewer/tableView.aspx?ReportId=96(검색
　　일: 2012년 5월 10일)을 참조하여 작성

〈그림 1-3〉 주요 선진국의 미국 대비 GDP 추이

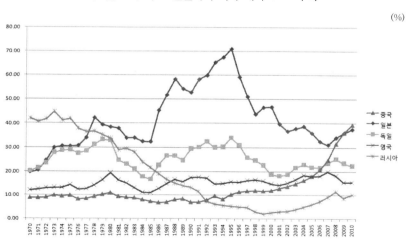

출처: 〈그림 1-2〉를 참조하여 작성

일본을 제외하면 역대 2위국 가운데 어느 국가도 미국 GDP의 50%에 미치지 못한 것으로 나타났다. 시기별로 냉전이 한창이던 1970~1977년 사이 러시아가 2위국으로 1973년 44.87%를 기록했고, 이후 1978~2008년 사이에는 일본이 2위국으로서 1995년 71.10%로 역대 최고치를 기록한 후 2009년부터 중국에게 2위를 넘겨주었다.[30] 중국은 급속한 경제 부상으로 세계적

〈표 1-4〉 패권국과 2위국의 GDP 추이

(billionUS$)

시기		1960	1970	1980	1990	2000	2010
세계총합		1,348.18	2,878.85	10,984.23	21,899.39	32,211.05	63,048.78
1위 미국	액수	520.53	1,024.80	2,767.50	5,750.80	9,898.80	14,582.40
	성장폭	×1.97	×2.70	×2.07	×1.72	×1.47	
	세계대비(%)	38.6	35.6	25.2	26.3	30.7	23.1
2위	국가명	영국	독일	일본	일본	일본	중국
	액수	72.33	208.87	1,071.00	3,058.04	4,667.45	5,878.63
	미국대비(%)	13.9	20.4	38.7	53.2	47.2	40.3
중국	액수	61.38(4)	91.51(7)	189.40(11)	356.94(11)	1,198.48(6)	5,878.63(2)
	성장폭	×1.49	×2.07	×1.68	×3.36	×4.90	
	미국대비(%)	11.8	8.9	6.8	6.2	12.1	40.3

주: 중국 GDP 액수의 ( )는 세계 순위
출처: World Bank, http://data.worldbank.org/indicator/NY.GDP.MKTP.CD(검색일: 2011년 9월 15일)를 참조하여 작성, 세계은행의 수치는 현재 US$를 기준으로 산출된 것이며 UNCTAD의 2005년 환율로 계산할 경우 1970~2010년 세계 대비 미국 GDP 비중은 각각 27.67%, 26.33%, 26.57%, 28.30%, 25.66%이다. UNCTAD, http://unctadstat.unctad.org/TableViewer/tableView.aspx?ReportId=96(검색일: 2012년 5월 10일)을 참조하여 작성

---

30) UNCTAD, http://unctadstat.unctad.org/TableViewer/tableView.aspx?ReportId=96 (검색일: 2012년 5월 10일), 2005년 US$ 기준으로는 미국 대비 일본 GDP의 최고치는 1991년의 49.02%이며 1995년은 44.79%로 조사됐다.

〈표 1-10〉 2010년 세계 FDI 투자국(누적량stock 기준)

순위	국가명	액수(백만US$)
1	미국	4,843,325
2	영국	1,689,329
3	프랑스	1,523,046
4	독일	1,421,331
5	홍콩	948,493
6	스위스	909,410
7	네덜란드	890,221
8	일본	831,074
9	벨기에	736,724
10	스페인	660,159
11	캐나다	616,134
12	이탈리아	475,597
13	러시아	433,655
14	호주	402,248
15	아일랜드	348,737
16	스웨덴	336,086
17	싱가포르	300,010
18	중국	297,600

출처: UNCTAD, http://unctadstat.unctad.org/TableViewer/tableView.aspx(검색일: 2012년 6월 23일)를 바탕으로 재구성

3. 세계화 진행 상황

세계화와 관련한 공신력 있는 자료로는 스위스의 KOF가 제공하는 세계화 순위 및 지표를 들 수 있다. KOF는 각 국가의 경제·사회·정치 세 분야

〈그림 1-7〉 주요 선진국의 세계화 지수(합산) 추이

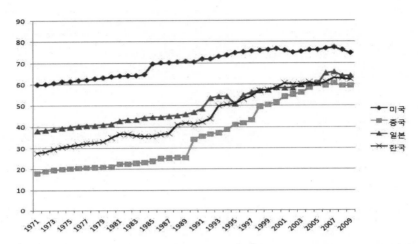

출처: KOF, http://globalization.kof.ethz.ch/static/rawdata/globalization_2012_long.xls(검색
　　　일: 2012년 5월 20일)를 바탕으로 재구성, 구체적인 측정지표와 반영 비율은 〈부록 1-4〉
　　　참조

의 세계화 지수를 산출해 매년 순위를 발표해 오고 있다. 세계화 수준을
가늠하는 주요 지표로는 무역, 해외직접투자, 국제전화 사용량, 국내 거주
외국인 수, 인터넷 사용자 수, 맥도널드(McDonald) 가맹점 수, UN 안보리
참여 빈도, 해외 대사관 운영 수 등이다(〈부록 1-4〉 참조). 세계화 진전 수
준은 그 나라의 개방성, 국제사회와의 상호의존의 심도를 단적으로 보여주
는 척도로 간주된다. 중국은 1990년 초 세계화를 본격적으로 수용해 2009
년 기준 한국·일본과 비슷한 수준으로 집계되고 있다.

4. 소결 및 전망

　지금까지 살펴본 미국 패권의 심도·중국의 무역과 투자현황·세계화의
세 가지 측면으로 미루어 볼 때 중국은 하드파워와 소프트파워를 막론하고

미국 중심의 국제질서하에서 평화적으로 경제성장을 추진하고 있으며 세계
화 역시 심화되는 추세에 있는 것으로 볼 수 있다(〈부록 1-5〉 참조). 중국이
이 같은 낙관적 경로를 따르고 있다고 할 때, 미래 중국의 향방을 진단하는
데 있어 가장 결정적인 지표는 결국 중국이 미국의 국력을 능가할 것인가?
능가한다면 어느 시점이 될 것인가에 있다고 볼 수 있다. 가까운 시일 내에
중국이 패권을 얻게 될 것이라는 전망으로는 2003년 골드만 삭스(Goldman
Sachs)에서 중국 GDP가 2050년 미국을 큰 폭으로 능가할 것이라고 진단한
것을 들 수 있다.[35] 심지어 2011년 영국 이코노미스트(Economist)는 10년
안에 중국이 주요 경제지표에서 미국을 넘어설 것으로 예상하기도 했다.[36]
반면 머지않은 장래에 중국이 미국의 국력을 능가하지는 못할 것이라는 주
장도 제기되고 있다. 골드만 삭스가 중국 부상을 점친 것과 비슷한 시기에
중국 내부에서도 미래 자국의 국력 수준을 놓고 상반된 평가가 분분했다.
일례로 군사과학연구소(AMS: Academy of Military Science), 중국사회과
학원(CASS: Chinese Academy of Social Sciences), 현대국제관계연구소
(China Institute of Contemporary International Relations) 등 세 기관은
2020년 미국 대비 자국의 국력을 각각 98%, 60%, 55%로 상이하게 예측하
였다.[37]

이처럼 미래 중국의 국력과 위상에 대해서는 상반된 견해가 제시되고 있
으나, 최근 자료로 볼 때 중국의 부상이 제한적일 것이라는 전망이 우세하
다. 우선 군사력에 있어 중국사회과학원이 2008년 발표한 「중국 현대화 보
고서」에 의하면 중국의 군사력은 2050년 이후에야 어느 정도 미국과 견줄
수 있을 것이고, 2070년 또는 2080년경에 이르러서야 총체적으로 미국의

---

35) 골드만 삭스는 2050년경 중국과 미국의 GDP를 각각 45조, 35조 달러로 추정했다.
   http://www.goldmansachs.com/ceoconfidential/CEO-2003-12.pdf(검색일: 2012년
   1월 10일).

36) *The Economist*, September 24, 2011, http://www.economist.com/node/215289
   87(검색일: 2012년 5월 10일).

37) Johnston(2003), p.35.

군사 능력을 따라갈 수 있을 것으로 전망하고 있다.[38] 군사적 열세 외에도 2012년 4월 한국무역협회 베이징 사무소는 '중국의 7대 난제'라는 내부 문건을 통해 ① 빈부격차(2011년 기준, 중국 1% 부자가 전체 개인 자산의 44% 보유 및 지니계수 0.47로 위험수준) ② 불균형 성장(2011년 도시 주민의 소득이 농촌의 3배를 넘어 세계 최대 도·농 간 소득격차) ③ 부정부패(2011년 각종 직무범죄 건수 32,567건, 연루된 공무원 수 44,506명) ④ 주택가격 버블(고급 아파트의 경우 제곱미터당 8,700달러로 뉴욕 맨해튼의 9,200달러와 비슷한 수준) ⑤ 취업난(매년 도시 취업희망자는 2,400만 명을 초과할 전망이지만 중국 경제가 정상적으로 성장한다는 조건하에 창출되는 직장은 절반 수준) ⑥ 의료난(중국 인구는 세계 20%를 차지하지만 의료비 투입은 세계 총액의 3% 수준) ⑦ 교육 불평등(2011년 기준 GDP에서 교육 분야 투자 비중 3.4%, 일부 개도국의 4.1%에 못 미침)의 7가지 병폐를 지적하며 중국의 '대국굴기(大国崛起)'에 큰 장애가 될 것으로 내다보았다.[39]

조지프 나이 역시 다양한 지표를 제시하면서 중국 패권설을 부정했다. 그는 GDP 수치만을 근거로 중국 패권설을 주장하는 것이 온당하지 않음을 강조하면서 중국이 연간 6%, 미국이 연간 2%의 성장을 한다고 해도 금세기 중반까지는 두 국가의 1인당 GDP가 같아질 수 없으며, 중국이 2030년 즈음 GDP에서 미국을 추월한다고 할지라고, 양국의 경제는 규모(size) 면에서는 대등할지 몰라도 구성(composition) 면에서는 대등할 수 없을 것이라고 분석했다. 또한 중국 특유의 지정학적 불리함·국민의 요구를 수용할 민주주의 역량의 부족·방대한 미개발 변방 지역 등 선진국으로 도약하는 데 있어 극복해야 할 문제들을 열거하였다.[40] 더욱이 미국 패권의 특성이 과거 패권

---

38) 『조선일보』, 2012년 1월 2일.

39) 한국무역협회, 『중국의 7대 난제』, http://www.kita.net/trade/global/economy/05/index.jsp?sCmd=VIEW_DATA&nPostIndex=30893&nPage=1&curno=1377(검색일: 2012년 6월 22일). 2012년 중국의 각종 불만시위는 18만여 건이었으며, 지니계수는 0.61이었다. 중국의 부는 상위 1%가 전체의 41%를 가지고 있다. 2000~2009년까지 부패공직자가 해외로 빼돌린 금액만 2조 7000억 달러에 달한다. 『중앙일보』, "고도성장 이뤘지만 부패 심화 … '범생' 후진타오의 한계," 2013년 3월 15일.

국과 달리 그 동맹국들이 강압이 아닌 핵심가치를 자발적으로 공유했다는 점, 그 국력의 원천이 개방성과 창조성을 바탕으로 하고 있어 정보사회에서 특히 강력하게 작용한다는 점을 강조했다. 더불어 미국의 사회건전성 확대 (범죄·이혼율 감소 및 교회 출석률 42%), 전 세계로부터 젊고 유능한 노동 력이 이민을 통해 지속적으로 유입되고 있는 등의 사례를 들어 미국의 패권 이 당분간 흔들리지 않을 것이라 전망하고 있다.[41]

V. 맺는말

최근 중국의 행보는 패권국의 국력이 강할수록 세계적으로 상호의존과 협력 등 자유무역의 기조가 확산된다는 이른바 패권안정론에 힘을 실어주고 있다.[42] 2011년 6월 원자바오(溫家寶) 총리는 영국 왕립학회에서 '중국 개 혁·개방 이후의 발전상과 미래 중국의 나아갈 길'이라는 제목의 강연을 통 해 " … 중국은 미래에 민주법치국가 … 평화적 발전의 길을 견지해 나갈 것이며 경제 세계화에 적극 참여할 것"이라 약속했다.[43] 약 9개월 뒤 후 진타오 국가주석 역시 인도 뉴델리에서 열리는 브릭스(BRICS: 중국·러시 아·인도·브라질·남아공) 정상회의를 앞두고 이뤄진 서면 인터뷰에서 " …

40) Nye(2010), pp.4-5.

41) Nye(2010), pp.5-8, 이민이 미국을 더욱 부강하게 하고 있다는 또 다른 주장으로는 Fareed Zakaria, "The Future of American Power: How America Can Survive the Rise of the Rest," *Foreign Affairs*, Vol.87, No.3(May/June 2008), p.35 참조.

42) Stephen D. Krasner, "State Power and the Structure of International Trade," in Jeffry A. Frieden and David A. Lake, *International Political Economy: Perspective on Global Power and Wealth* (New York: St. Martin's Press, 1995), pp. 35-36.

43) 『연합뉴스』, "中, 미래 민주법치국가 될 것," 2011년 6월 28일.

브릭스 국가들은 개발도상국들의 이익을 대변하고 촉진하는 국가들이며 경제의 세계화와 민주화 추세는 이들 국가 간의 협력을 필수적인 것으로 만들었다"고 평가했다.[44) 이외에도 국제사회에 대한 중국의 협력적 기조를 단적으로 보여주는 사례로 미·중 전략경제대화를 들 수 있다. 세 차례에 걸친 회담을 통해 양국은 안보·경제·환경 등 다양한 분야에서 협력할 것을 약속해오고 있다.[45)

실제로 이러한 미·중 사이의 우호적 기류가 단지 지도자들의 수사에 그치고 있지는 않은 것으로 분석된다. 일례로 2010년 기준 중국의 최대 무역상대국이 미국(중국 전체 무역의 13%)이며 그 교역액이 3천8백억 달러에 이르고 있음이 이를 증명한다.[46) 이외에도 UN안보리 활동·각종 국제조약가입·대사관 수 등을 주요 척도로 한 정치적 세계화 순위에서 2012년 중국이 필리핀(52위), 뉴질랜드(56위), 이스라엘(58위)을 제치고 세계 41위에 오른 것을 들 수 있다. 이러한 지표들은 현 중국이 결코 기존 국제사회의 질서에 도전하고 있지 않음을 보여주고 있다. 특히 중국의 국제기구 참여와 관련해 하버드대학의 이언 존스턴(Alastair Iain Johnston) 교수는 현재 중국의 국제기구 참여가 세계 평균을 상회하고 있으며 심지어 국력에 비해 과도하게 국제기구에 참여하고 있는 것으로 진단했다.[47)

국제사회를 향한 중국의 이 같은 협력적인 자세의 배경으로는 우선 미국국력의 뚜렷한 우위로 인해 현실주의가 상정하는 대부분의 비관론이 완화·통제된 결과라는 추론이 가능하다. 동시에 자유주의 입장에서는 중국이 지

---

44) 『연합뉴스』, "후진타오 '브릭스 성장, 세계경제 균형에 도움'," 2012년 3월 28일.

45) 2009년 4월에 있었던 G20 금융정상회의에서 오바마 대통령과 후진타오 주석의 합의로 시작된 이 고위급 회담은 같은 해 7월, 2010년 5월, 2011년 5월에 양국 수도를 오가며 개최되었다. 세계 최강대국들이 다양한 이슈를 협의한다는 측면에서 가장 영향력 있는 대화체로 평가된다. 한석희, "제3차 미중전략경제대화에 대한 분석," 세종연구소, 『정세와 정책』 2011년 6월호, pp.10-13.

46) The US-China Business Council, https://www.uschina.org/statistics/tradetable.html(검색일: 2012년 5월 20일)을 바탕으로 계산한 것임.

47) Johnston(2003), pp.12-14.

난 20여 년간 지속된 무역·FDI 등 국제사회와의 협력을 통해 점차 기존 질서를 수용하는 현상유지국으로 변화한 것이라는 진단도 가능할 것으로 본다. 한편 앞서 살펴본 여러 국력 지표들은 현 세계 2위국인 중국이 단기간 안에 현재의 국제질서를 전복시키기 어렵다는 예측에 힘을 실어주고 있다. 그리고 중국의 도전을 상정하지 않더라도 한번 자리 잡은 국제질서는 기본적으로 보수성을 띠기 때문에 쉽게 개편되기 어렵다는 점을 감안한다면 미국 중심의 현 질서는 상당 기간 지속될 것으로 전망할 수 있다.[48]

그러나 장기적으로는 중국의 부상 등으로 인해 국제정치체제가 과거 1990~2000년대와 같이 미국의 일방적인 단극체제가 되기는 어려울 것으로 예상된다. 즉, 앞으로의 국제사회는 미국을 중심으로 중국을 비롯한 기타 강대국들이 경합하는 단-다극의 성격이 더 강화될 것으로 보인다.[49] 자카리아(Fareed Zakaria)는 이러한 '탈미국 세계(post-American World)'의 구도에서 미국이 세계 지도력을 유지하기 위해서는 새로 부상하는 국가들로 하여금 민주주의·자유무역 등의 이념을 수용하도록 관리해야 한다는 점을 강조했다. 또한 조지프 나이 역시 미국이 패권을 유지하기 위해서는 동맹을 유지하고 네트워크를 구축하는 노력을 강조하고 있다는 점은 단-다극을 전망하는 것으로 보인다.[50] 이들의 주장을 받아들인다면 미래 중국이 현상유지국이 될지 도전국이 될지 여부는 많은 부분 미국을 축으로 하는 단-다극 체제가 얼마만큼의 안정성을 확보하느냐에 달려 있다고 볼 수 있다. 더불어 중국이 민주주의·자유무역 등 현재 미국과 다수 동맹국들이 자발적으로 지지하는 국제질서를 대체할 새로운 질서를 제시하고 정착시킬 역량을 갖게 되느냐도 주요한 관건이 될 것으로 보인다.

---

48) Johnston(2003), p.24.

49) Zakaria(2008), pp.42-43.

50) Nye(2010), p.12.

■ 참고문헌 ■

김태현. 2010. "현대 국제정치학에서의 권력논쟁과 한국." 『한국정치논총』 제50집 제1호.

남궁영. 2011. 『국제정치경제 패러다임과 동아시아 지역질서』. 서울: 도서출판 오름.

박병광. 2004. "중국의 부상과 21세기 미래상에 대한 평가." 『세계지역연구논총』 제22집 2호.

이동선. 2011. "중국의 부상과 한미일 군사협력." 『한국정치학회 국방안보학술회의』.

장공자. 2003. "특별기고: 후진타오의 등장과 중국의 대한반도 정책." 『北韓』 5월호.

존 베일리스·스티브 스미스. 하영선 역. 2003. 『세계정치론』. 서울: 을유문화사.

주재우. 2011. "중국 국가전략과 '평화적 발전': 구조적 역리 담론." 『국방연구』 제54권 제2호.

한국과학기술기획평가원. 2011. 『IMD 2011 세계 경쟁력 연감분석: 과학 및 기술인프라 중심』.

한국무역협회. 2012. "중국의 7대 난제." http://www.kita.net/trade/global/economy/05/index.jsp?sCmd=VIEW_DATA&nPostIndex=30893&nPage=1&curno=1377(검색일: 2012년 6월 22일).

한석희. 2011. "제3차 미중전략경제대화에 대한 분석." 『정세와 정책』 6월호. 서울: 세종연구소.

Bernstein, Richard, and Munro H. Ross. 1997. "The Coming Conflict with Africa." *Foreign Affairs* 76(2), March/April.

Blalock, H. 1964. *Causal Inferences in Nonexperimental Research*. Chapel Hill: University of North Carolina Press.

Chambers, Michael R. 2006. "Rising China: The Search for Power and Plenty." In Ashley T. Tells & Michael Wills (eds.). *Strategic Asia 2006~2007: Trade, Interdependence, and Security*. Seattle and Washington, D.C.: NBR.

Doyle, Michael. 1983. "Kant, Liberal Legacies and Foreign Affairs, Part 2." *Philosophy and Public Affairs* 12(3), Summer.

Friedberg, Aaron L. 2005. "The Future of US-China Relations: Is Conflict Inevitable?" *International Security* 30(2), Fall.

Global Fire Power(http://www.globalfirepower.com/active-military-manpower.asp).

Glodman Sachs(http://www.goldmansachs.com/ceoconfidential/CEO-2003-12.pdf).

Goldstein, Avery. 2005. *Rising to the Challenge: China's Grand Strategy and International Security*. Stanford: Stanford University Press.

IISS(http://www.iiss.org/publications/military-balance/the-military-balance-2012/press-statement/figure-comparative-defence-statistics).

IMD(https://www.worldcompetitiveness.com/OnLine/App/Index.htm).

Johnston, Alastair Iain. 2003. "Is China a Status Quo Power?" *International Security* 27(4), Spring.

Kastner, Scott L. 2006. "Does Economic Integration Across the Taiwan Strait Make Military Conflict Less Likely?" *Journal of East Asian Studies* 6(3).

KOF. http://globalization.kof.ethz.ch(검색일: 2012년 5월 20일).

Krasner, Stephen D. 1995. "State Power and the Structure of International Trade." In Jeffry A. Frieden, and David A. Lake. *International Political Economy: Perspective on Global Power and Wealth*. New York: St. Martin's Press.

McDougall, Walter A. 1997. *Promised Land, Crusader State: The American Encounter with the World since 1776*. Boston: Houghton Mifflin.

Mearsheimer, John J. 2001. *The Tragedy of Great Power Politics*. New York: W. W. Norton & Company.

Mount Holyoke College(http://www.mtholyoke.edu/acad/intrel/wspeech.htm).

Nye, Joseph S., Jr. 1990. *Bound to Lead: The Changing Nature of American Power*. New York: Basic Books.

_____. 2004. *Soft Power: The Means to Success in World Politics*. New York: Public Affairs.

_____. 2010. "The Future of American Power: Dominance and Decline in Perspective." *Foreign Affairs* 89(6), November/December.

Ploughshares Fund(http://ploughshares.org/news-analysis/world-stockpile-report).

Rapkin, David P., & Thomson William R. 2006. "Will Economic Interdependence Encourage China's and India's Peaceful Ascent?" In Ashley T. Tellis & Michael Wills (eds.). *Strategic Asia 2006~2007: Trade, Interdependence, and Security*. Seattle and Washington, D.C.: NBR.

Rosecrance, Richard. 1986. *The Rise of the Trading State*. New York: Basic Books.

_____. 1998. "From Military Strategy to Economic Strategy: The Rise of the 'Virtual State' and The New Path to Global Influence." In Charles W. Kegley, Jr. & Eugene R. Wittkopf (eds.). *The Global Agenda: Issues and Perspectives*. 5th ed. Boston: McGraw-Hill.

Scholte, Jan Aart. 2005. "The Globalization of World Politics." John Baylis and Steve Smith (eds.). *The Globalization of World Politics*. Oxford: Oxford University Press.

Shambaugh, David. 1996. "Containment or Engagement of China?: Calculating Beijing's Responses." *International Security* 21(2), Fall.

SIPRI(http://www.sipri.org/databases/milex).

The Economist. September 24, 2011. http://www.economist.com/node/21528 987(검색일: 2012년 5월 10일).

The US-China Business Council. https://www.uschina.org/statistics/tradetable. html(검색일: 2012년 5월 20일).

Times Higher Education. http://www.timeshighereducation.co.uk/world-univer sity-rankings/2010-2011/top-200.html(검색일: 2012년 5월 16일).

Tylor, Patric E. 1999. "Who's Afraid of China?" *New York Times Magazine*. August 1.

U.S. Department of Defense. 2015. *Annual Report to Congress: Military and Security Developments Involving the People's Republic of China*. April.

U.S. Navy. http://www.navy.mil/navydata/ships/subs/subs.asp(검색일: 2015년 8월 19일).

UNCTAD(http://unctadstat.unctad.org/TableViewer/tableView.aspx).

_____(http://unctadstat.unctad.org/TableViewer/tableView.aspx?ReportId=96).

Waltz, Kenneth N. 1959. *Man, the State, and War: A Theoretical Analysis*. New York: Columbia University Press.

Wan, Ming. 2006. "Economics Versus Security in Cross-Strait Relations: A Comment on Kastner." *Journal of East Asian Studies* 6(3), September/ December.

Whiting, Allen S. 1995. "Chinese Nationalism and Foreign Policy after Deng." *China Quarterly* 142, June.

Wohlforth, William C. 1999. "The Stability of a Unipolar World." *International Security* 24(1), Summer.

World Bank. 2011. *World Development Indicators Database.* July.

_____(http://data.worldbank.org).

Zakaria, Fareed. 2008. "The Future of American Power: How America Can Survive the Rise of the Rest." *Foreign Affairs* 87(3), May/June.

『연합뉴스』. 2011. "중국 경제대국 부상에 우려 증가 〈BBC〉." 3.28.

_____. 2011. "中, 미래 민주법치국가 될 것." 6.28.

_____. 2012. "후진타오 '브릭스 성장 세계경제 균형에 도움'." 3.28.

『조선일보』. 2012. "한국軍, 서해에서 '중국 맞춤형 전략' 고심 … 中1항모 대응 소형 잠함·초음속 미사일 개방 중." 1.2.

『중앙일보』. 2013. "고도성장 이뤘지만 부패 심화 … '범생' 후진타오의 한계." 3.15.

_____. 2013. "핵 위력 잘 아는 중국, 북한의 핵 보유 못 참는다." 3.25.

『한국일보』. 2012. "[파리드 자카리아 칼럼] 중국의 경제위기." 5.25.

[부록 1-1] 전 세계 미군기지 현황

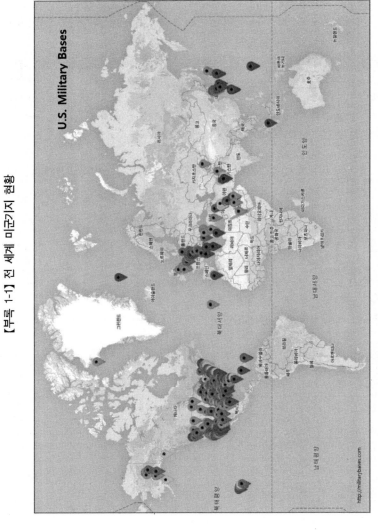

출처: MilitaryBases.com, http://militarybases.com(검색일: 2015년 9월 3일)

[부록 1-2] 전 세계 미국 통합사령부와 주둔 미군 현황

(단위: 명)

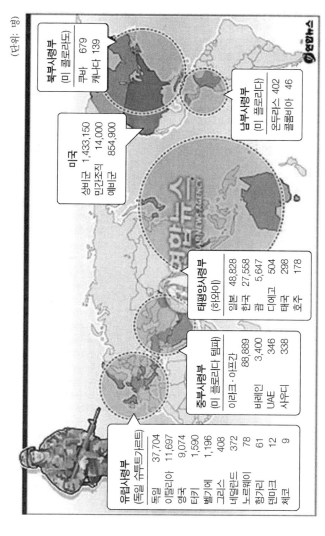

유럽사령부
(독일 슈투트가르트)

독일	37,704
이탈리아	11,697
영국	9,074
터키	1,590
벨기에	1,196
그리스	408
네덜란드	372
노르웨이	78
헝가리	61
덴마크	12
체코	9

중부사령부
(미 플로리다 템파)

이라크·이프간	88,889
바레인	3,400
UAE	346
사우디	338

미국

상비군	1,433,150
민간조직	14,000
예비군	854,900

북부사령부
(미 콜로라도)

쿠바	679
캐나다	139

남부사령부
(미 플로리다)

온두라스	402
콜롬비아	46

태평양사령부
(하와이)

일본	48,828
한국	27,558
괌	5,647
디에고	504
태국	298
호주	178

출처: 연합뉴스 "세계 주둔 미군 현황"(2009.10.22)에 Defense Manpower Data Center(DMDC), *Active Duty Military Personnel by Service by Region/Country*, June 30, 2015, http://www.dmdc.osd.mil/appj/dwp/dwp_reports.jsp (검색일: 2015년 9월 3일); 미국 상비군, 민간조직, 예비군은 International Institute for Strategic Studies(IISS), *The Military Balance 2015*(London: Routledge, 2015), p.40을 참조하여 update 작성

【부록 1-3】 전 세계 미군 배치 현황

지역	국가	육군	해군	해병대	공군	총병력
유럽	독일[acde]	22,909	499	1,048	13,248	37,704
	이탈리아[abd]	4,220	3,629	17	3,831	11,697
	영국[d]	207	278	20	8,569	9,074
	스페인[bd]	29	2,033	24	410	2,496
	터키[d]	152	8	1	1,429	1,590
	벨기에[a]	664	113	9	410	1,196
	포르투갈[d]	2	46	7	534	589
	그리스[b]	7	377	0	24	408
	네덜란드[ae]	142	30	6	194	372
	그린란드	0	0	0	128	128
	노르웨이	26	11	4	37	78
	헝가리	4	2	0	55	61
	프랑스	20	14	4	18	56
	폴란드	26	3	1	20	50
	루마니아	4	38	0	5	47
	키프로스	3	0	0	9	12
	덴마크	3	4	0	5	12
	체코	5	0	0	4	9
	오스트리아	5	1	0	2	8
	불가리아[ad]	3	2	0	3	8
	핀란드	2	3	0	2	7
	스웨덴	1	1	0	5	7
	스위스	1	2	0	4	7
	마케도니아	4	0	0	2	6
	알바니아	1	1	0	2	4
	보스니아 헤르체고비나	3	0	0	1	4

에스토니아	1	3	0	0	4
지브롤터	0	4	0	0	4
리투아니아	2	2	0	0	4
슬로바키아	1	0	0	3	4
크로아티아	2	1	0	0	3
코소보[a]	0	0	0	3	3
슬로베니아	0	0	0	3	3
아일랜드	1	0	0	1	2
라트비아	0	0	1	1	2
몰타	0	1	0	1	2
몬테네그로	0	1	0	0	1
합계	28,450	7,107	1,142	28,963	65,662
러시아	7	8	1	7	23
우크라이나	6	1	0	7	14
조지아	11	0	1	1	13
카자흐스탄	7	0	0	3	10
아제르바이잔	0	1	1	4	6
타지키스탄	3	0	0	2	5
아르메니아	2	0	0	1	3
우즈베키스탄	2	0	0	1	3
키르기스스탄[d]	1	0	0	1	2
투르크메니스탄	0	0	0	2	2
몰도바	0	0	0	1	1
합계	39	10	3	30	82
일본[abcd]	2,434	19,282	15,288	11,824	48,828
한국[abd]	18,997	332	136	8,093	27,558
영국령인도양 지역[b]	0	463	0	41	504
태국	39	10	218	31	298
싱가포르[b]	10	158	2	17	187

구소련 국가

동아시아·태평양

호주	35	76	12	55	178
필리핀	9	8	2	9	28
중국	6	6	2	6	20
인도네시아	7	6	1	3	17
마셜제도	17	0	0	0	17
베트남	6	5	1	2	14
홍콩	3	6	0	3	12
말레이시아	3	6	0	3	12
캄보디아	4	4	0	0	8
대만	0	2	1	4	7
뉴질랜드	2	1	1	2	6
라오스	2	1	0	2	5
미얀마	3	0	0	1	4
피지	0	3	0	0	3
몽골	2	0	0	1	3
브루나이	0	0	0	1	1
파푸아뉴기니	0	1	0	0	1
합계	21,579	20,370	15,664	20,098	77,711
바레인[b]	19	3,187	173	21	3,400
카타르[d]	342	6	0	265	613
아랍에미리트	18	16	220	92	346
사우디아라비아[d]	228	24	0	86	338
이집트	217	20	1	25	263
이스라엘	8	8	1	15	32
요르단	13	1	1	11	26
파키스탄	3	5	1	15	24
인도네시아	6	10	0	6	22
오만	3	3	1	7	14
모로코	1	3	0	7	11

북아프리카·근동·남아시아

	레바논	6	0	0	2	8
	튀니지	5	2	0	1	8
	알제리	3	2	0	0	5
	방글라데시	4	0	0	1	5
	스리랑카	2	2	0	0	4
	예멘	4	0	0	0	4
	네팔	3	0	0	0	3
	자이르	2	0	1	0	3
	리비아	0	1	0	0	1
	합계	887	3,290	399	554	5,130
	남아프리카공화국	4	1	224	2	231
	케냐	19	2	1	7	29
	나이지리아	4	4	0	4	12
	보츠와나	4	0	0	4	8
	가나	3	2	0	3	8
	에티오피아	4	1	0	2	7
	세네갈	4	2	1	0	7
	마다가스카르	0	3	0	2	5
사하라 이남 아프리카	니제르	3	0	0	2	5
	탄자니아	3	2	0	0	5
	우간다	4	0	0	1	5
	앙골라	2	1	0	1	4
	차드	4	0	0	0	4
	콩고민주공화국	3	0	0	1	4
	기니	3	1	0	0	4
	코트디부아르	3	1	0	0	4
	라이베리아	2	0	0	2	4
	말리	3	0	0	1	4
	짐바브웨	4	0	0	0	4

	부르키나파소	0	0	1	2	3
	카메룬	2	1	0	0	3
	가봉	2	1	0	0	3
	시에라리온	1	1	0	1	3
	세인트헬레나	0	0	0	3	3
	수단	3	0	0	0	3
	잠비아	1	0	0	2	3
	부룬디	0	0	0	2	2
	지부티	1	0	0	1	2
	모리타니	0	0	0	2	2
	모잠비크	0	1	0	1	2
	나미비아	2	0	0	0	2
	르완다	2	0	0	0	2
	모리셔스	0	1	0	0	1
	소말리아	0	1	0	0	1
	합계	**90**	**26**	**227**	**46**	**389**
	쿠바(관타나모)[b]	135	521	23	0	679
	온두라스	237	3	0	162	402
	캐나다	8	44	1	86	139
	바하마	1	49	0	0	50
	콜롬비아	29	4	2	11	46
	페루	13	16	3	4	36
서반구	엘살바도르	9	15	0	2	26
	파나마	17	8	0	0	25
	브라질	7	9	1	7	24
	칠레	6	7	0	9	22
	멕시코	11	5	0	4	20
	과테말라	15	1	0	1	17
	아르헨티나	2	5	3	6	16

도미니카공화국	7	1	3	2	13
니카라과	10	1	0	1	12
우루과이	2	5	0	2	9
벨리즈	5	0	0	2	7
에콰도르	3	1	0	2	6
아이티	6	0	0	0	6
파라과이	5	0	0	1	6
볼리비아	2	0	0	2	4
베네수엘라	2	1	0	1	4
바베이도스	2	0	0	1	3
가이아나	2	1	0	0	3
수리남	1	1	0	1	3
트리니다드 토바고	1	2	0	0	3
코스타리카	1	1	0	0	2
자메이카	1	1	0	0	2
앤티가 바부다	0	0	0	1	1
합계	540	702	36	308	1,586
이라크[ace], 아프가니스탄[cde]	39,401	19,133	7,997	22,358	88,889
총합계	90,986	50,638	25,468	72,357	239,449

주: 이라크, 아프가니스탄에 배치된 병력은 해외비상작전(OCO: Overseas Contingency Operation)
을 수행하는 병력 수
a: 육군기지(U.S. Army base)
b: 해군기지(U.S. Navy base)
c: 해병대기지(U.S. Marine base)
d: 공군기지(U.S. Air Force base)
e: 합동특수작전사령부기지(U.S. Joint Operations base)

출처: Defense Manpower Data Center(DMDC), *Active Duty Military Personnel by Service by
Region/Country*, June 30, 2015, http://www.dmdc.osd.mil/appj/dwp/dwp_reports.jsp
(검색일: 2015년 9월 3일); Military Bases.com, http://militarybases.com(검색일: 2015년
9월 3일)을 참조하여 작성

【부록 1-4】 KOF 세계화 산출 지표 및 비중

2012 KOF Index of Globalization	
Indices and Variables	**Weights**
A. Economic Globalization	**[36%]**
i) Actual Flows	(50%)
Trade (percent of GDP)	(21%)
Foreign Direct Investment, stocks (percent of GDP)	(28%)
Portfolio Investment (percent of GDP)	(24%)
Income Payments to Foreign Nationals (percent of GDP)	(27%)
ii) Restrictions	(50%)
Hidden Import Barriers	(24%)
Mean Tariff Rate	(27%)
Taxes on International Trade (percent of current revenue)	(26%)
Capital Account Restrictions	(23%)
B. Social Globalization	**[37%]**
i) Data on Personal Contact	(34%)
Telephone Traffic	(25%)
Transfers (percent of GDP)	(4%)
International Tourism	(26%)
Foreign Population (percent of total population)	(21%)
International letters (per capita)	(25%)
ii) Data on Information Flows	(35%)
Internet Users (per 1000 people)	(33%)
Television (per 1000 people)	(36%)
Trade in Newspapers (percent of GDP)	(32%)
iii) Data on Cultural Proximity	(31%)
Number of McDonald's Restaurants (per capita)	(44%)
Number of Ikea (per capita)	(45%)
Trade in books (percent of GDP)	(11%)
C. Political Globalization	**[26%]**
Embassies in Country	(25%)
Membership in International Organizations	(28%)
Participation in U.N. Security Council Missions	(22%)
International Treaties	(25%)

출처: KOF, http://globalization.kof.ethz.ch/static/pdf/variables_2012.pdf(검색일: 2012년 6월 15일)

【부록 1-5】 세계화 추이

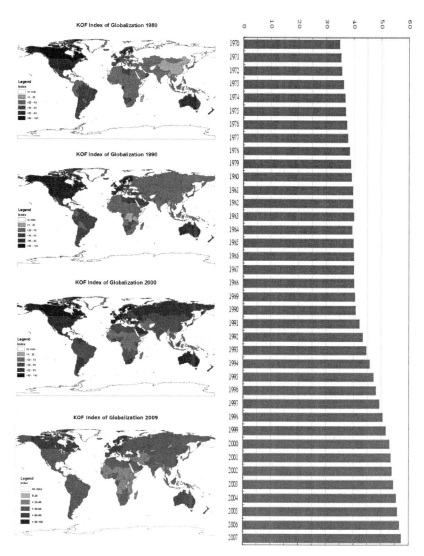

출처: KOF, http://globalization.kof.ethz.ch/map 및 http://globalization.kof.ethz.ch/aggrega
tion/display(검색일: 2012년 6월 10일)를 참조하여 작성

제2장

국제정치 구조와 극(polarity) 체제:
변화와 전망*

I. 머리말

인간은 다양한 제약으로 인해 현실세계의 모든 측면을 다 조망할 수는 없다. 따라서 일정한 지침에 의해 현실세계의 다양한 측면 가운데 더 의미 있고 본질적인 것을 선별해 가며 연구대상에 접근할 수밖에 없다.[1] 우리에게 이러한 선별 기준을 제시해 준다는 면에서 이론(theory)은 자연 혹은 사회를 이해하는 데 있어 매우 중요한 도구라 할 수 있다. 현실세계의 다양한 현상 가운데 어느 것이 더 중요하고 본질적인가를 구분하지 못한다면 수많

---

* 이 글은 남궁영·양일국, "국제정치 구조와 극(polarity) 체제: 변화와 전망,"『한국동북 아논총』 제19집 제3호(2014)를 수정·보완한 것이다.

[1] 이러한 이론 또는 모형의 선별 기능에 대해서는 H. Asher, *Casual Modeling* (Beverly Hills: Sage, 1976), pp.7-8; 김웅진,『인과모형의 설계: 사회과학적 접근』(서울: 한국 외국어대학교출판부, 2011), pp.3-4 참조.

은 현상에 대한 인식만 있을 뿐 그 의미와 맥락을 알지 못하는 일종의 혼돈 상태와 다를 바 없기 때문이다.

다양한 국제정치이론 가운데 적실성 있고 두드러진 성과를 인정받는 이론으로 월츠(Kenneth N. Waltz)의 신현실주의(구조적 현실주의)를 들 수 있다.[2] 월츠는 국제사회의 구조를 설명하면서 국제정치는 힘의 배분으로 이루어지며 실질적으로는 소수 강대국에 의해 좌우된다고 보았다. 따라서 월츠는 국제정치에 있어 강대국 중심의 조망이 필요함을 강조했다. 역사상 많은 국가들이 국제체제를 이루고 있지만 이들 간 능력의 불균등성으로 인해 체제 자체에 영향을 줄 수 있는 국가는 웨스트팔리아(Westphalia) 조약 이후 많아야 8개 정도이며, 이들에 의해 때로 전 세계가 평화 또는 전쟁의 시대를 오고 갔다고 진단했다.[3] 월츠의 구조적 접근을 계승한 미어셰이머 역시 모든 국가의 운명은 일차적으로 가장 강한 국가가 어떻게 판단하고 행동하느냐에 따라 결정된다고 가정하고 국제정치를 강대국 중심의 질서로 인식해야 한다는 점을 강조했다.[4]

이 글에서는 신현실주의의 기본 가정에 따라 우선 국제사회의 최근 100여 년간 극의 양상과 심도가 어떻게 변화해 왔는지를 진단하고자 한다. 이를 위해 주요 학자들의 극과 구조에 대한 견해를 간략히 정리한 뒤 이를 바탕으로 1, 2차 세계대전과 냉전 시기, 그리고 탈냉전 이후부터 현재까지 주요 강대국들의 국력 수준과 분포를 통계자료에 입각해 검토하고자 한다.

---

2) 마이클 도일은 현실주의의 압도적 우위를 두고 "2차 대전 이래 국제정치 연구자와 현실주의자를 동일시해도 될 정도"라고 논평한 바 있다. Michael W. Doyle, *Ways of War and Peace* (New York: W. W. Norton & Company, 1997), p.41.

3) 그는 완벽하지는 않더라도 소수를 이해하는 것으로 전체를 조망할 수 있음을 다음과 같이 비유했다. " … 경제학자들은 특정 분야에 진출한 기업들이 많다 해도 시장 전반에 영향력을 가진 기업이 소수라면 그들만 관찰해도 시장 전반의 상호작용을 이해할 수 있다." Kenneth N. Waltz, *Theory of International Politics* (New York: McGraw-Hill, 1979), p.131.

4) John J. Mearsheimer, *The Tragedy of Great Power Politics* (New York: W. W. Norton & Company, 2001), p.5.

II. 구조적 현실주의와 극 체제

1. 구조적 현실주의 논의

신현실주의는 국제정치 현상을 '구조(structure)'의 시선으로 해석하려는 현대 국제정치학의 주류 이론이다.[5] 국제정치의 구조는 특정 시기 최상위권 강대국(극, polarity)의 수, 그리고 그들의 힘이 어떻게 배분되었는가로 결정되며 구조적 현실주의자들은 사실상 이 구조에 따라 해당 시기 국제사회의 전반적 양상이 달라진다고 보고 있다.

1) 구조의 개념과 의미

월츠는 국가의 행동을 이해하기 위해서는 해당 국가의 지도자나 사회경제 제도, 국가이념 등의 특성을 살피기보다는 그 국가가 속한 체제 안에서 국력상 어떤 위치에 있는가에 주목해야 한다고 강조한다.[6] 더불어 그는 '국력 배분의 양상'이라는 구조가 개별 국가들을 특정한 방향으로 행동하도록 강요하는 것으로 보았다. 미어셰이머 역시 국제정치에 있어 '구조'를 먼저 이해해야 함을 강조하면서 국제체제가 가하는 '강요'에 의해 강대국들은 달리 행동할 대안이 없다고 지적했다.[7] 결국 어느 국가도 무정부적 국제체제 하에서 국력의 서열이라는 '구조'의 영향으로부터 자유로울 수 없다는 것이다. 따라서 국제구조를 파악하면 당시 국제정치의 전반 혹은 가장 중요한

---

5) 미국 덴버대학의 잭 도넬리(Jack Donnelly) 교수는 1970년대부터 국제정치학계에서 정도의 차이일 뿐 거의 모든 현실주의 학자들이 '구조적(structural)' 접근방식을 취하고 있다고 진단한 바 있다. Jack Donnelly, "Realism," in Scott Burchill, Andrew Link-later, Richard Devetak, Jack Donnelly, Matthew Paterson, Christian Reus-Smit and Jacqui True (eds.), *Theories of International Relations*, 3rd ed.(Basingstoke: Palgrave Macmillan, 2005), p.34.

6) Waltz(1979), p.80.

7) Mearsheimer(2001), pp.11-12.

국면을 이해할 수 있으며, 미래 국제구조의 전망을 통해 향후 국제사회의
중요한 측면을 예측할 수 있다는 것이다.

2) 강대국 중심의 국제체제 조망

월츠는 무정부상태에서 생존을 위해 경쟁하는 국제사회의 속성은 하나의
구조에 따른 것으로서 구조가 근본적으로 달라지기 전에는 어떤 국가도 처
한 환경에서 벗어날 수 없다고 주장한다. 월츠에 따르면, 구조는 두 가지
방법을 통해 변화된다. 첫째, 새로운 규칙을 도입하거나 둘째, '단위들 간의
능력분포'가 변화해야 한다.8) 이와 관련해 길핀(Robert Gilpin)은 구조를
제약하는 강대국(great power)을 '체제 내에서 기본적 규칙과 권리를 규정
해 다른 국가에게 강요할 수 있는 국가'로 정의했다.9) 두 학자의 견해를 받
아들인다면 결국 최상위권의 강대국들만이 국제사회의 구조를 변화시킬 수
있다는 것으로 요약될 수 있다. 월츠의 구조주의적 시각을 계승한 미어셰이
머 역시 국제정치를 강대국의 장(場)으로 인식하고 있다.10) 그는 강대국들
이 국제정치에서 전쟁과 같은 커다란 사건에 가장 큰 영향을 주며 사실상
국제체제의 전반적인 모습을 결정한다고 보았다. 이러한 일련의 논의는 결
국 해당 시기 강대국 진영의 판별이 국제정치 전반을 이해하는 데 있어 가
장 선결돼야 할 과제라는 점을 시사한다.

2. 극 체제의 진단

1) 관례적 합의

과거 극 체제의 변화를 조망하기 위해 우선 어떤 국가가 강대국이었는지

---

8) Waltz(1979), p.108.

9) Robert Gilpin, *War and Change in World Politics*(Cambridge: Cambridge University Press, 1981), p.30.

10) Mearsheimer(2001), p.17.

를 살펴볼 필요가 있다. 우선 관례적 합의에 따라 강대국을 지목하는 경우를 들 수 있다. 월츠는 1979년 저서에서 지엽적인 논쟁은 있지만 시기별로 어떤 강대국이 있었는지는 어느 정도 합의돼 있고, 상식 수준에서 말할 수 있다고 보았다.[11] 마틴 와이트(Martin Wight) 역시 강대국의 판별에 대한 광범위한 합의가 있다면서 "현존하는 그 어떤 세력과도 전쟁을 자신 있게 고려하는 국가"로 설명했다.[12] 오간스키와 쿠글러(Organski and Kuglar)도 인구, 생산성, 군사력 등에서 돋보이는 소수 정예(elite) 국가들이 국제관계 전문가들 사이에서 강대국으로 인정받아 왔다고 주장했다.[13] 〈그림 2-1〉은 주요 학자들이 다양한 가정을 바탕으로 직·간접적으로 지목한 시기별

〈그림 2-1〉 주요 학자들이 지목한 강대국 명단(1870~1970)

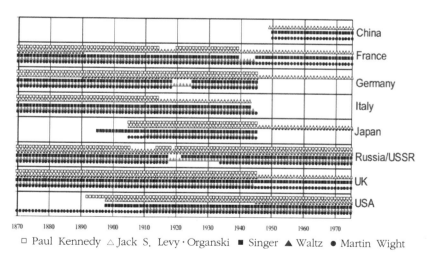

□ Paul Kennedy △ Jack S. Levy · Organski ■ Singer ▲ Waltz ● Martin Wight

출처: Rynn(2001), p.4

---

11) Waltz(1979), p.131.

12) Martin Wight, edited by Hedley Bull and Carsten Holbraad, *Power Politics* (Leicester: Leicester University Press, 1978), pp.52-53.

13) A.F.K. Organski and Jacek Kuglar, *The War Ledger* (Chicago: University of Chicago Press, 1980), p.42.

강대국 명단을 정리한 것으로 1870년부터 1970년까지의 국제사회가 8개 강대국의 장이었음을 보여준다.[14]

2) 국력 지표를 통한 판별

강대국에 대한 기존의 관례적 합의 또는 명료하지 않은 정의에서 벗어나 구체적인 지표를 바탕으로 특정 국가의 역량을 파악하고, 특정 시기 국력 서열을 판별하기 위해 노력했던 학자로 오간스키와 싱어를 들 수 있다. 이들은 추상적인 국력의 개념 및 서열을 현시적이고 실측 가능한 통계자료에 바탕을 두고 있다.

(1) 오간스키(A. F. K. Organski)의 국력지표

오간스키는 1968년 저서 『세계 정치(*World Politics*)』에서 인구야말로 국력측정에 있어 가장 중요한 지표라고 주장했다. 그는 충분한 인구 없이 강대국이 될 수 없으며 여타 지표들에서 일부 부족함이 있더라도 인구로써 극복할 수 있다고 보았다.[15] 그러나 〈그림 2-2〉에서 보듯 19~20세기 초의 패권국이었던 영국의 인구는 프랑스, 독일, 일본보다도 적었으며, 강대국 진영 내에서도 구소련이 1위를 유지했던 것으로 조사됐다.[16] 또한 오간스키는 역사상 천연자원을 완제품으로 가공할 수 있는 국가들이 항상 강대국이었다면서 국력 측정의 중요한 지표로 제조업(manufacturing)의 역량을 들었다.[17] 이러한 맥락에서 그는 국력 제고를 위해서는 제조업의 발전을 위한

---

14) Jon Rynn, *The Power to Create Wealth: A systems-based theory of the rise and decline of the Great Powers in the 20th century* (Ph. D. Dissertation, The City University of New York, 2001), p.4.

15) A. F. K. Organski, *World Politics*, 2nd ed.(New York: Alfred A. Knopf, 1968), pp.203-204.

16) Angus Maddison, *The World Economy, Volume 2: Historical Statistics* (Paris: OECD Publications, 2006), p.256; 미어셰이머 역시 국력은 국부로 평가해야 하며 인구만으로 국가의 잠재력을 속단할 수 없음을 지적했다. Mearsheimer(2001), pp. 61-62.

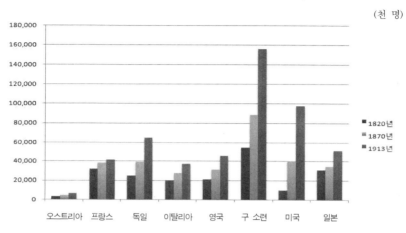

〈그림 2-2〉 강대국의 인구 추이(1820~1913)

(천 명)

출처: Angus Maddison(2006), p.256을 바탕으로 재구성

자본의 투자, 기술혁신, 철강 생산 및 제철공장의 건설이 중요하다고 지적하고 있다.[18]

(2) 데이빗 싱어(David J. Singer)의 국력지표

싱어는 총인구, 도시인구, 국방비, 현역병 수, 에너지 소비량, 철강 생산량 등 6개의 지표로 강대국 여부와 서열을 판별했다.[19] 싱어가 선별한 지표들은 국력을 전쟁 수행능력으로 보는 미어셰이머의 견해와 맥락을 같이하고 있는 것으로 보인다. 즉, 유사시 강한 군대를 동원·유지할 수 있는 인구와 경제력, 군사무기 조달을 위한 인프라(철강 생산) 등을 강대국의 요건으로

---

17) Organski(1968), p.139.

18) Organski(1968), p.163.

19) COW National Material Capabilities(v4.0), David J. Singer, Stuart Bremer and John Stuckey, "Capability Distribution, Uncertainty, and Major Power War, 1820~1965," in Bruce Russett (ed.), *Peace, War, and Numbers* (Beverly Hills: Sage, 1972), pp.19-48.

〈그림 2-3〉 싱어의 종합국력(CINC: Composite Index of National Capability) 추이
(1885~2005)

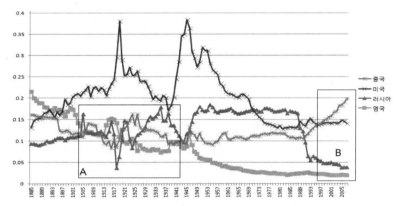

출처: COW National Material Capabilities(v4.0)를 바탕으로 재구성

봤다고 할 수 있다. 싱어는 이 지표들의 합을 종합국력으로 보았는데 〈그림
2-3〉의 A·B 구간에서 나타난 바와 같이 상대적으로 인구가 많은 중국과
러시아의 국력이 과대평가되고 있다. 이는 에너지 소비량, 현역병 수 등이
독자적으로 국력을 반영하는 지표이기 보다는 인구와 비례해 국력수준을 과
장한 것으로 분석된다.

두 학자의 견해를 종합하면 우선 경제력이 중요한 국력의 지표라 할 수
있다. 먼저 오간스키가 강조한 제조업 혁신을 위한 자본투자를 위해서는 경
제력이 뒷받침돼야 한다. 또한 자본투자를 통해 생산성이 향상되면 다시 국
부 증대로 이어질 것이며, 이는 싱어가 강조한 국방비의 원천이 될 수 있다.
다음으로 두 학자는 공통적으로 철강 생산량을 중요한 지표로 보았다. 충분
한 철강 생산이 가능하다는 것은 그 자체로 제조업의 역량을 보여주는 것이
며 이는 무기로 전용돼 군사력의 바탕이 된다고 볼 수 있다. 이러한 맥락에
서 시기별 강대국들의 GDP, 국방비, 철강 생산량과 그 연장선에서 주력함
보유톤수 등을 중심으로 극의 역동을 살펴볼 수 있다.[20]

III. 냉전 시기까지의 국제정치 구조

여기에서는 강대국의 변동을 중심으로 서술한 폴 케네디의 저서『강대국의 흥망』의 시기 구분을 따르고자 한다. 이에 따라 산업혁명을 기점으로 영국이 세계적으로 부상했던 1815~1885년, 양차 세계대전 시기(1885~1918, 1919~1945), 그리고 미-소 냉전기(1946~1991)순으로 검토하기로 한다.[21]

1. 1815~1885년(산업화와 세력균형의 변동기): 다극체제

EUGene의 자료에 따르면, 이 시기는 강대국의 수가 5~6개국으로서 전형적인 다극체제였음을 보여주고 있다.[22] 강대국 명단은 시기별로 다음과 같다. 1816년부터 영국, 프랑스, 독일, 오스트리아-헝가리, 러시아가 각각 극을 형성하다 1860년부터 이탈리아가 강대국 진영에 합류해 6강 구도를 이룬 것으로 조사됐다.[23]

먼저 〈그림 2-4〉와 〈그림 2-5〉는 이 시기 철강 생산량과 국방비가 패권

〈그림 2-4〉 철강 생산량 추이(1815~1885)

(천 톤)

출처: COW National Material Capabilities(v4.0)를 바탕으로 재구성

국 및 국제구조를 이해하는 데 적합한 지표임을 보여주고 있다. 특히 국방
비에서 미국이 남북전쟁 시기(1861~1865)에 보여준 최고치는 영국이 1850

〈그림 2-5〉 강대국 국방비 추이(1815~1885)

(1,000 British Pound)

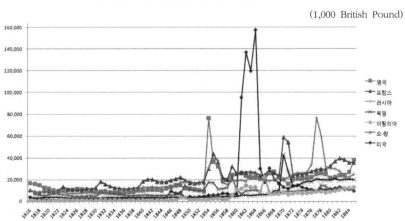

출처: COW National Material Capabilities(v4.0)를 바탕으로 재구성

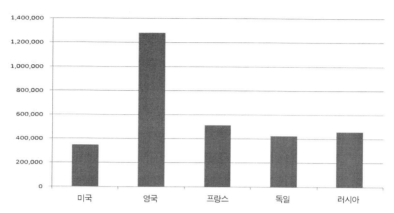

〈그림 2-6〉 주요 강대국 주력함 보유톤수(1860~1905)

출처: 김현일(2002), pp.102-115를 바탕으로 재구성

년대에 기록한 최고치의 두 배를 넘었던 것으로 조사됐다. 이는 전쟁 등 국가 위기 시 필요한 천문학적인 국방비를 조달할 수 있는 경제력이 강대국 의 필수 요건임을 시사하고 있다. 〈그림 2-6〉은 이 시기 주요 강대국의 해 군력을 살펴보기 위해 주력함 보유톤수를 합한 값을 비교한 것으로 영국이 2위국인 프랑스와 두 배 이상의 격차를 보이고 있다.24) 이는 〈그림 2-4〉에 서 본 영국 철강 생산의 압도적 우위가 해군력의 우위로 투사된 것으로 해 석된다.

24) 통상 주력함의 톤수는 해군력 비교의 지표가 된다. Robert Gardiner, Roger Ches- neau and Eugene M. Kolesnik (eds.), *Conway's Fighting Ships 1860~1905* (Lon- don: Conway Maritime Press, 1979); Fred T. Jane (ed.), *Jane's All the world's fighting ships 1898* (Newton Abbot, Devon: David & Charles, 1969); Fred T. Jane (ed.), *Jane's fighting ships 1905~6* (Newton Abbot, Devon: David & Charles, 1970), 김현일, 『해양력과 동북아시아의 전쟁 발생: 1860~1993』(연세대학교 정치학과 박사학위 논문, 2002), pp.102-115에서 재인용.

2. 1885~1918(1차 세계대전 시기): 다극체제

EUGene에 따르면 이 시기 강대국의 수는 총 8개국으로 역시 다극체제임을 보여준다. 우선 1885~1894년까지 영국, 프랑스, 독일, 오스트리아-헝가리, 이탈리아, 러시아의 6개국이 강대국 진영을 이루다가 1895년부터 일본, 1898년부터 미국이 각각 진입해 8강 구도를 이뤘다. 이후 1918년 1차 세계대전에서 패배한 오스트리아-헝가리가 탈락하면서 7강 구도가 된 것으로 조사됐다. 극의 역동을 중심으로 볼 때 이 시기에 가장 주목할 만한 사건은 단연 1차 세계대전의 발발과 미국이 영국을 제치고 패권국으로 등극한 것이다.

앞서 영국이 세계를 제패했던 시기와 마찬가지로 20세기 초 철강 생산량은 상대적 국력의 적절한 지표가 되고 있다. 이 시기 최강대국으로 부상한 미국은 1차 세계대전을 거치면서 세계 최대의 철강 생산국으로 도약했다. 반면 1차 대전에서 패망한 오스트리아-헝가리의 철강 생산량은 1918년을 마지막으로 강대국 집계에서 제외되고 있다(〈그림 2-7〉 참조). 한편 이 시기 주요 강대국이 보유한 함정 톤수에 있어서는 여전히 영국의 우위가 지속

〈그림 2-7〉 철강 생산량 추이(1885~1918)

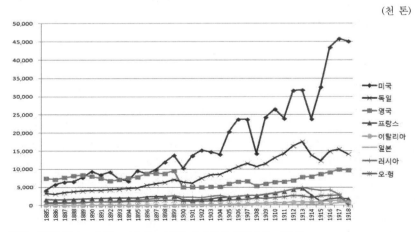

(천 톤)

출처: COW National Material Capabilities(v4.0)를 바탕으로 재구성

〈그림 2-8〉 주요 강대국 주력함 보유톤수(1906~1921)

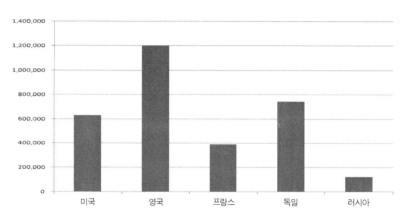

출처: 김현일(2002), pp.102-115를 바탕으로 재구성

된 것으로 조사됐다. 이는 강대국 국력서열의 변화와 특정 지표 사이에 간
극이 있을 수 있음을 보여주는 것이다(〈그림 2-8〉 참조).

국방비 추이를 나타낸 〈그림 2-9〉는 종전 직후인 1919년 강대국들 가운

〈그림 2-9〉 강대국 국방비 추이(1910~1920)

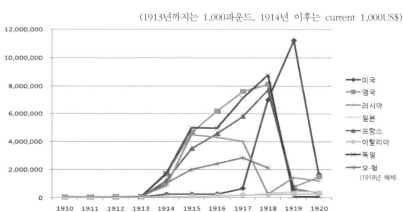

출처: COW National Material Capabilities(v4.0)를 바탕으로 재구성

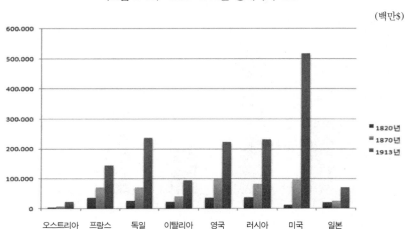

〈그림 2-10〉 1820~1913년 강대국의 GDP

출처: Angus Maddison(2006), p.259를 바탕으로 재구성

데 미국이 가장 많은 국방비를 지출, 차기 패권국이 될 것임을 예고하고 있
다. 19세기 초부터 1차 세계대전 발발 시기까지 주요 강대국들의 GDP를
집계한 〈그림 2-10〉 역시 미국의 폭발적 경제성장을 보여주고 있다. 1870
년부터 1913년까지 약 40여 년 동안 미국 GDP는 5배 이상의 성장을 기록
하여 2위국 독일을 두 배 이상 앞서게 되었다. 반면 영국은 러시아에 이어
4위로 조사됐다.[25]

3. 1919년~1945년(2차 세계대전 시기): 다극체제

2차 세계대전을 전후한 1919~1945년 사이에는 총 7개의 강대국이 경합
했다. 〈그림 2-11〉, 〈그림 2-12〉, 〈그림 2-13〉은 각각 철강 생산량과 주력

25) Angus Maddison(2006), p.259를 바탕으로 재구성, 1990년 International Geary-
    Khamis dollars 기준.

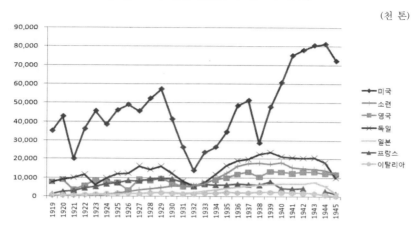

〈그림 2-11〉 철강 생산량 추이(1919~1945)

(천 톤)

주: 프랑스의 1943년 수치는 확인되지 않음
출처: COW National Material Capabilities(v4.0)를 바탕으로 재구성

함 보유톤수, GDP 등 주요 국력지표에서 모두 미국이 최강대국으로 부상했음을 보여주고 있다. 특히 1921년 11월 12일부터 이듬해 2월 6일까지 개최된 워싱턴 회의(Washington Conference)에서 영국·미국·일본·프랑스·이탈리아는 1만 톤급 이상 주력함 척수의 비율을 각각 5:5:3:1.75:1.75로 제한하기로 합의한 바 있다.[26] 따라서 이전 패권국인 영국은 사실상 미국 수준의 주력함을 보유할 권한이 있었음에도 실제 보유톤수에서는 약 10분의 1 수준에 그치고 있음을 알 수 있다(〈그림 2-12〉 참조).

미국은 이 시기부터 경제 면에서도 최강대국의 위상을 점한 것으로 조사됐다. 〈그림 2-13〉에 따르면 1942년 기준으로 미국의 GDP는 2위국 독일에 비해 세 배 이상을 앞선 것으로 집계됐다.[27]

---

26) 워싱턴 회의에 관해서는 이윤섭, 『객관적 20세기 전반기』(서울: 필맥, 2010), pp.69-74 참조.

27) Angus Maddison, *Historical Statistics for the World Economy: 1~2003 AD*; Groningen Growth and Development Centre, www.ggdc.net/maddison/histori

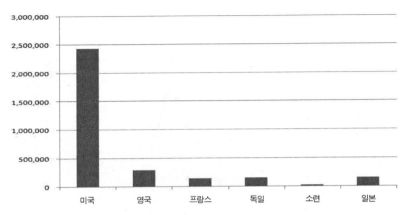

〈그림 2-12〉 주요 강대국 주력함 보유톤수(1922~1946)

출처: 김현일(2002), pp.102-115를 바탕으로 재구성

〈그림 2-13〉 주요 강대국 GDP 추이(1919~1945)

(million 1990 International Geary-Khamis dollars)

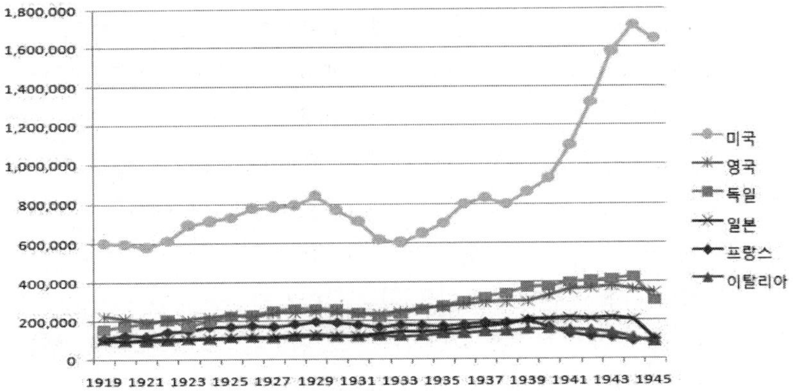

주: 소련은 집계되지 않음
출처: Groningen Growth and Development Centre

cal_statistics/horizontal-file_03-2007.xls?(검색일: 2013년 5월 20일)에서 재인용한
자료를 바탕으로 작성.

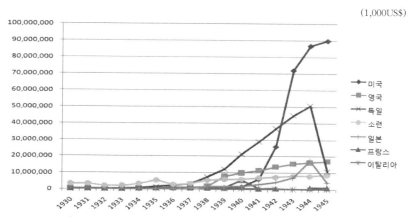

〈그림 2-14〉 강대국 국방비 추이(1930~1945)

출처: COW National Material Capabilities(v4.0)를 바탕으로 재구성

　국방비는 1차 세계대전 당시와 마찬가지로 평시에는 낮은 수준을 유지하다 전시를 기해 급격히 증가했다. 전범국 독일의 국방비는 1944년에는 약 500억 달러에 이르렀으나, 이듬해 패전하면서 5분의 1 수준으로 급감했다. 패권국 미국은 1945년에 900억 달러를 지출했고 2위 영국은 200억 달러 수준을 기록하였다(〈그림 2-14〉 참조).

4. 1946~1991(냉전기): 미·소 양극체제

　2차 대전 종전 이후부터 구소련의 붕괴에 이르는 냉전 시기는 미·소 간의 대표적인 양극체제로 대표된다. 그럼에도 불구하고 철강 생산량에 있어서는 미국, 구소련, 일본의 3국이 경합하는 구도를 보여주고 있다. 또한 1980년대 말 붕괴 직전의 구소련이 철강 생산에서 1위를 차지한 점과 1991년 패권국 미국의 철강 생산량이 일본에 뒤처진 점 등을 고려할 때 이 시기를 기점으로 철강 생산량이 더 이상 극의 양상을 현시적으로 보여주지 못함

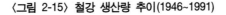

〈그림 2-15〉 철강 생산량 추이(1946~1991)

(천 톤)

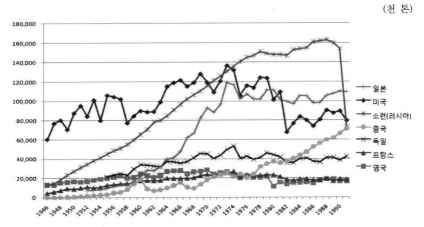

주: 1. 1946~1951 일본과 1946~1954 독일의 수치는 확인되지 않음
    2. 1955~1989년 독일은 서독의 수치를 기입
출처: COW National Material Capabilities(v4.0)를 바탕으로 재구성

을 시사한다(〈그림 2-15〉 참조). 이러한 원인은 다양하다. 우선 합금 및 제
련기술의 발달로 철강 생산의 중요도가 반감됐을 수 있고, 무엇보다 국제적
분업으로 인해 해당 국가의 영토 내에서 생산되는 철강의 양이 큰 의미를
갖지 않는 것으로 볼 수 있다. 한편 이전 시기 철강 생산량과 군함 보유톤수
가 군사력을 가늠할 좋은 지표였다면 이 시기 강대국 군사력의 척도는 핵무
기 보유량이라 할 수 있다.[28]

한편 국방비는 이전 시기와 마찬가지로 여전히 극의 양상을 선명히 보여
주고 있다(〈그림 2-16〉 참조). 자유진영과 공산진영을 대표하는 양국의 천
문학적인 국방비 경쟁은 1989년을 전후해 소련이 국방비를 3분의 1 수준으
로 줄이면서 종료되었다. 〈그림 2-17〉은 핵무기 보유량 추이를 나타낸 것으
로 냉전 시기 가공할 미·소 군비경쟁의 양상을 보여주고 있다.[29]

---

28) 냉전기 미·소 양국의 핵무기 관련 안보정책에 관해서는 Mearsheimer(2001), pp.224-
233 참조.

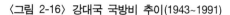

〈그림 2-16〉 강대국 국방비 추이(1943~1991)

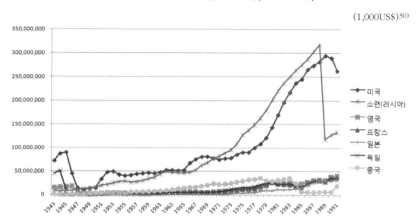

출처: COW National Material Capabilities(v4.0)를 바탕으로 재구성

〈그림 2-17〉 미·소 핵무기 보유량(1945~1991, stockpile)

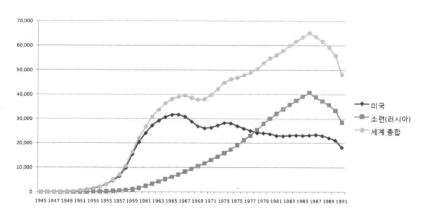

출처: Natural Resource Defence Council(2013)을 바탕으로 재구성

---

29) Natural Resource Defence Council, http://www.nrdc.org/nuclear/nudb/datab19. asp(검색일: 2013년 5월 2일).

30) COW 통계를 바탕으로 한 〈그림 2-15〉, 〈그림 2-16〉의 1946~1954년 독일, 1946~ 1951년 일본, 1943년 프랑스의 수치는 확인되지 않았으며 1955~1989년 독일 수치는 서독의 수치를 기입하였음.

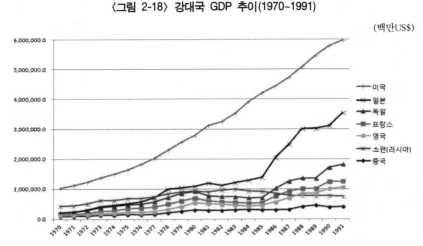

〈그림 2-18〉 강대국 GDP 추이(1970~1991)

(백만US$)

출처: UNCTAD

다음으로, 이 시기 국방비가 국제체제(양극)의 현시적 지표라는 점에 착안하여 주요 강대국들의 경제지표를 좀 더 구체적으로 살펴보았다. 각각 GDP와 1인당 GDP를 집계한 〈그림 2-18〉과 〈그림 2-19〉에 따르면, 이 시기 소련은 미국과 천문학적인 국방비 경쟁을 벌였다. 그러나 소련은 GDP에 있어서는 1970년에 미국의 약 40%, 1980년에는 약 30% 수준에 그쳤다. 더구나 1978년에는 일본에 추월당해 3위로 밀려났으며, 1986년 독일에 3위를 내주고 4위로 내려앉았다. 이후 미·소 간 GDP 격차는 지속적으로 심화되어 1989년 해체 직전의 소련은 미국의 7분의 1 수준이었던 것으로 조사됐다.[31] 〈그림 2-19〉의 1인당 GDP의 경우도 이 시기를 통틀어 소련이 서방 선진국들의 경쟁상대가 되지 못한 것으로 조사됐다. 결과적으로 경제력에서 뒤처진 소련이 미국보다 많은 국방비를 지출하고 핵 경쟁을 했던 것은 폴

---

31) 〈그림 2-18〉과 〈그림 2-19〉의 1970년부터 1989년까지 독일은 서독의 수치이며, 1970년부터 1991년까지 러시아의 GDP는 소련의 수치임. UNCTAD, http://unctadstat. unctad.org/TableViewer/tableView.aspx(검색일: 2013년 5월 1일).

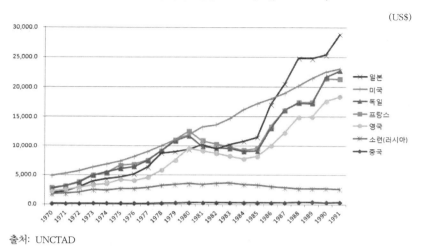

〈그림 2-19〉 강대국 1인당 GDP 추이(1970~1991)

케네디가 지적한 강대국 몰락의 요인, 즉 국력에 비해 군사비를 과도하게 지출한 전형적 사례로 보인다.32)

5. 소결(1815년~1991년)

EUGene에 의하면 100여년에 걸친 이 시기에 영국, 오스트리아-헝가리 제국, 프랑스, 독일, 러시아(구소련) 등 원조 강대국을 비롯하여 1860년에 진입한 이탈리아, 1895년 진입한 일본, 1898년부터 등장한 미국, 1950년에 진입한 중국 등 후발 강대국을 포함 총 9개국이 국제구조를 이뤘다.33) 이 중 오스트리아-헝가리 제국은 1차 대전을 치른 뒤 1918년 패망해 역사에서

---

32) 폴 케네디, 이일주 역(1988), pp.614-615.
33) 국방비와 현역병 보유수로 볼 때 미국은 사실상 1860년을 전후해 강대국 대열에 안착한 것으로 볼 수 있다.

사라졌고, 이탈리아는 2차 대전에서 패해 1944년 강대국의 지위에서 물러
났다. 부침(浮沈)을 겪은 강대국으로는 우선 양차 대전의 전범이자 패전국
인 독일이 두 차례 탈락(1919~1924, 1946~1990) 후 재진입했고, 1차 대전
에서 패한 러시아가 4년간 강대국 진영에서 탈락했다(1918~1921). 2차 대
전을 기점으로는 프랑스(1941~1944)와 일본(1946~1990)이 탈락을 경험했
다. 강대국 중심의 국제체제 조망을 강조한 구조적 현실주의의 가정대로 이
들 강대국들은 실제로도 양차 세계대전과 냉전 등 해당 시기 국제사회 전반
의 양상을 규정하는 주역들이었다고 할 수 있다.

IV. 탈냉전 이후 국제정치 구조

앞서 냉전 시기까지 극의 양상과 변화를 살펴본 결과, 강대국 여부 또는
국가 간 국력 서열 판별의 주요 기준은 결국 경제력과 군사력이라 할 수
있다. 이러한 측면에서 GDP와 국방비는 1990년대 이후에도 여전히 경제·
군사적 역량을 가늠할 좋은 지표라 할 수 있다. 또한 냉전 시기를 거치면서
주력함 배수량이나 철강 생산보다는 핵무기 보유량과 성능이 보다 중요한
군사력 측정의 지표로 주목받게 되었다. 조지프 나이는 상기한 경제력과 군
사력이라는 전통적인 하드파워 외에도 세계화로 인해 국가 간 상호의존과
교류가 심화되면서 매력, 신인도 등 소프트파워의 중요성을 제시하였다.[34]
미래를 예측하려면 우선 지금 벌어지고 있는 일들을 객관적으로 살펴봐야
할 것이다. 여기에서는 이러한 지표들을 중심으로 1990년대 이후부터 최근
까지 극의 양상을 조망해 보고자 한다.

---

34) Joseph S. Nye, Jr., *Bound to Lead: The Changing Nature of American Power*
(New York: Basic Books, 1990), pp.31-32.

1. 현 국제구조 진단(1992~): 미국 중심 단극에서 단-다극체제로

1992년부터 현재까지 강대국은 미국, 영국, 프랑스, 독일, 러시아, 중국, 일본 등 7개국으로 집계되고 있으나 최근 강대국으로 부상한 인도를 포함해 총 8개 강대국의 국력 분포를 검토함으로써 현재 국제체제의 양상을 조망해 보고자 한다.[35] 존스 홉킨스대학의 엘리엇 코헨(Eliot A. Cohen) 교수는 이 시기 국제정세를 "제국의 시대는 끝났을지 모르지만 뒤를 이어 미국 패권시대가 도래했다"고 요약한 바 있다.[36] 그의 주장대로 경제력, 군사력 등 국력을 측정하는 일반적인 지표로 볼 때, 미국의 우위가 여전히 지속되고 있는 것으로 보인다. 먼저 상대적으로 미국이 압도적인 우위를 보이고 있는

〈그림 2-20〉 강대국 GDP 추이(1992~2011)

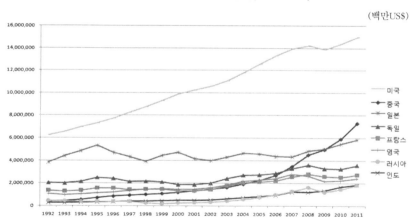

출처: World Bank

---

35) 인도의 강대국 부상을 진단한 자료로는 "India as a great power: Know your own strength," *The Economist*, March 30, 2013, http://www.economist.com/news/briefing/21574458-india-poised-become-one-four-largest-military-powers-world-end(검색일: 2013년 5월 11일).

36) Eliot A. Cohen, "History and the Hyperpower," *Foreign Affairs*, Vol.83, No.4 (July/August 2004), p.56.

자료로는 GDP와 국방비를 들 수 있다. 특히 이 두 지표가 여타 통계자료에 비해 상대적으로 강대국 판별의 현시적인 지표였음을 감안할 때 이 시기 국제구조 판단의 핵심은 단극 또는 다극 여부에 있다기보다 패권국과 2위국의 국력 격차 및 그 전망에 있다고 보인다.

이 시기 강대국들의 GDP 추이를 나타낸 〈그림 2-20〉에서 보듯 2위국 대비 미국의 경제력은 1995년을 기점으로 선명한 우위를 보여주고 있다. 1990년대 초 2위국이었던 일본이 미국의 70% 수준이었던 데 비해 2011년 2위국인 중국은 40% 선에 머물러 있다는 점에서 전반적인 경제력은 미국의 압도적인 우위로 진단할 수 있다.[37] 더불어 경제력을 기준으로 부과하는 국제통화기금(IMF: International Monetary Fund) 분담금에 있어서도 2014년 1월 기준으로 미국은 전액 대비 17.69%, 일본 6.56%, 독일 6.12%, 영국과 프랑스가 각각 4.51%, 중국 4%, 러시아 2.5%, 인도 2.44% 순으로

〈그림 2-21〉 강대국 1인당 GDP 추이(1992~2011)

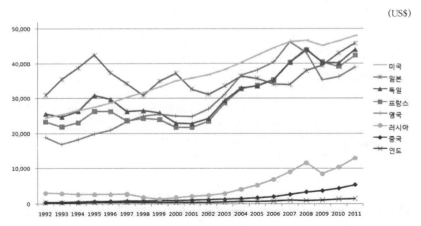

출처: World Bank

---

37) World Bank, http://data.worldbank.org/indicator/NY.GDP.MKTP.CD(검색일: 2013년 5월 15일)를 참조하여 작성.

조사됐다.[38] 한편 1인당 GDP 추이에 있어서 미국은 상대적으로 적은 격차
를 두고 여타 강대국들과 경합을 벌이고 있다. 이 지표에 따르면 2000년을
전후한 시점까지 일본이 선두였으나 미국이 추월하여 최근까지 선두를 유지
하고 있으며, EU 소속의 독일, 프랑스, 영국순으로 각축을 벌이고 있다. 미
국, 일본과 유럽 국가들의 1인당 GDP가 4만~5만 달러 수준인 데 비해 중국
과 인도는 1만 달러에도 미치지 못하고 있다(〈그림 2-21〉 참조).[39]

〈그림 2-22〉는 국방비에서 미국의 상대적 우위가 GDP의 경우보다 선명
하게 나타나고 있음을 보여준다. 최근 미국의 국방비는 세계 대비 40% 선을
유지하고 있으며 2위국 중국은 미국의 30%에도 미치지 못하고 있는 것으로
조사됐다.[40] 이외에도 핵무기 보유량 역시 미국의 우위를 직관적으로 보여

〈그림 2-22〉 강대국 국방비 추이(1992~2012)

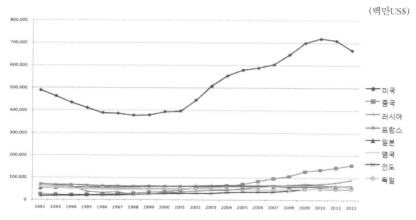

출처: SIPRI

---

38) IMF, http://www.imf.org/external/np/sec/memdir/members.aspx#C(검색일: 2014
년 1월 31일).

39) World Bank, http://data.worldbank.org/indicator/NY.GDP.PCAP.CD(검색일: 2013
년 5월 15일)를 참조하여 작성.

40) SIPRI, http://milexdata.sipri.org/files/?file=SIPRI+military+expenditure+database+
1988-2012.xlsx(검색일: 2013년 5월 15일)를 참조하여 작성.

〈표 2-1〉 핵무기 보유국 명단 및 규모(2012년 기준)

국가명	Operational Strategic	Operational Nonstrategic	Reserve/ Nondeployed	Military Stockpile	Total Inventory
러시아	1,740	0	2,700	4,500	8,500
미국	1,950	200	2,500	4,650	7,700
프랑스	290	n.a.	?	300	300
중국	0	?	180	240	240
영국	160	n.a.	65	225	225
이스라엘	0	n.a.	80	80	80
파키스탄	0	n.a.	90-110	90-110	90-110
인도	0	n.a.	80-100	80-100	80-100
북한	0	n.a.	〈10	〈10	〈10
Total	~4,100	~200	~5,700	~10,200	~17,300

출처: Federation of American Scientist

주고 있다(〈표 2-1〉 참조).[41] 핵무기와 더불어 강대국 군사력 투사의 핵심
이라 할 수 있는 항공모함에서도 미국은 총 11기의 핵추진 항공모함(CVN,
배수량 10만 톤 이상)을 운용 중이며 현재 2대를 추가로 건조 중인 데 비해
중국은 6만 톤 수준의 디젤식 항공모함 1대밖에 없다.[42]

　　주로 군사력과 경제력을 의미하는 하드파워에서 나타난 미국의 우위는

41) 군사적으로 가용한 핵무기의 총계가 Stockpile이며, 분해되어 사용 가능하지 않은 상
태까지를 합산한 수치가 Total Inventory이다. Federation of American Scientist
(FAS), http://www.fas.org/programs/ssp/nukes/nuclearweapons/nukestatus.html
(검색일: 2013년 4월 20일).

42) Official Website of the United States Navy, http://www.navy.mil/navydata/shi
ps/carriers/cv-list.asp(검색일: 2013년 1월 6일); NBC News, "China brings its first
aircraft carrier into service, joining 9-nation club," September 25, 2012.

〈표 2-2〉 강대국 IMD 종합경쟁력 순위 추이(2007~2013)

	2007	2008	2009	2010	2011	2012	2013
미국	1	1	1	3	1	2	1
중국	15	17	20	18	19	23	21
일본	24	22	17	27	26	27	24
영국	20	21	21	22	20	18	18
프랑스	28	25	28	24	29	29	28
독일	16	16	13	16	10	9	9
러시아	43	47	49	51	49	48	42
인도	27	29	30	31	32	35	40

출처: IMD, World Competitiveness Online

소프트파워에서도 계속되는 추세인 것으로 나타났다. 〈표 2-2〉는 소프트파워를 가늠할 때 자주 인용되는 IMD의 국가경쟁력 순위를 정리한 것이다.[43] 2007년부터 집계되고 있는 이 순위에서 미국은 2010년(3위)과 2012년(2위)을 제외하고 줄곧 1위를 지켜오고 있다. 중국은 2007년 15위로 정점을 기록했다가 2012년부터 20위권에 랭크된 것으로 조사됐다. 이상의 논의는 현재 국제구조가 미국 중심의 단극체제에 중국 및 EU 등이 경합하는 다극의 성격이 일부 포함된 단-다극체제임을 시사한다.

---

43) IMD는 경제운용성과, 정부행정효율, 기업경영효율, 발전인프라의 네 개 항목으로 국가경쟁력을 집계해오고 있다. 한국과학기술기획평가원, 『IMD 2011 세계 경쟁력 연감 분석』(2011), p.113; IMD, World Competitiveness Online, https://www.world competitiveness.com/OnLine/App/Index.htm(검색일: 2013년 6월 10일)을 참조하여 작성.

2. 미·중 중심 극 체제의 미래

앞서 살펴본 바와 같이 대부분의 국력지표에서 미국의 우위가 선명히 나타나고 있다. 따라서 향후 국제구조의 양상은 이변이 없는 한 미·중 국력격차의 추이가 어떻게 전개될 것인지에 달려 있다고 볼 수 있다. 여기에서는 미래 미·중 국력에 대한 상반된 주장을 정리하고 각각의 근거들을 살펴보고자 한다.

1) 중국부상론

중국부상론은 향후 중국의 국력이 미국에 근접하거나 능가할 것으로 예상하는 시각이라 할 수 있다. 이들은 중국이 경제성장을 바탕으로 정치적 자유와 시장경제화를 통해 다양한 제약들을 극복할 것으로 보고 있다. 또한 중국 정부가 기존 통제경제의 경직성을 극복하고 국민의 요구에 탄력적으로 대응하고 있는 정황을 주로 제시하고 있다.[44] 따라서 이들은 이변이 없는 한 중국이 최근 20여 년간 보여준 경제성장이 상당 기간 지속될 것이라는 가정 하에 대체로 2020년을 전후한 시점에서 미국을 추월할 수 있을 것이라 예상하고 있다.[45] 〈표 2-3〉은 미국의 경제연구기관 글로벌 인사이트(Global Insight)가 예상한 미·중 구매력 기준 GDP 추이로, 사실상 2015년을 전후해 중국이 미국을 따라잡고 2025년에는 미국 대비 58% 이상을 추월할 것으로 내다보았다.[46]

---

44) Robert W. Fogel, "Why China is Likely to Achieve Its Growth Objectives," *NBER Working Paper Series* (Cambridge: National Bureau of Economic Research, 2006), pp.3-6.

45) 포겔은 중국이 2030년까지 연평균 8% 경제성장률을 유지할 것으로 전망했다. Fogel (2006), p.3.

46) Craig K. Elwell and Marc Labonte, "Is China a Threat to the U.S. Economy?" *CRS Report for Congress*, January 23, 2007, p.15에서 재인용. 실질 GDP로 환산할 경우 2012년 중국은 미국 대비 40% 정도이다.

〈표 2-3〉 글로벌 인사이트의 미·중 구매력 기준 GDP 예상 추이

	GDP($ billions)		미국 대비 중국의 비중 (%)
	중국	미국	
2006	9,839	13,244	74.3
2010	13,882	16,041	86.5
2015	22,210	20,169	110.1
2020	35,734	27,584	129.5
2025	57,145	35,963	158.9

출처: Craig K. Elwell and Marc Labonte(2007), p.19

이외에도 2003년 12월에 골드만 삭스(Goldman Sachs)가 중국부상론에 힘을 실어준 바 있다. 골드만 삭스는 GDP 기준으로 2050년에 중국이 최강자가 될 것이며 2위 미국은 중국의 78% 수준에 그칠 것으로 전망했다(〈그림 2-23〉 참조).[47] 세계 유수의 전문기관뿐 아니라 중국 내에서도 중국부상론이 제기되고 있다. 일례로 2009년 중국과학원은 중국이 대략 2030년경 달에 기지를 건설하는 우주강국이 된 이후, 골드만 삭스의 예상과 같이 2050년에 경제 규모 세계 1위를 차지하며, 정치·물질·사회·정신·생태 등 5대 문명이 고도로 발전한 국가가 될 것이라 예견했다.[48] 이처럼 중국 부상론자들은 중국이 지속적 경제성장을 발판삼아 미국의 국력에 근접하거나 추월할 것으로 보고 있다. 이들의 예상이 적중한다면 향후 국제체제는 미·중 양극체제에 가까워질 것으로 예상되며 경우에 따라 중국 중심의 단극체제가 도래할 가능성도 배제할 수 없을 것이다.

---

47) Goldman Sachs, "Dreaming With BRICs: The Path to 2050"(2003), http://www.goldmansachs.com/our-thinking/archive/archive-pdfs/brics-dream.pdf(검색일: 2013년 12월 9일), p.4.
48) 『한국일보』, "中과학원 40년 후 中경제 세계 1위," 2009년 6월 11일.

〈그림 2-23〉 골드만 삭스가 전망한 2050년 세계 GDP 현황

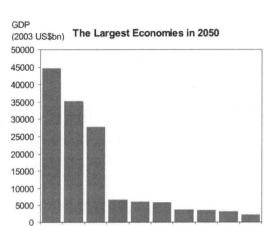

출처: Goldman Sachs(2003), p.4

2) 현상유지론

이른바 현상유지론은 미·중 간 국력 격차가 현재 수준을 유지하거나 그 격차가 더 커질 것으로 전망하는 시각이라 할 수 있다. 이러한 입장에 서 있는 학자들은 중국과 마찬가지로 미국 역시 미래 국력의 획기적 증대 가능성이 상존하고 있다는 점을 주목하고 있다. 국제에너지기구(IEA: International Energy Agency)는 최근 연례보고서에서 미국이 타이트 오일(tight oil)과 저렴한 셰일가스 채굴을 통해 경제가 활성화되고 있고 2020년대 중반까지 사우디아라비아를 제치고 세계 최대 석유생산국이 될 것으로 전망했다. IEA 는 한편 중국이 2030년경 미국을 제치고 최대 석유 소비국이 될 것이며, 가스 수요는 2011년 130bcm(billion cubic meter, 10억 입방미터)에서 2035 년 545bcm까지 급증할 것으로 내다보았다.49)

---

49) International Energy Agency, World Energy Outlook 2012, http://www.iea.org/ publications/freepublications/publication/Korean.pdf(검색일: 2014년 1월 3일), pp.1-5; World Energy Outlook 2013, http://www.iea.org/publications/freepub

〈그림 2-24〉 지역별 셰일가스 · 타이트 오일 생산 전망

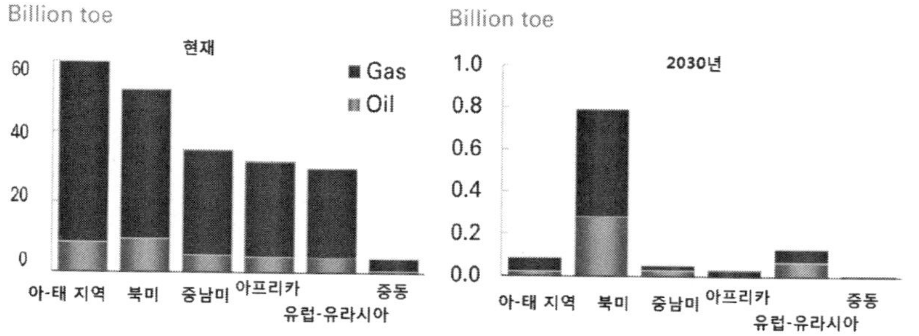

출처: BP(2013), p.22

영국의 브리티시 페트롤리엄(BP: British Petroleum) 역시 IEA와 경제협력개발기구(OECD: Organisation for Economic Co-operation and Development)의 자료를 인용, 2030년이 되면 셰일가스와 타이트 오일 생산을 사실상 미국이 독점할 것이라 예상하고 있다.[50] 이러한 일련의 관측은 향후 중국이 폭발적 에너지 수요를 상당 부분 미국에 의존할 개연성과 미국 경제의 지속적 성장 가능성을 암시, 향후 미 · 중 국제구조의 현상유지 가능성을 뒷받침하고 있다(〈그림 2-24〉 참조).

현상유지론자들은 또한 20여 년간 중국의 급격한 경제성장이 다양한 제약으로 인해 둔화 또는 정체될 것이라 전망하며 경우에 따라 중국의 붕괴가능성까지 언급하고 있다.[51] 〈표 2-4〉는 글로벌 인사이트, 이코노미스트 인텔리전스 유닛, 골드만 삭스가 각각 예상한 미래 중국의 경제성장률로 기관별로 차이는 있으나 2030년경에 대략 4%대 성장을 할 것으로 전망했다.

---

licatins/publication/WEO2013_Executive_Summary_Korean.pdf(검색일: 2014년 1월 3일), p.4.

50) British Petroleum, *Energy Outlook 2030*, January 2013, p.22.

51) 중국이 경기침체에 그치지 않고 붕괴에 이를 것이라고 예상한 저술로는 Gordon Chang, *The Coming Collapse of China* (New York: Random House, 2001)를 들 수 있다.

〈표 2-4〉 주요 기관이 예측한 미래 중국의 경제성장률

Average Annual Growth(%)	Global Insight	Economist Intelligence Unit	Goldman Sachs
2006~2010	8.6	8.0	7.1
2011~2015	7.2	5.5	5.8
2016~2020	6.4	4.4	5.0
2021~2025	6.1	4.5	4.5
2026~2030	n.a.	4.7	4.1

출처: Craig K. Elwell and Marc Labonte(2007), p.12

이는 대체로 중국이 2000년대 수준의 경제성장을 미래에도 계속한다는 가정을 하고 있는 중국부상론을 반박하고 있다.[52] 또한 〈표 2-5〉에서 보듯 상대적으로 미래 중국에 가장 후한 점수를 주고 있는 글로벌 인사이트 역시 2025년 중국의 구매력 기준 1인당 GDP가 미국의 42% 선에 그칠 것으로

〈표 2-5〉 글로벌 인사이트가 추정한 미·중 1인당 GDP 추이

(달러, 구매력 기준)

	2006	2010	2015	2020	2025
미국	44,196	51,702	62,309	75,971	92,790
중국	7,473	10,247	15,838	25,102	39,544
미국 대비(%)	16.9	19.8	25.4	33.0	42.3

출처: Craig K. Elwell and Marc Labonte(2007), p.19에서 재구성

---

52) 포겔과 마찬가지로 북경대 저스틴 린 교수 역시 8% 성장이 지속될 것으로 보았다. China Central Television, "Justin Yifu Lin: China can maintain 8% stable growth," March 7, 2013, http://english.cntv.cn/program/newshour/20130307/104177.shtml (검색일: 2013년 12월 3일).

보았다. 이는 중국이 GDP라는 단일 지표만으로도 미국을 따라잡는 데 더 오랜 시간이 걸릴 수 있으며, 추월한다 해도 중국의 전반적 경제력 내지 국력이 미국에 근접했다고 속단할 수 없음을 시사한다.[53]

중국계 언론인 고든 창(Gordon Chang) 역시 노동력 부족, 임금상승 등으로 중국의 경제성장이 지속되기 어렵다고 예상했다. 또한 그간 중국의 경제성장은 국제사회가 중국의 중상주의적 행태를 용인해준 데 기인한 것인데 이러한 환경이 앞으로 지속되기 어렵다는 점도 강조했다.[54] 이외에도 조지 프리드먼(George Friedman)은 1당 독재에 의한 국가운영 전반의 비효율성, 주택 등 물가 폭등과 같은 다양한 제약요인들을 열거하면서 미래 중국은 그저 "종이 호랑이(paper tiger)"에 지나지 않을 것이라 진단했다.[55] 이들의 예상이 맞다면 향후 국제체제가 현재 미국을 중심으로 한 단-다극체제의 성격이 유지되거나 나아가 미국 중심의 단극체제에 가까운 방향으로 전개될 것으로 예상할 수 있다. 〈표 2-6〉은 이상의 논의를 도식화한 것이다.

〈표 2-6〉 미래 미·중 국력과 국제체제

중국의 부상	현상유지	미국패권 심화
◀----------------------I----------------------I----------------------▶		
양극체제	단-다극체제	단극체제

---

53) Joseph S. Nye, "The Future of American Power: Dominance and Decline in Perspective," *Foreign Affairs*, Vol.89, No.6(2010), pp.4-5.

54) Gordon Chang, "The Coming Collapse of China: 2012 Edition," *Foreign Policy*, 2011.12.29, http://www.foreignpolicy.com/articles/2011/12/29/the_coming_colla pse_of_china_2012_edition#sthash.utCPTtQ8.dpbs(검색일: 2013년 12월 5일).

55) George Friedman, *The Next 100 Years: A Forecast for the 21ˢᵗ Century* (New York: Doubleday, 2009), pp.88-99, 이외에도 중국 부상의 제약 요인에 대해서는 남궁영·양일국(2012), pp.288-290 참조.

3) 미·중 종합국력 예상: 단-다극의 심화

앞서 인구와 철강 생산량 등 일부 지표들이 국력을 왜곡할 수 있음을 확인할 수 있었다. 미국의 RAND 연구소 역시 2000년에 발간한 『탈산업화 시대의 국력 측정(*Measuring National Power in the Postindustrial Age*)』을 통해 단일 변수로 국력을 가늠하는 것은 편리한 측면이 있지만 종종 그 수치와 실제 국력이 조응하지 않아 논란이 돼왔음을 지적한 바 있다.[56] 이러한 일련의 경험은 결국 미래 극 체제 조망을 위한 미·중 국력 수준의 판별에 있어서도 다양한 지표를 활용한 종합국력의 산출과 대비가 필요하다는 점을 보여준다. 이에 따라 널리 알려진 종합국력 산출 공식을 소개하고 이를 바탕으로 미·중 국력의 미래를 조망해보고자 한다.

(1) 클라우스 노어(Klaus Knorr)

노어는 1956년에 발표한 저서를 통해 경제력, 정부의 역량(administrative competence), 전쟁 동기(motivation for war)를 종합국력산출의 근거로 제시했다.[57] 실측이 쉽지 않은 전쟁 동기를 제외하고 나머지 두 지표에서 미국이 우위를 점하고 있는 것으로 판단할 수 있다. 정부역량을 가늠하기 위해 IMD의 정부행정효율 순위를 참고했다. 미국이 20위권을 유지하는 데 반해 중국

〈표 2-7〉 미·중 정부효율성 순위 비교

	2009	2010	2011	2012	2013
미국	20	22	19	22	25
중국	15	25	33	34	41

출처: IMD

---

56) Ashley J. Tellis, *Measuring National Power in the Postindustrial Age*(Santa Monica: RAND Corporation, 2000), pp.27-28.

57) Klaus Knorr, *The War Potential of Nations*(Princeton: Princeton University Press, 1956), p.41.

은 최근 5년간 지속적으로 하락세를 보여 최근 41위를 기록하고 있다.[58]

(2) 클리포드 저먼(Clifford German): N(L+P+I+M)

저먼은 1960년에 국력산출의 지표와 더불어 각 요소들의 관계까지를 포함한 공식을 제시한 바 있다. 그는 영토(L), 인구(P), 산업기반(I), 병력수 (M, military size)를 합한 값에 핵보유 능력(N)을 곱한 값을 국력으로 보았다.[59] 우선 산업기반 수준을 가늠하기 위해 해당 국가의 과학 및 기술 수준을 근거로 산출하는 IMD의 발전기반(Infrastructure) 순위를 검토한 결과 미국은 최근 5년간 부동의 1위를 지키고 있는 반면, 중국은 2009년 32위에서 소폭 성장해 최근 26위에 랭크되었다(〈표 2-8〉 참조).[60] 한편 영토는 양국이 비슷한 수준이지만 인구와 병력수에서는 미국의 열세가 뚜렷하다고 할 수 있다.[61] 그러나 총 핵무기 보유량에서 미국(7,700)은 중국(240)을 32

〈표 2-8〉 미·중 발전기반 순위 비교

	2009	2010	2011	2012	2013
미국	1	1	1	1	1
중국	32	31	28	29	26

출처: IMD

---

58) IMD, https://www.worldcompetitiveness.com/OnLine/App/Index.htm(검색일: 2014년 1월 6일).

59) F. Clifford German, "A Tentative Evaluation of World Power," *Journal of Conflict Resolution*, Vol.4, No.1(1960), pp.138-144.

60) IMD, https://www.worldcompetitiveness.com/OnLine/App/Index.htm(검색일: 2014년 1월 6일).

61) 2014년 기준으로 중국의 인구는 약 13억 4천만인 데 비해 미국은 3억 명 수준이며, 현역병 수에 있어서 중국이 233만 명 수준인 데 비해 미국은 140만 명 수준으로 집계됐다. Global Fire Power, http://www.globalfirepower.com/countries-comparison-detail.asp?form=form&country1=United-States-of-America&country2=China&Submit=Compare+Countries(검색일: 2015년 10월 7일), 〈부록 2-1〉 참조.

배 이상으로 압도하고 있어 저먼의 견해를 따른다면 양국의 최종 종합국력 격차는 당분간 천문학적인 수준이 될 것으로 보인다.

(3) 레이 클라인(Ray Cline): (C+E+M)(S+W)

클라인은 국력을 유형국력과 무형국력으로 구분해 종합국력을 산출하려 했다. 즉, 인구와 영토(C), 경제력(E), 군사력(M)을 합한 값과, 무형의 국가 전략(S) 및 국민의지(W)의 합을 곱한 값을 종합국력으로 본 것이다.[62] 무형국력의 실측은 쉽지 않지만 중국의 빈번한 반정부 시위는 '국민의지'의 결집에서 열세임을 짐작케 한다.[63] 미국과 중국의 무형국력을 같다고 가정해도 역시 경제력과 군사력에 의한 중국의 열세는 당분간 지속될 것으로 전망된다. 일례로 중국사회과학원은 2008년에 발표한 「중국 현대화 보고서」를 통해 2080년 정도가 돼야 미국의 군사력에 근접할 것으로 예상했다.[64]

V. 맺는말

영국에서 미국으로 패권이 이어지는 지난 100여 년의 국제정치사는 신현실주의자들이 강조하듯 소수 강대국들의 역사였다고 해도 과언이 아닐 것이다. 시기별로 강대국의 요건·국력 수준을 판별하는 여러 지표들 가운데 본연구가 대상으로 한 시기를 통틀어 국방비와 GDP가 극 체제를 잘 보여줬다

---

62) 레이 S. 클라인, 『국력분석론』(서울: 국방대학원, 1981), pp.25-26.

63) 이코노미스트에 따르면 1994년 1만여 건이던 시위가 2003년 5만 8천 건, 2004년 7만 4천 건으로 집계됐다면서 이러한 추세를 '끓는 솥'에 비유했다. "Protest in China: The cauldron boils," *The Economist*, September 29, 2005.

64) 『조선일보』, 2012년 1월 2일(http://news.chosun.com/site/data/html_dir/2012/01/02/2012010200089.html).

는 점에서 결국 강대국의 원천은 군사력과 경제력이라 할 수 있다. 따라서 경제·군사력과 직접적 관련이 적은 여타 지표를 필요 이상 국력 측정에 반영하는 것은 경우에 따라 큰 왜곡의 소지가 있다. 일례로 2012년 현대경제연구원은 2040년 중국 국력이 미국을 추월해 1위가 되고, 2045년부터 인도가 일본을 제치고 3위가 되며 2050년에는 브라질이 일본을 누르고 4위가 된다고 전망했다. 이 전망은 지수 산출시 인구의 비중을 25%나 반영한 결과였다.[65]

현재 극 체제를 이루는 강대국들의 국력을 합리적인 근거와 지표로 판단하는 것은 사실상 향후 국제사회의 가장 중요한 국면을 예측하는 중요한 과업이므로 매우 신중하고 합리적인 접근이 필요하다. 그러한 의미에서 미·중 국제구조의 미래를 예측하는 데 있어 다음의 사항을 고려해야 할 것으로 생각된다.

첫째, 한 국가의 국력은 특정한 몇 개의 지표로 설명될 수 있는 것이 아니므로 가능한 한 종합국력의 관점에서 평가돼야 한다. 이러한 면에서 현재 중국부상론은 여러 지표 가운데 하나인 GDP의 증가가 마치 종합국력의 증강인 것처럼 과장된 측면이 있다.

둘째, 가까운 시일에 중국의 전반적 경제력이 미국을 능가한다고 가정해도 핵무기 보유량, 항공모함의 성능 및 보유 수 등 군사력을 반영하면 종합국력에서 미국의 우위는 당분간 압도적인 수준일 것으로 예상된다.

셋째, 정부의 효율성, 핵 보유량, 국민의지 등 기존 종합국력 산출에서 강조되는 요소들은 기본적으로 단기간에 큰 폭으로 증가하기 어려운 성격의 지표들이다. 일례로 중국 정부의 효율성이 미국에 뒤처지는 데에는 다양한 요인들이 있겠지만 사회주의·1당 체제의 속성에서 비롯된 부분들은 단기간에 극복되기 어려울 것으로 예상할 수 있다. 이와 관련해 프리드먼은 중국이 경제성장을 계속한다면 향후 다른 아시아 국가들이 경험했던 '고통스러

---

65) 인구 외에 국방비 29%, GDP 35%, 기타 9%로 계산하였다. 이혜정, "통일한국의 미래상," 『통일경제』 2012년 2호(현대경제연구원, 2012), p.77.

운 체질개선(wrenching readjustment)' 과정을 겪을 것임을 지적했다.[66] 이는 중국의 경제성장이 체질개선 성공여부 및 소요 시간에 따라 정체·둔화되는 시기가 올 것이라는 전망으로도 해석된다.

전통적 국력의 상징인 하드파워(군사력·경제력)와 함께 현대 국력평가의 두 축을 이루는 소프트파워에 있어서도 미국은 현재 국제사회가 지향하는 가치와 문화를 선도하는 국가라 할 수 있다. 개인의 창의성을 극대화하는 성숙한 자유시장 및 기업환경, 전 세계 1위의 연구개발(R&D) 투자와 노벨 과학상 수상자 배출, 세계 최고의 교육환경 등을 감안할 때 미국 국력의 쇄락 또는 현상유지를 전제하고 중국의 지속적 성장 가능성만을 타진하는 미래 국제구조 전망은 현실성을 결여한 것일 수 있다.[67] 이상의 논의는 결국 향후 국제체제가 상당 기간 미국을 중심으로 중국과 EU, 일본, 러시아, 인도 등이 경합하는 단-다극의 양상을 보일 것이라는 전망에 힘을 실어주고 있다.

---

66) Friedman(2009), p.98.

67) IMD에 따르면 미국은 2013년 총연구개발투자, 기업연구개발비 지출, 과학 분야 논문 수, 노벨과학상 수상 부분에서 모두 세계 1위를 기록했다. 한국과학기술기획평가원, 『IMD 2013 세계 경쟁력 연감 분석: 과학 및 기술 인프라 중심』(2013), p.45; Times Higher Education의 2013~2014년 세계 대학순위에 의하면 상위 200개 대학 중 77 개교, 1위(캘리포니아 공과대학)를 포함해 상위 10위 중 7개교가 미국 소재 대학이었다. 반면 중국은 북경대(45위), 칭화대(50위) 2개교를 진입시키는 데 그치고 있다. Times Higher Education, http://www.timeshighereducation.co.uk/world-unive rsity-rankings/2013-14/world-ranking(검색일: 2014년 1월 6일).

■ 참고문헌 ■

김웅진. 2011. 『인과모형의 설계: 사회과학적 접근』. 서울: 한국외국어대학교출판부.

김현일. 2002. 『해양력과 동북아시아의 전쟁 발생: 1860-1993』. 연세대학교 정치학과 박사학위 논문.

남궁영·양일국. 2012. "중국의 부상을 보는 두 시각: 현상유지국인가, 도전국인가?" 『21세기 정치학회보』 제22집 2호.

레이 S. 클라인. 1981. 『국력분석론』. 서울: 국방대학원.

이윤섭. 2010. 『객관적 20세기 전반기』. 서울: 필맥.

이혜정. 2012. "통일한국의 미래상." 『통일경제』 2호. 현대경제연구원.

폴 케네디. 이일주 역. 1988. 『강대국의 흥망』. 서울: 한국경제신문사.

한국과학기술기획평가원. 2011. 『IMD 2011 세계 경쟁력 연감 분석: 과학 및 기술 인프라 중심』.

_____. 2013. 『IMD 2013 세계 경쟁력 연감 분석: 과학 및 기술 인프라 중심』.

Asher H. 1976. *Casual Modeling*. Beverly Hills: Sage.

Bennett, D. Scott, and Allan Stam. 2000. "EUGene: A Conceptual Manual." *International Interactions* 26.

British Petroleum. 2013. *Energy Outlook 2030*. January.

Chang, Gordon. 2001. *The Coming Collapse of China*. New York: Random House.

Cohen, Eliot A. 2004. "History and the Hyperpower." *Foreign Affairs* 83(4), July/August.

Donnelly, Jack. 2005. "Realism." In Scott Burchill, Andrew Linklater, Richard Devetak, Jack Donnelly, Matthew Paterson, Christian Reus-Smit and Jacqui True (eds.). *Theories of International Relations*. 3rd ed. Basingstoke: Palgrave Macmillan.

Doyle, Michael W. 1997. *Ways of War and Peace*. New York: W. W. Norton & Company.

Elwell, Craig K., and Marc Labonte. 2007. "Is China a Threat to the U.S. Economy?" *CRS Report for Congress*. January 23.

EUGene(http://eugenesoftware.org).

Federation of American Scientist(http://www.fas.org/programs/ssp/nukes/nuclearweapons/nukestatus.html).

Fogel, Robert W. 2006. "Why China is Likely to Achieve Its Growth Objectives." *NBER Working Paper Series*. Cambridge: National Bureau of Economic Research.

Friedman, George. 2009. *The Next 100 Years: A Forecast for the 21st Century*. New York: Doubleday.

Gardiner, Robert, Roger Chesneau, and Eugene M. Kolesnik (eds.). 1979. *Conway's Fighting Ships 1860~1905*. London: Conway Maritime Press.

German, F. Clifford. 1960. "A Tentative Evaluation of World Power." *Journal of Conflict Resolution* 4(1).

Gilpin, Robert. 1981. *War and Change in World Politics*. Cambridge: Cambridge University Press.

Global Fire Power(http://www.globalfirepower.com).

Goldman Sachs(http://www.goldmansachs.com/our-thinking/archive/archive-pdfs/brics-dream.pdf).

Groningen Growth and Development Centre(www.ggdc.net/maddison/historical_statistics/horizontal-file_03-2007.xls?).

IMD World Competitiveness Online(https://www.worldcompetitiveness.com/OnLine/App/Index.htm).

IMF(http://www.imf.org/external/np/sec/memdir/members.aspx#C).

International Energy Agency. *World Energy Outlook 2012*.

_____. *World Energy Outlook 2013*.

Jane, Fred T. (ed.). 1969. *Jane's All the world's fighting ships 1898*. Newton Abbot, Devon: David & Charles.

_____. 1970. *Jane's fighting ships 1905~6*. Newton Abbot, Devon: David & Charles.

Knorr, Klaus. 1956. *The War Potential of Nations*. Princeton: Princeton University Press.

Maddison, Angus. 2006. *The World Economy Volume 2: Historical Statistics*. Paris: OECD Publications.

Mearsheimer, John J. 2001. *The Tragedy of Great Power Politics*. New York: W.W. Norton & Company.

Natural Resource Defence Council(http://www.nrdc.org/nuclear/nudb/datab 19.asp).

Nye, Joseph S., Jr. 1990. *Bound to Lead: The Changing Nature of American Power*. New York: Basic Books.

_____. 2010. "The Future of American Power: Dominance and Decline in Perspective." *Foreign Affairs* 89(6).

Organski, A.F.K. 1968. *World Politics*. 2nd ed. New York: Alfred A. Knopf.

Organski, A.F.K., and Jacek Kuglar. 1980. *The War Ledger*. Chicago: University of Chicago Press.

Rynn, Jon. 2001. *The Power to Create Wealth: A systems-based theory of the rise and decline of the Great Powers in the 20th century*. Ph. D. Dissertation. The City University of New York.

Singer, J. David, Stuart Bremer, and John Stuckey. 1972. "Capability Distribution, Uncertainty, and Major Power War, 1820~1965." In Bruce Russett (ed.). *Peace, War, and Numbers*. Beverly Hills: Sage.

SIPRI(http://milexdata.sipri.org/files/?file=SIPRI+military+expenditure+data base+1988-2012.xlsx).

Tellis, Ashley J. 2000. *Measuring National Power in the Postindustrial Age*. Santa Monica: RAND Corporation.

Times Higher Education(http://www.timeshighereducation.co.uk/world-univer sity-rankings/2013-14/world-ranking).

UNCTAD(http://unctadstat.unctad.org/TableViewer/tableView.aspx).

United States Navy(http://www.navy.mil/navydata/ships/carriers/cv-list.asp).

Waltz, Kenneth N. 1979. *Theory of International Politics*. New York: McGraw-Hill.

Wight, Martin. 1978. *Power Politics*. Edited by Hedly Bull and Carsten Holbraad. Leicester: Leicester University Press.

World Bank(http://data.worldbank.org/indicator/NY.GDP.MKTP.CD).

【부록 2-1】 전 세계 병력(현역병) 현황(2014)

1. 중국		2,333,333
2. 미국		1,400,000
3. 인도		1,325,000
4. 러시아		766,055
5. 북한*		690,000 (1,200,000)
6. 한국		624,465
7. 파키스탄		617,000
8. 이란		545,000
9. 알제리		512,000
10. 인도네시아		476,000
11. 이집트		468,500
12. 콜롬비아		444,520
13. 베트남		412,000
14. 터키		410,500
15. 미얀마		406,000
16. 방글라데시		400,000
17. 브라질		327,000
18. 이탈리아		320,000
19. 태국		306,000
20. 대만		290,000
21. 이라크		271,500
22. 멕시코		267,500
23. 일본		247,173
24. 사우디		233,500
25. 필리핀		220,000
26. 남수단공화국		210,000
27. 프랑스		202,761
28. 아프가니스탄		200,000
29. 모로코		195,800
30. 에티오피아		182,500

31. 독일		179,046
32. 시리아		178,000
33. 그리스		177,600
34. 스리랑카		161,000
35. 이스라엘		160,000
36. 우크라이나		160,000
37. 콩고민주공화국		152,000
38. 영국		146,980
39. 스위스		135,000
40. 레바논		131,100
41. 나이지리아		130,000
42. 캄보디아		125,000
43. 스페인		123,300
44. 페루		120,660
45. 폴란드		113,560
46. 베네수엘라		120,000
47. 요르단		110,700
48. 말레이시아		110,000
49. 카자흐스탄		110,000
50. 수단		109,500
51. 네팔		95,000
52. 캐나다		92,000
53. 남아공		88,565
54. 앙골라		87,000
55. 쿠바		87,000
56. 루마니아		73,350
57. 아르헨티나		73,100
58. 오만		72,000
59. 싱가포르		71,600
60. 아르메니아		68,047

61. 아제르바이잔		67,000
62. 예멘		66,700
63. 우즈베키스탄		65,000
64. 아랍에미리트		65,000
65. 벨라루스		62,000
66. 칠레		60,560
67. 호주		58,000
68. 볼리비아		55,500
69. 세르비아		52,000
70. 네덜란드		47,660
71. 우간다		45,000
72. 튀니지		40,500
73. 포르투갈		40,000
74. 에콰도르		37,500
75. 조지아		37,000
76. 핀란드		36,500
77. 불가리아		35,000
78. 리비아		35,000
79. 벨기에		33,000
80. 차드		30,350
81. 라오스		30,000
82. 오스트리아		29,500
83. 짐바브웨		29,000
84. 탄자니아		27,000
85. 노르웨이		26,200
86. 덴마크		25,000
87. 케냐		24,120
88. 우루과이		24,000
89. 투르크메니스탄		22,000
90. 크로아티아		21,300
91. 체코		21,060
92. 헝가리		20,000

93. 키르기스스탄		16,300
94. 엘살바도르		15,500
95. 쿠웨이트		15,500
96. 과테말라		15,500
97. 잠비아		15,100
98. 보스니아 헤르체코비나		15,000
99. 리투아니아		15,000
100. 알바니아		14,500

* 북한의 (　)는 국방부가 발간한 『2014 국방백서』에 공개된 북한의 현역병 수, 한편 전 세계 군사력 평가에 있어서 권위 있는 기관인 영국 국제전략문제연구소(IISS)는 『The Military Balance 2015』에서 북한의 현역병 수를 110만 명으로 파악하였음

출처: Global Fire Power, http://www.globalfirepower.com/active-military-manpower.asp (검색일: 2015년 10월 7일); 대한민국 국방부, 『2014 국방백서』(서울: 국방부, 2015); International Institute for Strategic Studies, *The Military Balance 2015* (London: Routledge, 2015)

[부록 2-2] 주요 국가들의 잠재적 국력(2014)

국가	GDP (섬억 달러) 명목기준	GDP 미국과의 비교(%)	GDP 점유율(%)	1인당 소득 (달러)	1인당 소득 미국과의 비교(%)	무역내용(상품+서비스) 수출액	수입액	총액 (섬억 달러)	무역총액 미국과의 비교(%)	세계무역 점유율(%)	FDI flow (outward) 금액 (백만 달러)	FDI 미국과의 비교(%)	FDI 점유율(%)
미국	17,419.0	100.0	22.4	54,631	100.0	2,308.5	2,864.5	5,173.1	100.0	10.8	336,943	100.0	24.9
중국	10,360.1	59.5	13.3	7,594	13.9	2,574.3	2,341.4	4,915.7	95.0	10.3	116,000	34.4	8.6
일본	4,601.5	26.4	5.9	36,194	66.3	841.8	1,012.3	1,854.1	35.8	3.9	113,629	33.7	8.4
독일	3,852.6	22.1	4.9	47,627	87.1	1,773.6	1,541.7	3,315.2	64.1	6.9	112,227	8.3	33.3
영국	2,941.9	16.9	3.8	45,603	83.4	842.8	881.0	1,723.8	33.3	3.6	-59,628		
프랑스	2,829.2	16.2	3.6	42,733	78.2	849.6	925.7	1,775.3	34.3	3.7	42,869	12.7	3.2
인도	2,067.0	11.9	2.7	1,596	3.0	477.6	610.0	1,087.6	21.0	2.3	9,848	0.7	2.9
러시아	1,860.6	10.7	2.4	12,736	23.3	562.8	427.0	989.8	19.1	2.1	56,438	4.2	16.8
한국	1,410.4	8.1	1.8	27,971	51.2	678.7	639.5	1,318.2	25.5	2.8	30,558	2.3	9.1

주: 세계무역기구(WTO)는 상업적 서비스(commercial service) 부문에 운송, 여행, 통신, 건설, 보험, 금융, 컴퓨터 및 정보, 로열티·라이센스료, 기타 영업서비스, 개인·문화·여가서비스를 포함시키고 있음

출처: 1인당 GDP 및 GDP(명목기준)는 World Bank, http://data.worldbank.org/indicator/NY.GDP.PCAP.CD(검색일: 2015년 11월 10일); 무역액은 WTO, International Trade Statistics 2015, https://www.wto.org/english/res_e/statis_e/its2015_e/its15_toc_e.htm(검색일: 2015년 11월 10일); FDI는 UNCTAD, http://unctadstat.unctad.org/wds/TableViewer/tableView.aspx(검색일: 2015년 11월 10일)를 참조하여 작성

국가	GDP (십억 달러) 명목기준	GDP 미국과의 비교(%)	GDP 점유율 (%)	1인당 소득 (달러)	1인당 소득 미국과의 비교(%)	무역내용(상품) 수출액	무역내용(상품) 수입액	무역내용(상품) 총액 (십억 달러)	무역총액 미국과의 비교(%)	세계무역 점유율 (%)	FDI flow (outward) 금액 (백만 달러)	FDI 미국과의 비교(%)	FDI 점유율 (%)
미국	17,419.0	100.0	22.4	54,631	100.0	1,620.5	2,412.5	4,033.1	100.0	10.6	336,943	100.0	24.9
중국	10,360.1	59.5	13.3	7,594	13.9	2,342.3	1,959.4	4,301.7	106.7	11.3	116,000	34.4	8.6
일본	4,601.5	26.4	5.9	36,194	66.3	683.8	822.3	1,506.1	37.3	4.0	113,629	33.7	8.4
독일	3,852.6	22.1	4.9	47,627	87.1	1,507.6	1,215.7	2,723.2	67.5	7.1	112,227	8.3	33.3
영국	2,941.9	16.9	3.8	45,603	83.4	505.8	684.0	1,189.8	29.5	3.1	-59,628		
프랑스	2,829.2	16.2	3.6	42,733	78.2	582.6	677.7	1,260.3	31.2	3.3	42,869	12.7	3.2
인도	2,067.0	11.9	2.7	1,596	3.0	321.6	463.0	784.6	19.5	2.1	9,848	0.7	2.9
러시아	1,860.6	10.7	2.4	12,736	23.3	497.8	308.0	805.8	20.0	2.1	56,438	4.2	16.8
한국	1,410.4	8.1	1.8	27,971	51.2	572.7	525.5	1,098.2	27.2	2.9	30,558	2.3	9.1

출처: 1인당 GDP 및 GDP(명목기준)는 World Bank, http://data.worldbank.org/indicator/NY.GDP.PCAP.CD(검색일: 2015년 11월 10일); 무역액은 WTO, *International Trade Statistics 2015*, https://www.wto.org/english/res_e/statis_e/its2015_e/its15_toc_e.htm(검색일: 2015년 11월 10일); FDI는 UNCTAD, http://unctadstat.unctad.org/wds/TableViewer/tableView.aspx(검색일: 2015년 11월 10일)를 참조하여 작성

제**3**장

미국의 북핵 전략과 선택:
부시 행정부를 중심으로*

I. 머리말

2002년 10월 북한의 농축우라늄 비밀 핵개발 계획에서 비롯된 제2차 북핵위기는 남북관계를 포함한 한반도 질서를 교착시키는 계기가 되었다. 이후 13년이 지난 현재까지 북핵 문제는 여전히 해결의 실마리를 찾지 못한 가운데 지루한 북·미 간 공방만 되풀이하고 있다. 이와 같은 북·미 간 줄다리기는 2003년 8월 개시된 6자회담 과정은 물론, 길게는 1993년 1차 북핵위기 이후 22년간의 북핵 협상과정을 통해 이미 정례화되었다(〈부록 3-1, 3-2〉 참조).

부시 행정부 당시 북핵 문제는 미국의 강경한 반 테러(counter-terrorism)

---

* 이 글은 "부시 행정부의 북핵전략과 선택,"『세계지역연구논총』제22집 2호(2004)를 수정·보완한 것이다.

및 대량살상무기(WMD: Weapons of Mass Destruction) 비확산정책과, 이를 불신하며 자국에 대한 위협으로 인식하는 북한 정권의 판단으로 인해 양국의 '핵개발 포기'와 '불가침 보장' 요구가 첨예하게 대립, 단기간에 해결될 가능성은 높지 않았다.[1]

북핵 문제는 한·미관계에도 지대한 영향을 미쳤다. 한·미 간에는 북한에 대한 인식, 북핵 문제의 해결방법 등에서 의견 대립이 노정되기도 했으며, 노무현 정부는 북핵 갈등을 둘러싸고 미국과 북한 사이에서 분명한 입장을 취하지 않고 중재자 역할을 자임, 한·미공조의 불협화음을 초래한 바 있다. 돈 오버도퍼(Don Oberdorfer)는 한반도가 ① 북한의 확고한 핵무기 소유욕, ② 미국의 비타협적 자세, ③ 한·미동맹의 차질 등 3가지 요소가 복합돼 한국전쟁 이후 최대의 위기상황으로 내몰리고 있다고 주장했다.[2] 이러한 조건에서 미국이 북한 핵 문제를 어떻게 인식하고 있으며, 어떻게 접근하고 있느냐에 대한 이해는 매우 중요하다. 이 글에서는 북한의 핵보유 의지와 핵능력을 살펴보고, 핵 문제를 중심으로 한 미국의 세계전략 및 대북정책을 분석한다. 나아가 이를 근거로 핵 문제 해결을 위한 미국의 선택을 검토함으로써 이에 대응하는 우리의 합리적 전략을 모색하고자 한다.

---

1) 북한은 지난 1차 6자회담(2003.8)에 제시한 입장에서 "우리는 미국과 법적 구속력이 있는 불가침조약을 체결할 것을 요구합니다. 우리에게 구두 혹은 서면 안전보장, 심지어 미·중·러의 공동 안전보장 같은 것을 주면 된다고 생각하면 오산입니다"라고 주장했다. 『조선중앙통신』, 2003년 9월 29일.

2) 오버도퍼는 특히 "한·미 양국 정부와 국민들은 지난 50년간 동맹의 접착제 역할을 해왔던 북한 문제에 관해 매우 다른 방향으로 움직이고 있기 때문에 동맹관계에 차질을 빚고 있다"면서 "한국과 미국은 서로 떨어져 나가고 있다"고 주장했다. 『조선일보』, 2003년 5월 3일.

II. 제2차 북한 핵위기의 전개

제2차 북한 핵위기는 2002년 10월 3~5일 미국 제임스 켈리 국무부 차관보와 북한의 강석주 외무성 제1부상과의 북미 고위급회담에서 강석주 부상이 고농축우라늄 핵 프로그램을 시인하면서 대두되었다.3) 이후 북·미 간 요구조건이 상충하면서 타협점을 찾지 못하고 심각한 국면으로 전개되었다. 미국은 북한이 제네바합의, 핵확산금지조약(NPT), 국제원자력기구(IAEA)의 안전조치협정, 한반도비핵화 공동선언 등 4개의 협정을 위반했다고 주장했다. 이에 따라 북한이 먼저 핵개발을 포기해야 대화가 시작될 수 있다는 입장을 견지하였다. 여기에 북한은 제네바합의에 따른 경수로 건설의 지연과 미국의 핵무기 '불위협' 또는 '불사용' 보장이 지켜지지 않고 있다고 주장하였다. 또한, 북한은 미국이 자신들을 '악의 축(axis of evil)'으로 규정하고 핵 선제공격 대상국에 포함시키고 있어, 미국의 '핵압살 위협'에 대처하기 위해 "핵무기는 물론 그것보다 더한 것도 지니게 되어 있다(entitled to have)"며 위협적 태도를 보였다. 다만, 미국이 핵 불사용을 포함한 불가침조약을 체결한다면 미국의 안보 우려를 해소하게 해줄 용의가 있다고 밝혔다.4)

이러한 가운데 미국은 2002년 11월 14일 제네바협정 체결 이후 북한에 제공해 오던 중유 공급을 2002년 12월부터 중단하기로 결정했다.5) 이에 대

---

3) 부시 행정부는 북한의 핵개발 및 시인에 대해서 대체적으로 세 가지 이유를 제시하고 있다. 첫째, 북한은 핵 공갈(nuclear blackmail)만이 자신의 체제를 유지시켜줄 수 있고, 둘째, 이라크와 아프가니스탄의 탈레반 정권의 경우에서 보듯 핵능력이 없으면 미국과 협상할 수단이 없다고 생각하고 있으며, 셋째, 최악의 경우에는 핵무기를 사용한 전쟁도 불사한다는 자살행위적인 의지를 뒷받침하기 위한 모험의 일환이라는 것이다. 박진, 『박진의 북핵리포트』(서울: 한국경제신문, 2003), p.49.

4) 조선외무성 대변인, "조·미 사이의 불가침조약체결이 핵 문제의 합리적이고 현실적인 방도," 『조선중앙통신』, 2000년 10월 25일.

5) 미국이 제네바합의에 따라 1995년 10월부터 여타 국가들의 협조를 얻어 북한에 제공

해 북한은 중유 공급 중단을 명분으로 삼아서 제네바협정을 사실상 무력화시키는 일련의 조치를 취해 나갔다. 북한은 먼저 2002년 12월 12일 외무성 대변인 특별담화를 통해 핵동결 해제를 선언한 다음, 12월 21일에는 동결된 핵시설들에 대한 봉인과 감시장비 제거작업을 개시하였다. 또한 12월 24일에는 사용 후 핵연료봉 봉인을 해제하였으며, 12월 27일에는 IAEA 사찰단원의 추방을 선언하였다. 이러한 북한의 파국적 대응에 대해 2003년 1월 6일 IAEA 특별이사회는 북한 영변 원전시설 봉인 및 감시장치의 원상회복과 사찰관 복귀 등 필요한 안전조치의 이행을 북한 당국에 촉구하는 결의문을 만장일치로 채택하였다. 이에 대해 2003년 1월 10일 북한은 NPT 탈퇴를 선언하였고, IAEA 특별이사회는 미국의 요청에 따라 2월 12일 북한 핵 문제를 유엔 안전보장이사회에 회부하기로 결정하였다.[6] 한편 북한은 이러한 국제사회의 조치에 대해 2월 26일 영변의 원자로 재가동으로 대응하였다.

이렇게 북핵 문제가 해결의 실마리를 찾지 못하고 악화되는 와중에 미국은 2003년 3월 19일 이라크전쟁을 개시하였다. 이라크전이 종결되어 가던 시점인 4월 12일 북한은 외무성 대변인 성명을 통해 미국이 대북 적대시정책을 포기할 용의가 있음을 밝힐 경우, 북핵 문제를 논의하는 다자회담을 수용할 수 있음을 시사했다.[7] 2003년 4월 23~25일, 마침내 베이징에서 3자회담(미국·중국·북한)이 개최되었으나 북핵 문제에 대한 별다른 진전 없이 북·미 양국의 입장만을 확인한 채 끝났다.

한 중유의 총경비는 약 5억 달러이며, 이 가운데 미국이 76%에 해당하는 약 3억 8천만 달러를 부담했다. 미국이 매년 지원한 중유 50만 톤은 북한 화력발전소 원료의 1/3에 해당되고, 북한의 연간 전력 23%를 생산할 수 있는 양이다. 또한 이는 북한의 전체 정제유 도입량의 60~70%를 차지한다는 점에서, 중유 공급 중단이 북한에 적지 않은 타격을 줄 것으로 예상된다. Mark E. Manyin, "U.S. Assistance to North Korea," *CRS Report for Congress*, March 17, 2003 참조.

6) 북한 핵 문제의 유엔 안전보장이사회 회부는 IAEA 특별이사회에서 중국을 포함한 31개국의 찬성, 불참 2개국(파나마, 수단), 기권 2개국(러시아, 쿠바)으로 반대국가 없이 결정되었다.

7) 조선외무성 대변인, "미국이 대조선정책을 전환할 용의가 있다면 대화형식에 구애되지 않겠다," 『조선중앙통신』, 2003년 4월 12일.

한편, 3자회담 이후 6차에 걸쳐서 남북한과 미국, 중국, 일본, 러시아 등 주변 4강이 참여하는 6자회담이 중국 베이징에서 열렸다. 북한은 6자회담에서 미국의 대북한 적대시정책 포기[8]와 북한의 핵계획 포기를 위한 모든 조치들을 일괄적으로 동시행동원칙에 따라 단계별로 이행해 나갈 것을 요구하면서 '일괄타결도식'과 '동시행동순서'를 제시했다.[9] 이에 대해 미국은 우선적인 북한의 완전하고 검증 가능하며 돌이킬 수 없는 핵무기 개발 계획의 폐기(CVID: Complete, Verifiable, Irreversible Dismantlement)를 요구했다. 베이징 6자회담은 북핵 해결의 새로운 대화 틀을 마련했다는 성과는 있었으나, 북한 핵 문제 해법과 관련한 북미 간의 이견을 좁히는 데는 진전을 보지 못했다.[10]

---

8) 북한이 주장하는 적대시정책을 포기하는 상태는 ① 미국이 북한과 법적 구속력이 있는 불가침조약을 체결하여 북한의 체제를 보장하고, ② 북한과의 관계개선에 진지하게 임할 것이며, 나아가 ③ 미국 이외의 국가들이 북한에 대한 경제지원 등 교류협력을 지속 확대하는 것을 방해하지 않는다는 것이다.

9) 북한이 밝힌 '일괄타결도식'은 "미국은 불가침조약을 체결하며, 외교관계를 수립하고, 조·일, 북남 경제협력 실현을 보장하며, 경수로 제공 지연으로 인한 전력 손실을 보상하고, 경수로를 완공하며, 우리(북한)는 그 대신 핵무기를 만들지 않고, 사찰을 허용하며, 핵시설을 궁극적으로 해체하고, 미사일 시험 발사를 보류하고 수출을 중지하는 것"이다. '동시행동순서'는 "① 미국이 중유 제공을 재개하고, 인도주의 식량 지원을 대폭 확대하는 동시에 우리(북한)는 핵계획 포기 의사를 선포하며, ② 미국이 불가침조약을 체결하고, 전력 손실을 보상하는 시점에서 우리(북한)는 핵시설과 핵물질 동결 및 감시·사찰을 허용하며, ③ 조·미, 조·일 외교관계가 수립되는 동시에 우리(북한)는 미사일 문제를 타결하고, ④ 경수로가 완공되는 시점에서 우리(북한)는 핵시설을 해체하는 것"이다. 『조선중앙통신』, 2003년 8월 29일, 전현준, "북핵문제의 해법과 해결전망," 통일정책연구소 학술회의 발표논문, 『북한 핵문제 해결과 한반도 평화체제 구축』, 2003년 10월 21일, p.26에서 재인용.

10) 북한 핵 문제 해결에 있어서 6자회담은 '바둑판 귀퉁이 싸움'에 지나지 않는다. 따라서 북한 핵 문제는 6자회담을 통해서 해결되기는 어렵다. 바둑판 전체 판세의 결정적 변화(shift)―① 북한의 견디기 어려운 경제상황에 따른 핵포기, ② 북한의 김정은 세습체제 불안정, ③ 북·중관계의 변화 등―에 의해 판가름날 것이다. 미국은 6자회담으로 북핵 문제를 관리하면서 이러한 판세의 변화를 기다리고 있는 것이다.

III. 북한의 핵보유 의지와 핵능력

1. 북한 핵개발의 동기: 북한은 왜 핵무기를 개발하려 하는가?

북한은 전통적으로 외교정책의 목표를 북한체제의 유지, 경제발전, 그리고 국력신장에 두면서 궁극적으로는 한반도 적화통일을 최종 목표로 삼고 있다. 그러나 구소련과 동구권의 몰락으로 특징지어지는 탈냉전 시대에 있어 북한 지도부는 새로운 세계질서와 환경하에서 어떻게 정권을 존속시킬 수 있느냐의 문제를 그들의 최대 정책목표로 인식하고 있다.

북한의 핵무기 개발은 1970년대 후반부터 본격화되었다. 북한의 핵개발 의도는 적극적 측면에서는 한반도에서의 주도권 확보와 외국의 간섭 배제, 소극적 측면에서는 남북한 간의 점차 증대되는 경제 격차, 한·미동맹과 미국의 군사적 위협, 탈냉전 이후의 안보 및 경제적 위기 등의 문제로부터 벗어나기 위한 방편 마련으로 해석된다. 따라서 북한은 체제 유지를 위해서라면 당연히 핵보유 의지를 포기하지 않을 것이며 차선책으로 핵보유 자체를 협상을 위한 카드로 사용하려 할 것이다.

한편 북한의 핵개발 문제를 공론화하는 동기가 된 논문의 저자인 스펙터(L. Spector)와 스미스(J. Smith)는 김일성의 핵무기 개발 의도를 다음과 같은 여섯 가지로 가정했다.[11]

첫째, 남한에 대한 군사적 압력을 가속화하여 통일을 이루려는 노력의 일환으로 볼 수 있다. 그 이유는 북한의 핵무기 개발 결정이 1970년대 후반 영변 제2원자로가 착공되기 바로 전에 행해진 것으로 추정되며, 이는 북한의 대규모 재래식 전력증강 시점과도 일치하기 때문이다.

---

11) Leonard Spector and Jacqueline Smith, "North Korea: the next nuclear night-mare?" *Arms Control Today*, Vol.21, No.2(March 1991), pp.8-13, 전성훈, "북한의 핵개발 의도와 현황," 김영윤 외, 『북한 핵문제와 남북관계의 진로』(서울: 통일연구원, 2002), pp.6-7에서 재인용.

둘째, 김일성은 핵무기를 보유함으로써 자신을 향해 배치된 핵전력을 무력화시킬 수 있으며, 더 나아가 북한이 압도적인 재래식 전력으로 전쟁에서 승리할 수 있다고 인식했을 것이다.[12]

셋째, 핵무기 개발 결정은 북한의 재래식 군사력 우위가 남한의 경제성장으로 점차 약화되어가고 있다는 김일성의 우려를 반영한 것이다. 미국이 남한의 전력증강을 지원한다는 점도 이러한 우려를 더 크게 만들었을 것이다.

넷째, 핵무기를 보유함으로써 김일성은 소련과 중국의 안보지원 의존도를 줄일 수 있으며, 따라서 그의 통일정책을 좀 더 자유롭게 추구할 수 있다고 생각했을 수 있다. 이 점은 북한의 전통적 우방인 중국과 소련이 남한과 가까워짐에 따라 문제의 심각성이 증대되었다.

다섯째, 핵무기 보유는 김일성의 재임 중 북한의 과학기술 진보를 가시적으로 증명함으로써 김일성 정권의 정당성을 고양하고 김정일로의 권력승계도 지원할 수 있을 것으로 간주했을 가능성이 있다. 권력승계와 관련하여 김일성은 핵보유가 그의 사후 남한이 북한 내부의 불안정을 틈타 공격할 가능성을 줄여서 북한 정권의 존속성을 높일 수 있을 것이라 생각했을 것이다.

여섯째, 핵무기 개발능력의 보유가 협상을 통해 주한미군의 핵무기를 철수시키는 데 필수적인 수단으로 간주했을 것이다.

실제로 북한이 핵무기를 보유함으로써 '작은 사회주의 강국'을 이룩하게 된다면 대외적으로 정치적 위신과 협상지위 및 자주권을 제고시킬 수 있을 것이다. 이뿐만 아니라 이를 통하여 국내 정치적 안정도 도모할 수 있을

---

12) 미국은 1991년 말 한국에서 핵무기를 철수시키기 이전까지 60여 개의 핵무기를 대북한 억지용과 유사시 방어용으로 갖고 있었다. 피터 헤이즈, 고대승·고경은 역, 『핵딜레마』(서울: 한울, 1993), p.166. 또한 이 시기 미군 군산기지에서 지하벙커 파괴용 핵무기 B61(300~340톤의 파괴력)을 포함한 여타 핵무기들의 운반과 투하 훈련을 지속적으로 실시해 온 것으로 밝혀졌다. "History of the 8th Tactical Fighter Wing: 1 January 1991~30 June 1991," http://www.nautilus.org/nukestrat(검색일: 2003년 4월 13일), 김용호, "북핵 문제와 남북관계: 현황과 전망," 성신여자대학교 동아시아연구소 학술회의 발표논문, 『동아시아의 핵위기와 한미동맹』 2003년 4월 19일, pp.3-4에서 재인용.

것이라는 사실을 부정할 수 없다. 이러한 전반적인 북한의 핵개발 동인을 고려하여 볼 때, 북한 당국의 핵개발 의지와 가능성은 충분하다고 판단되며, 이에 부응한 추진력 또한 매우 강력하다는 사실을 부인할 수 없다.[13]

2. 북한의 핵개발 능력

북한 핵 문제와 관련하여 가장 먼저 갖게 되는 의문은 북한이 과연 현재 핵무기를 보유하고 있는가 하는 것이다. 만약 보유하였다면 핵탄두는 몇 개나 가지고 있는가? 다음은 핵무기 개발이 지금 어느 단계까지 와 있느냐 하는 것이다. 이 문제를 알아보기 위해서는 핵물질 확보, 고폭실험, 운반수단(미사일), 핵실험 등 주요 핵무기 개발 단계별로 기술적 평가를 해 보아야 한다.

1) 핵물질 확보

핵물질이란 핵무기의 주원료인 고농축우라늄(HEU: High Enriched Uranium), 플루토늄(plutonium), 고폭화약(HE: High Explosives) 등이다. 북한 핵개발과 관련하여 가장 관심이 모아지는 부분은 북한이 과연 어느 정도의 플루토늄을 추출하여 보관하고 있는가 하는 점이다. 플루토늄은 핵폭탄 제조의 핵심 물질이면서 제3국이나 테러집단으로의 판매·이전이 가능하기 때문이다. 북한은 1994년 10월 미국과의 제네바합의에 따라 핵 관련 시설을 동결하기 전까지 최소 10kg에서 최대 30kg의 플루토늄을 생산해 보관하고 있는 것으로 추정되고 있다.[14] 한편 북한은 2008년 6월 북핵 6자회담 의장

---

13) 핵확산의 요인으로는 기술적 요인과 동기적 요인이 있으나 기술적 수단의 유용성은 더 이상 문제가 되지 않으며, 향후 핵확산은 정치적인 것이든 안보적인 것이든 국가들의 핵옵션을 부추기는 동기들에 의해서 결정될 것으로 보고 있다.

14) 관심의 초점은 IAEA의 사찰이 시작된 1992년 5월 이전에 북한이 5MWe 원자로에서 생산한 핵폐기물과 이를 재처리하여 보유하고 있는 플루토늄의 총량이다. 북한이

국인 중국에게 제출한 「핵신고서」에서 이들이 추출한 플루토늄은 38kg이라고 밝힌 바 있다. 한국과 미국의 전문가들은 북한이 40~50kg 정도의 플루토늄을 보유하고 있는 것으로 추정하고 있다. IAEA에서 적용하는 핵물질의 '의미있는 양(significant quantity)'은 플루토늄(Pu-239) 8kg, 우라늄(U-235) 25kg이다. 이는 보통 기술수준에서 약 20kt 위력의 핵폭탄 1개를 제조하는 데 필요한 양이다.[15] 이러한 사실에 미루어 본다면, 북한은 5~6개 정도의 핵폭탄을 제조할 수 있는 플루토늄을 확보하고 있는 것으로 볼 수 있다.

북한 핵 문제가 북·미관계의 걸림돌이자 국제사회의 주요 현안으로 등장하게 된 것은 북한이 그동안 비밀리에 고농축우라늄 생산을 통한 핵개발을 시도했다는 사실이 공개된 시점부터이다.[16] 북한은 제네바협정이 체결된 직후인 1995년부터 파키스탄에서 노동미사일을 판매하는 대가로 우라늄 농축기술을 확보하기 위해 심혈을 기울였다. 1998년부터 1999년 사이 클린턴 행정부는 이러한 사실을 파악했고, 미국 에너지성은 1999년 보고서에서 북한의 우라늄 농축계획에 관하여 직접 언급하고 있다.[17] 북한의 고농축우라늄 핵개발 시도에 대하여 미국은 2002년 10월 제임스 켈리 차관보가 북한을 방문하기 최소 수개월 전에 확증을 갖게 되었던 것으로 보인다. 2002년 미국이 북한에 제시한 증거가 어느 수준인지는 정확히 알 수 없으나 그동안

IAEA에 신고한 양(90g)과 IAEA의 자체분석 간의 불일치가 IAEA의 특별사찰 결의를 촉발시켰다. *The IAEA Resolution 2636*, February 25, 1993. 양자 간 불일치의 기술적 측면에 대한 자세한 사항은 David Albright, "Inconsistencies in North Korea's Declaration to the IAEA," in David Albright and Kevin O'Neill (eds.), *Solving the North Korean Nuclear Puzzle* (Washington, D.C.: Institute for Science and International Security, 2000), pp.83-98 참조.

15) 신성택, "북한 핵개발의 현황과 아국의 대응방향," 한국개발연구원, 『KDI 북한경제리뷰』 2003년 2월, p.36.

16) 천연우라늄에는 핵분열을 일으키는 U-235가 약 0.7%밖에 들어 있지 않으며 나머지 99.3%는 핵분열을 하지 않는 U-238이 차지하고 있다. 따라서 핵폭탄 물질이 되기 위해서는 U-235를 90% 이상으로 고농축하여야 한다.

17) Larry A. Niksch, "North Korea's Nuclear Weapons Program," *CRS Report for Congress*, March 17, 2003.

개발에 소요된 시간과 도입된 장비 및 재료 등의 성격과 규모로 볼 때 아직 본격적인 생산 단계에 이르지는 못한 것으로 추정된다.18) 한편 '파키스탄 핵폭탄의 아버지' 압둘 카디르 칸(Abdul Qadeer Khan) 박사는 최근 밝혀진 비공개 문건에서 "북한은 이르면 1990년대부터 핵무기 제조를 위한 우라늄 농축에 필요한 가스 제조공장을 건설해왔으며, 2002년쯤 3,000기 또는 그 이상의 원심분리기로 우라늄을 농축했을 것"이라고 말했다. 이에 대해 한상렬 유엔 주재 북한 대사는 "미국의 대북 적대정책이 극도로 심각해진 2009년 4월 이후에야 핵 억제정책 차원에서 우라늄 농축프로그램을 시작했다"고 반박했다.19) 북한은 2009년 9월 스티븐 보즈워스 미 대북정책 특별대표의 한·중·일 순방에 맞춰 우라늄 농축시험을 거의 성공적인 단계까지 마무리했다고 경고한 바 있다. 우라늄 농축방식의 핵개발은 플루토늄 방식과는 달리 소규모 시설에서 외부에 발각되지 않게 핵개발을 추진할 수 있기 때문에 플루토늄에 의한 핵개발보다 사찰과 검증에 더욱 어려움이 클 것으로 보인다.

2) 고폭실험

핵폭탄은 우라늄탄이건 플루토늄탄이건 핵물질을 순간적으로 압축시키는 폭약장치인 고폭장치가 필요하다. 수백만 분의 1초 내에 핵물질을 압축시켜야 하는 만큼 고폭장치는 핵무기 제조 과정에서 특히 정밀성이 요구되는 분야이다. 북한의 고폭장치 개발에 대해서는 대부분의 관련국들이 이미 개발이 완성된 것으로 추정하고 있다. 또한 북한은 고폭장치의 작동을 확인하고 고밀도, 고폭속, 고폭압의 성능을 실험하는 고성능폭약실험(고폭실험)을 제1기(1983~1994.10)와 제2기(1997~2002.9)에 각각 70여 회 등 모두 140여 회에 걸쳐 수행해 왔다. 또한 고성능 폭약을 폭발시켜 핵폭발을 유발하

---

18) 2m 길이의 알루미늄 원심분리기 2,500여 개를 1년간 돌리면 고농축우라늄 25kg (20kt 핵무기 1개 분량)을 얻을 수 있다.

19) *The Washington Post*, December 28, 2009.

는 고폭장치 완제품 개발을 1993~1998년에 걸쳐 성공한 것으로 전해진다.[20]

3) 핵장치의 운반수단: 미사일

핵장치의 무기화를 위해서는 핵탄두를 적재할 수 있는 운반수단의 확보가 필수적이며, 주로 로켓 기술이 이용된다. 로켓은 상단에 인공위성(약 100kg)을 장착하느냐, 탄두(핵탄두의 경우 약 1톤)를 장착하느냐에 따라 과학위성 로켓과 탄도미사일로 구분된다. 북한은 1975년 중국에서 액체연료를 사용하는 탄도미사일을 도입하면서 본격적인 미사일 개발에 착수했다. 또한 북한은 1983년에 이집트로부터 소련제 스커드 B(사거리 300km)를 도입하여 1987년에는 역설계 방법으로 자체 생산한 100기를 이란에 수출까지 했다. 1988년에는 스커드 C(사거리 500km)를 개발하여 황해북도 신계지역에 실전 배치하였다. 1993년 5월 북한은 동해안에서 자체 개발한 중거리 탄도미사일 노동 1호(사거리 1,300km)의 시험발사에 성공하였으며, 1998년 8월에는 대포동 1호(사거리 2,500km)를 시험 발사했다. 3단 추진체가 궤도에 진입하지 못하고 실패하였으나 1단 추진체가 발사지점에서 253km, 2단 추진체는 1,646km 떨어진 지점에 낙하하였다. 북한은 이를 다단계 로켓기술의 발전이라고 자평하였다.

2006년 북한은 사정거리를 더욱 늘린 대포동 2호를 시험 발사했다. 비록 실험은 실패했지만 사정거리 6,000km에 달하는 미사일이었다. 북한이 2009년 4월 발사한 장거리 로켓(대포동 2호)은 위성체의 궤도 진입에는 실패했지만 사정거리와 정확도 등 성능 면에서 상당한 수준으로 여겨진다. 2009년에 발사한 대포동 2호는 함북 화대군 무수단리 발사장에서 3,200km 정도 날아간 것으로 추정되며, 1998년 발사된 대포동 1호의 2단 추진체 낙화지점인 1,640여km보다 사정거리가 두 배가량 늘어난 것이다.[21] 한편 개발한

---

20) 전성훈, 『북한 비핵화를 위한 한·미 전략적 협력에 관한 연구』(서울: 통일연구원, 2009), p.40.

핵탄두가 무기로서의 능력을 발휘하려면 미사일 탑재가 가능할 정도의 소형
화 기술이 필요하다. 북한이 보유 중인 스커드·노동·대포동 미사일의 탑재
능력은 0.7~1.0톤으로써 북한의 핵탄두 소형화 기술수준은 이에 미치지 못
하는 것으로 평가된다.[22] 북한은 사정거리 300~500km인 스커드-B 600기
와 스커드-C 200기로 남한 전역을, 사정거리 1,300km인 노동미사일 200기
로 일본을 사정권에 두고 있다. 2007년에는 사정거리 4,000km인 신형 중장
거리 탄도미사일(IRBM)을 배치해 괌까지 위협하고 있다.[23]

4) 핵실험

핵무기 생산의 마지막 단계는 핵실험이다. 우라늄탄은 핵실험을 하지 않
아도 그 신뢰성이 충분히 입증되면 실전에 사용할 수 있다. 그러나 플루토
늄탄은 동위원소의 불안정성뿐 아니라 고폭장치도 고도의 정밀성을 요구하
기 때문에 핵실험이 필수적이다. 북한은 두 차례의 핵실험을 실시했다. 1차
핵실험은 2006년 10월 9일 플루토늄 2kg을 사용하여 4kt의 폭발력을 목표
로 시행하였다. 당시 폭발력의 수준은 0.8kt 정도로 추정되고 있다. 2009년
5월 25일 실시한 2차 핵실험은 성공적이지는 않았으나, 두 차례에 걸친 핵
실험으로 상당한 수준의 핵무기 기술을 축적했을 것으로 평가된다. 북한이
플루토늄과 고농축우라늄을 추출하는 데 성공함에 따라 북한의 실제 핵폭탄
제조 능력은 어느 수준인가에 대해서는 평가가 다양하다. 그러나 대부분의

---

21) 탄도미사일은 사거리에 따라 전술 단거리 탄도미사일(BSRBM, 사거리 150km 이하), 단
거리 탄도미사일(SRBM, 150~800km 이하), 중거리 탄도미사일(MRBM, 800~2,500km
이하), 중장거리 탄도미사일(IRBM, 2,500~5,500km 이하), 대륙간 탄도미사일(ICBM,
5,500km 이상)로 구분된다(START I 기준).
22) 미국 국방부는 '탄도미사일방어계획 검토보고서'(2010.2.1)에서 북한이 10년 내에 핵
탄두를 장착한 대륙간 탄도미사일(ICBM)을 개발할 수 있을 것이라고 전망했다. 『동
아일보』, 2010년 2월 3일.
23) 북한의 무수단리에서 미국의 태평양 전진기지인 앤더슨 공군기지가 있는 괌까지는
3,600km 거리이다. 로버트 게이츠(Robert M. Gates) 미 국방장관은 "북한이 5년
내에 대륙간 탄도미사일(ICBM)을 개발할 수 있으며 이는 북한이 개발하는 핵무기와
함께 미국에 직접적인 위협이 될 것"이라고 말했다. 『동아일보』, 2011년 1월 12일.

〈그림 3-1〉 북한의 탄도미사일 사정거리

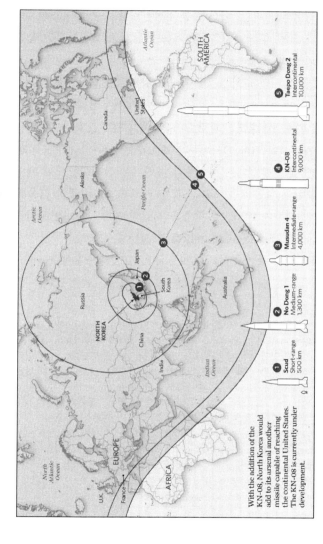

With the addition of the KN-08, North Korea would add to its arsenal another missile capable of reaching the continental United States. The KN-08 is currently under development.

① **Scud**
Short-range
500 km

② **No Dong 1**
Medium-range
1,300 km

③ **Musudan 4**
Intermediate-range
4,000 km

④ **KN-08**
Intercontinental
9,000 km

⑤ **Taepo Dong 2**
Intercontinental
10,000 km

출처: Missilethreat.com, "Ballistic Missiles," and Reuters, "North Korea Missile Could Reach US, Says South," NBC News, December 23, 2012 and John Schilling, "Where's That North Korean ICBM Everyone Was Talking About?" 38 North, March 12, 2015, Dakota L. Wood (ed.), *2016 Index of U.S. Military Strength: Assessing America's Ability to Provide for the Common Defense*(Washington, D.C.: The Heritage Foundation, 2016), p.182에서 재인용

핵 관련 정보 당국의 평가는, 앞서 북한의 플루토늄 추출량에 대한 추정치에 근거할 때 2011년 말 현재 6~10개의 핵폭탄을 제조 보유하고 있을 것으로 추정되고 있다(〈부록 3-3〉 참조).[24]

　북한의 핵개발은 어디에 와 있고, 어디로 향해 나가게 될 것인가? 윌리엄 포터(William C. Potter)가 다음과 같이 제시한 '핵무기 확산과정 8단계'에 따르면 북한은 현재 5단계에 도달했으며, 다량의 핵무기 비축 등 다음 단계를 향해 나갈 가능성이 크다: ① 핵무기 제조에 필요한 기술적 능력의 보유, ② 연구용 또는 발전용 원자로의 보유, ③ 핵사찰 감시대상에서 제외된 핵폭탄 제조용 물질의 보유, ④ 비밀리 핵폭탄 제조, ⑤ 공개적 핵폭발 실험 실시, ⑥ 다량의 핵무기 비축, ⑦ 수소폭탄 실험 성공, ⑧ 안전장치 확립과 2차 보복능력(second strike capability).[25] 미국은 2008년 국방부와 정보위원회보고서를 통해 북한을 핵무기보유국으로 명시했다.[26]

---

24) 파키스탄의 압둘 카디르 칸 박사는 "1999년 북한의 산악 터널을 방문했을 때 북한 측이 3기의 완성된 핵탄두 부품들을 담은 상자를 보여주며 한 시간 내에 미사일에 탑재할 수 있다"고 말했다. *The Washington Post*, December 28, 2009. 이는 북한의 핵기술이 한국·미국 등이 생각하는 것보다 크게 앞서 있으며, 핵무기 보유개수도 예상보다 훨씬 많을 수 있음을 뜻한다. 그러나 2004년 1월 북한 핵시설을 사찰했던 지그프리드 해커 전 로스 알라모스 미 국립핵연구소장은 "북한이 1999년 핵탄두를 만들 정도의 핵물질을 보유했는지는 확신할 수 없다"며 의문을 표했다. 『중앙일보』, 2009년 12월 29일. 데니스 블레어(Dennis Blair) 전(前) 미 국가정보국(DNI) 국장은 일본경제신문(日本經濟新聞)과의 인터뷰에서 "북한이 핵탄두 8~10개를 보유하고 있는 것으로 보인다"고 밝혔다. 『日本經濟新聞』, 2010년 10월 22일.

25) William C. Potter, *Nuclear Power and Nonproliferation: An Interdisciplinary Perspective* (Cambridge: Oeleschlager, Gunn & Hain, 1982).

26) 북한, 인도, 파키스탄은 핵무기와 미사일 운반수단을 획득했다. James Schlesinger, *Report of the Secretary of Defense Task Force on DoD Nuclear Weapons Management* (December 2008), p.11. 아시아에는 중국, 인도, 파키스탄, 북한과 러시아 등 다섯 개의 핵 국가가 존재한다. United State Joint Force Command, *The Joint Operation Environment 2008*, p.32. 미국 국가정보위가 2008년 11월 발표한 「글로벌 트렌드 2025」라는 보고서도 북한을 '핵무기 국가(a nuclear weapon state)'로 표기했다. "美보고서, '핵무기보유국'에 북한 또 포함," 『연합뉴스』, 2009년 1월 13일.

IV. 미국의 세계전략

미국은 북한의 핵 문제를 세계전략의 틀 속에서 접근하고 있다. 따라서 북핵 문제에 대한 미국의 입장과 정책을 이해하기 위해서는 기본적으로 미국의 세계전략을 먼저 이해해야 한다. 탈냉전 이후 미국의 세계전략 목표는 유일한 세계 초강대국(a sole hyper-power)으로서의 지위를 지키는 한편, 미국 중심적 세계질서의 구축에 있다.[27] 미국의 국가안보전략은 미국의 가치와 이익을 반영하는 '현실주의적 국제주의(realistic internationalism)'에 뚜렷한 기반을 두고 있다.

미국의 근본적이며 지속적인 국가목표(fundamental and enduring national goals)는 첫째, 미국 전체 국토에 대한 보호와 방위, 둘째, 자유·민주주의·미국의 경제체제에 대한 외부의 위협으로부터의 보호 및 보존, 셋째, 미국 국민의 물질적 풍요의 증대이다. 또한 국가목표를 이루기 위한 구체적 국가전략을 만드는 데 기본이 되는 원칙들(a set of principles)을 다음과 같이 제시하고 있다.[28]

첫째, 강력한 국방력을 바탕으로 한 '강함'을 유지하라.
(BE STRONG by providing a robust national defense.)
둘째, 미국의 리더십과 자율성을 보존하여 (선택의) '자유'를 보유하라.[29]

---

27) 미국은 2003년 기준으로 전 세계 국방비의 47%, 전 세계 GNI의 32.2%를 차지하고 있다. SIPRI, *SIPRI Yearbook*, September 2004; *World Bank, World Development Indicators Database*, September 2004.

28) Kim R. Holmes and Thomas G. Moore (eds.), *Restoring American Leadership: A U.S. Foreign and Defense Policy Blueprint* (The Heritage Foundation, 1996), pp. 1-8.

29) 부시 행정부는 국제기구가 평화에 기여할 수는 있으나, 국제기구가 미국의 리더십을 대체하거나 미국의 리더십에 대해 거부권을 행사해서는 안 된다는 것이며, 이것이 UN에 대한 부시 행정부의 시각이기도 하다.

(BE FREE by preserving American leadership and indepen-
dence.)
셋째, 국제사회에서 자유(자유무역, 자유시장, 자유정부)의 수호자가 되라.
(BE CHAMPION of liberty around the world.)
넷째, 미국 국익을 위한 군사적 개입은 선택적으로 하라.[30]
(BE SELECTIVE by engaging American power for American
interests.)

이러한 원칙들에 근거하여 목표를 달성하기 위한 구체적인 방법들은 ①
인간 존엄성의 옹호,[31] ② 테러리즘 분쇄를 위한 동맹의 강화와 미국 및
우방국에 대한 공격 예방, ③ 지역 갈등 완화를 위한 타국과의 협력, ④ 미
국과 동맹국 및 우방국에 대한 대량살상무기 위협 방어, ⑤ 자유시장과 자
유무역을 통한 세계적 경제성장 시대 촉진, ⑥ 사회개방 및 민주주의 하부
구조 구축을 통한 발전 지역의 확대, ⑦ 다른 주요 강대국들과의 협력을
위한 의제 개발, ⑧ 21세기 도전과 기회에 대응하도록 미국 국가전략 제도
의 전환 등이다.[32] 미국은 전 세계에 걸쳐 추구해야 할 이익과 완수해야
할 공약을 가지고 있으며, 미군의 존재 목적은 이와 같은 미국의 이익을 보
호하고 발전시키고, 억제에 실패할 경우 미국의 국익에 대한 위협을 격퇴하
는 데 있다는 것이다.[33]

---

30) 미국이 세계의 모든 문제에 무차별적으로 개입하기보다는 미국의 사활적 이익이 걸려
있는 특정 사안에 한해서 선별적으로 개입해야 한다는 것이다.
31) 『국가안보전략보고서』는 법치주의, 절대적 국가권력의 제한, 언론 및 종교의 자유,
평등권(equal justice), 여성존중, 종교적·인종적 관용, 사유재산권 보호 등과 같은
가치를 가장 미국적인 가치인 동시에 보편적 가치로 규정하고 있다. 따라서 이를 포괄
하는 인간의 존엄성을 추구하기 위해서라도 반테러 전쟁에 나서야 한다는 것이다. The
White House, *The National Security Strategy of the United States of America*,
September, 2002a, pp.3-4.
32) The White House(2002a), pp.1-2.
33) U.S. Department of Defense, *Annual Report to the President and the Congress*
(2002a); 국방정보본부, 『2002년 미국 국방 연례보고서』(서울: 국방정보본부, 2002),

9·11 테러는 미국의 국가안보전략에 새로운 패러다임을 가져올 정도의 충격을 가져다 주었다. 기존의 정책기조가 강화되면서 안보목표와 핵심 정책사안에서 본토방위(homeland security)가 최우선 안보목표가 되었고, 테러와의 전쟁이 당면 최대 정책사안이 되었다.[34] 이에 따라 테러리즘 지원 및 대량살상무기 개발을 추진하는 국가들의 위협에 대한 강력한 대처가 더욱 중요하게 부각되었다.

부시 대통령은 2002년을 '테러와의 전쟁의 해'로 선포했으며, 테러집단의 축출과 대량살상무기를 개발하는 테러집단과 국가들로부터 미국을 보호하는 것을 목표로 제시하였다. 부시 대통령은 2002년 1월 29일 연두교서에서 테러리스트들에게 무기를 제공하거나 미국과 동맹국을 공격 또는 위협할 가능성이 있는 국가로서 이란·이라크·북한을 지목하고 이들 3개국을 '악의 축(axis of evil)'이라 규정했다.[35] 그리고 불특정 대상으로부터의 불특정 수단에 의한 비대칭적 위협(asymmetrical threat)으로부터의 방위를 위하여 그동안의 '위협에 기초한(threat-based)' 접근방법으로부터 '능력에 기초한(capacities-based)' 접근방법으로 전환하여 사전에 위협을 제거하는 쪽으로 전략개념을 바꾸었다.[36] 이러한 맥락에서 이른바 불량국가들(rogue states)에 의한 대량살상무기 및 미사일 개발 능력이 위협이 되고 있다고 강조하는 것이다.[37] 2002년 1월에 발표한 「핵태세검토보고서(NPR)」는 유사시 핵무

---

p.5.

34) 미 국방부는 9·11 테러 이후 2001년 9월 30일 의회에 보고한 「4년 주기 국방검토보고서(QDR)」에서 4개의 국방목표를 새로이 설정했다. 첫째 동맹국과 우방국을 확신시키고, 둘째 미래의 군사적 경쟁을 단념시키고, 셋째 미국의 이익에 도전하는 위협과 강압을 억제하고, 넷째 억제가 실패하였을 경우 어떤 적이라도 결정적으로 격퇴시킨다는 것이다. U.S. Department of Defense, *Quadrennial Defense Review Report*, September 30, 2001.

35) The White House, *State of the Union Address*, January 29, 2002.

36) U.S. Department of Defense(2001), pp.13-14.

37) 미국은 불량국가로 이란, 이라크, 북한, 쿠바, 리비아, 시리아, 수단 등 7개 국가를 지목해 오고 있다. 이러한 불량국가들은 미국의 미사일방어(MD: Missile Defense) 전략의 대상국들이기도 하다. 미국의 MD 전략은 불량국가들의 ① 소수의 핵무기

기 사용대상국으로 핵보유국인 러시아와 중국 외에도 북한, 이라크, 이란, 리비아, 시리아 등 7개국을 지목하였다.[38]

미국은 2002년 9월 발표한 「국가안보전략보고서(NSS)」에서 세계적으로 테러 및 대량살상무기의 위협 제거를 국가안보정책의 최우선 목표로 설정하고 있으며, 필요시 단독행동 및 선제공격 불사, 그리고 이를 위한 반테러 국제연대 및 동맹강화의 필요성을 역설하는 공세적인 안보전략을 제시하고 있다. 보고서에서는 2002년 1월 '악의 축'으로 지목했던 3개국 중 이란을 제외한 이라크와 북한을 대표적인 불량국가로 지목하면서 단호한 대처를 천명했다.[39] 보고서는 불량국가의 공통된 속성으로 ① 국민에 대한 야만적 탄압, ② 국제법 무시, ③ 대량살상무기 추구, ④ 테러지원, ⑤ 미국에 대한 증오 등 다섯 가지를 제시하였다. 또한 미국의 국가안보전략보고서는 세계 전략 부분에서 전임 행정부들이 추구하던 적성국가에 대한 억제와 봉쇄정책 대신 ① 선제공격, ② 미국의 독자적 공격 가능, ③ 미국의 절대적 군사우위 유지라는 세 가지 개념을 강조했다.[40] 9·11 테러 발생 이후 현재까지 미국 외교안보전략의 가장 두드러진 변화는 필요에 따라 '선제공격(preemptive actions)'을 할 수도 있다는 새로운 안보전략이 등장했다는 것이다.[41]

보유 가능성, ② 미국에 대한 적대감, ③ 핵무기를 실제로 사용할 수 있는 비합리성 (irrationality)에 근거하고 있다. 미국은 2003년 4월 30일 연례 『세계테러유형보고서』를 발표, 북한을 포함한 이들 7개국을 테러지원국으로 재지정했다. U.S. Department of State, *Patterns of Global Terrorism 2002*, April 2003.

38) 유사시란 ① 재래식 무기로는 파괴할 수 없는 지하 군사시설에 대한 공격, ② 상대방의 핵 및 생화학무기 불포기에 대한 보복, ③ 미국의 안보에 심각한 위협을 줄 만한 군사계획이나 군사작전을 실행하는 대상에 대한 방어조치 등을 포함한다. U.S. Department of Defense, *Nuclear Posture Review*, January 2002.

39) 북한은 지난 10년 동안 세계의 주요 탄도미사일 수출국으로 성장해왔을 뿐만 아니라, 스스로도 끊임없이 대량살상무기의 개발과 실험을 실행함으로써 모든 국가에 대한 잠재적인 위협이 되어왔다고 지적했다. The White House(2002a), p.14.

40) The White House(2002a), pp.13-16.

41) 「국가안보전략보고서」는 과거 국제법상 정당한 선제공격의 조건으로 인정되어왔던 '임박한 위협(imminent threat)'의 의미를 적국 군대의 공격 동원 등 가시적이고 임박한 공격 징후에서 "미국의 안보에 상당한 위협(sufficient threat)"이 되는 "적의 능력과

〈표 3-1〉 미국의 안보 우려 대상국

시기	출처	내용	대상국
2002.1	핵태세 검토보고서	유사시 핵무기 사용 대상국(7개국)	러시아, 중국, **북한**, 이란, 이라크, 리비아, 시리아
2002.1	연두교서	'악의 축' (Axis of Evil)	**북한**, 이란, 이라크
2002.9	국가안보 전략보고서	대표적 불량국가 (Rogue States)	**북한**, 이라크
2002.12	WMD대응 전략보고서	WMD 2차 확산 가능국	인도, 파키스탄, **북한**, 이란
2003.1	연두교서	무법정권 (Outlaw Regimes)	**북한**, 이란, 이라크
2003.4	세계테러 유형보고서	테러지원국	**북한**, 쿠바, 이란, 이라크, 리비아, 수단, 시리아
2003.5	MD에 관한 국가정책	MD체제의 첫 요격시스템 미국 서부에 배치	**북한**
2005.1	상원 외교위원회 인준청문회	'폭정의 전초기지' (Outpost of Tyranny)	**북한**, 쿠바, 미얀마, 이란, 벨로루시, 짐바브웨
2006.8	새로운 세계전략 선언	'도둑정치' (Kleptocracy)	**북한**, 벨로루시

북한의 핵개발은 미국의 세계전략과의 충돌이라고 볼 수 있다. 탈냉전 이후 미국 세계전략의 두 날개는 테러 및 핵·생물·화학 무기 등 대량살상 무기의 반확산(counter-proliferation of weapons of mass destruction)과 자유시장, 자유무역, 민주정부 등 미국적 가치의 확산(proliferation of ameri-can values)이다.42) 이러한 미국의 세계전략에 가장 걸림돌이 되는 국가들

의지"로 확대하여 '예방적 전쟁(preventive war)'까지 선제공격에 포함시키고 있다.
42) 부시 행정부 대외정책에 지대한 영향을 미치고 있는 미국 공화당의 신보수주의자(네

은 소위 '악의 축'인 이라크, 이란, 북한이라고 할 수 있다(〈표 3-1〉 참조).
이들은 소위 불량국가(rogue states)이며 무법정권(outlaw regime)⁴³⁾인 것
이다. 미국 대외정책의 키워드(key words)는 대량살상무기, 테러리즘, 인권
(미국적 가치)이며, 이에 대해서는 국가주권을 초월한 개입이 정당하다고
주장한다.⁴⁴⁾ 따라서 미국의 대북정책 목표는 정권교체(regime change)를
통한 '자유 북한'이며, 이것이 불가능하다면 차선책으로 북한의 핵 프로그램
만이라도 반드시 폐기시킨다는 것이다.⁴⁵⁾

오콘)들은 '힘이 곧 정의'라고 믿고 있으며, 적극적인 대외 개입을 통해 미국의 이익을
지키고, 미국적 가치를 세계에 전파하며, 이를 위해 군사력 사용도 주저해서는 안 된
다고 주장한다. 1997년 출범한 네오콘 싱크탱크 '새로운 미국의 세기를 위한 프로젝
트(PNAC: Project for New American Century)'에는 딕 체니, 도널드 럼스펠드, 폴
울포위츠, 젭 부시, 루이스 리비, 엘리어트 에이브럼즈 등 부시 행정부의 핵심 인물들
과 리처드 펄, 빌 크리스톨, 로버트 케이건 등 이론가들이 참여하고 있다. 2000년
9월 발표한 「미국 방위재건 보고서」에서 PNAC는 ① 군사비 대폭 증액, ② 중동·
중앙아시아 미군 주둔, ③ 미국을 적대시하는 국가의 정권교체, ④ 미국의 이익에
어긋나는 국제협약 폐기 또는 탈퇴, ⑤ 우주 공간의 군사화, ⑥ 핵무기 선제사용 등을
건의했다. 이 보고서는 부시 행정부의 외교·군사정책의 기본 골격이 되었다.

43) The White House, *State of the Union Address*, January 28, 2003.
44) Richard Haass, "When nations forfeit their sovereign privileges," *International Herald Tribune*, February 7, 2003.
45) 미국 상원의 「북한 자유 법안(North Korea Freedom Act of 2003)」 제출자인 샘
브라운 상원의원은 법안의 목적은 "북한의 대량살상무기 개발을 중단시키고, 한반도
에서 민주정부에 의한 통일을 지원하며, 북한의 인권을 개선하기 위한 것"이라 했으
며, "미국과 전 세계의 안보는 북한에서 자유·민주·인권을 확립하는 것에 의해서만
보장받을 수 있다"고 강조했다. 『중앙일보』, 2003년 11월 22일. 한편 미국무부 정책
기획국장 미첼 라이스(Mitchell B. Reiss)는 미국이 원하는 것은 "단순히 대량살상무
기 없는 북한이 아니라 북한의 정상국가로의 변환"이라고 했다. Mitchell B. Reiss,
"North Korea's Legacy of Missed Opportunities," Remarks to the Heritage
Foundation, March 12, 2004(http://www.state.gov).

V. 미국의 대북정책

1. 부시 행정부의 북핵 전략

미국의 대북정책의 골격은 세계전략의 전반적 기조 속에서 형성되었다. 부시 대통령은 2001년 6월 6일 대북정책과 관련 '포괄적 협상안'을 제시하였다. 주요 회의의제로는 ① 제네바합의의 이행 개선,[46] ② 북한의 미사일 개발 및 수출 문제 해결, ③ 북한의 재래식 군사력 위협 감소를 설정하였다. 그리고 부시 대통령은 이러한 의제들을 남북한관계, 한반도 평화정착, 북미 관계개선, 한반도 지역안정 등의 문제와 관련하여 포괄적으로 접근할 것임을 밝혔다. 또한 북한의 긍정적인 호응에 상응하여 대북지원, 경제제재 해제, 북미관계개선 등을 추진할 것임을 표방하였다.[47]

그러나 2002년 10월 제2차 핵위기가 발생하자 미국은 북한의 핵개발은 제네바합의, 핵비확산조약, IAEA의 핵안전조치협정, 한반도비핵화 공동선언을 모두 위반한 도발임을 분명히 하였다. 북한의 핵 프로그램을 방치하였을 때, 그 핵이 테러단체 손에 들어가는 것을 우려하는 미국은 기본적으로 북한이 실제로 핵개발을 포기하지 않는 한 북한과 어떠한 타협이나 보상도 있을 수 없다는 입장이다.

미국은 북한이 원하는 모든 것들을 주려고 하지 않고, 또한 줄 수도 없다. 그 이유는 김정일 독재정권, 주민을 대규모 아사상태로 빠뜨리는 계획경제를 인정하고 보장하는 것은 미국적 가치에 어긋나며, 또한 과거의 수세적인

---

46) 부시 행정부는 경수로 제공이 핵확산을 막기보다는 플루토늄 확산을 촉진할 수 있다는 우려를 갖고 있었다. 1996년 스톡홀름 국제평화연구소(SIPRI)의 핵군비통제보고서에 의하면 "경수로 완성시 북한은 핵연료에서 연간 490kg의 플루토늄을 생산할 수 있으며, 이는 100개의 핵폭탄을 제조할 수 있는 양이다"라는 것이다. 박진(2003), pp.66, 79.

47) The White House, "Office of the Press Secretary," Statement by the President George W. Bush, June 6, 2001.

방법으로는 '완전하고 돌이킬 수 없으며 검증 가능한 북한 핵 폐기'가 불가
능하다고 생각하기 때문이다. 부시 행정부의 북한 핵 문제에 대한 정책의
골격은 북한에 대한 인식, 북한의 핵 보유의도, 협상원칙, 합의결과 이행
등에 있어서 다음과 같은 특징을 지니고 있다.

1) 북한에 대한 인식

북한에 대한 미국의 인식 저변에는 북한에 대한 강한 불신이 깔려 있다.
부시 행정부는 북한의 현실과 변화 전망에 대하여 부정적인 평가를 하고
있다.[48] 부시 대통령은 김정일에 대해 개인적인 의구심(skepticism)을 갖고
있으며, 북한에 대해 환상(illusion)을 갖고 있지 않음을 분명히 하고 있다.
단적으로 부시는 김정일을 혐오한다("I loathe Kim Jong Il"). 김정일에 대
한 부정적 인식은 주민의 인권을 억압하고, 대량살상무기를 만들어 국제사
회를 위협하면서 자국민을 굶겨 죽이는 비도덕적 행태를 용납할 수 없다는
기독교적 보수주의 도덕관에 근거한다. 이러한 부정적 인식은 부시의 대통
령 취임 이전부터 형성된 공화당 보수진영의 일관된 대북 인식이었으며, 다
만 9·11 테러 이후 북한의 대량살상무기 개발과 이의 확산에 대한 우려와
경계로 보다 확고해지고 강경해진 것이다. 이러한 배경에서 북한은 이란,
이라크와 함께 '악의 축' 또는 '무법정권'으로 간주되었다. 미국의 상원과 하
원의 만장일치로 통과되어 2004년 10월 부시 대통령에 의해 서명 발효된
「북한인권법(North Korean Human Rights Act of 2004)」에서는 북한 김
정일 정권에 대하여 "절대권력하의 독재국가로서 심각히 인권을 침해"하고
있으며, "개인숭배는 거의 '국가 종교(state religion)'의 수준"에 달하고 있다
는 등 25가지의 부정적 사실을 밝히고 있다.[49]

---

48) 이 점은 클린턴 행정부에서 작성된 「페리보고서」가 북한의 변화와 체제전환을 기대하
기 어렵다는 판단하에 '있는 그대로의 북한(North Korea as it is)'과 협상할 수밖에
없는 현실을 받아들인 것과는 대조적이다. William J. Perry, *Review of United States
Policy toward North Korea: Findings and Recommendations*, Unclassified Report,
October 12, 1999.

2) 북한의 핵개발 의도 판단

부시 행정부는 북한의 핵개발 목적이 대미 협상용이 아니라, 실제 핵무기를 개발하여 핵무장을 하기 위한 것으로 판단하고 있다.[50] 미국의 '과학·국제안보연구소(ISIS)'는 2004년 북한이 15~38kg의 플루토늄을 보유하여, 2~9개의 핵무기를 가진 것으로 추정하고 있다.[51] 2004년 10월 미국의 민주당 대통령 후보 케리도 북한이 현재 4~7개의 핵무기를 보유하고 있다고 밝힌 바 있다.

더구나 미국은 북한을 잠재적 '핵물질 판매상(nuclear Wal-Mart)'으로 간주한다.[52] 다시 말해서 북한이 본격적으로 핵개발을 추진할 경우 체제 보장용 핵무기 생산에 그치지 않고 미사일의 경우처럼 핵물질을 제3국 또는 테러집단에 판매할 가능성이 높다고 보기 때문에 북한 핵개발 자체를 매우 위험한 상황으로 간주하고 있다.[53] 만약 북한이 핵물질을 중동의 테러집단

---

49) HR 4011: To Promote Human Rights and Freedom in the Democratic People's Republic of Korea, and Other Purpose(North Korean Human Rights Act of 2004).

50) Glenn Kessler, "U.S. Believes N. Korea Rapidly Seeking Stockpile," *The Washington Post*, February 1, 2003. 미국의 조지 테닛 CIA 국장은 2003년 2월 11일 북한의 핵개발 목표는 핵무기의 보유를 미국이 용인하도록 하는 데 있다고 주장한 바 있다. 『연합뉴스』, 2003년 2월 12일. 황장엽 전 노동당 비서는 2003년 10월 31일 미국 하원에서 열린 '디펜스포럼'에서 '북한의 핵개발 포기 가능성'을 묻는 기자들의 질문에 "'핵개발은 어떤 경우든 계속한다'는 것이 김정일의 일관된 생각이다"고 말했다. 『조선일보』, 2003년 11월 18일.

51) 『조선일보』, 2004년 10월 13일. IAEA에서 적용하는 핵물질의 '의미있는 양(significant quantity)'은 플루토늄(Pu-239) 8kg, 우라늄(U-235) 25kg이며, 이는 보통 기술 수준에서 약 20kt 위력의 핵폭탄 1개를 제조하는 데 필요한 양이다. 그러나 최근에는 기술의 발달로 플루토늄 4~6kg이면 핵폭탄 1개를 만들 수 있다.

52) Samuel R. Berger, "Foreign Policy for a Democratic President," *Foreign Affairs*, Vol.83, No.3(May/June 2004), p.55. 새뮤얼 버거(클린턴 행정부의 국가안보보좌관을 역임했고, 2004년 대선에서 민주당 케리 후보의 외교정책을 보좌했음)는 북한이 지금 당장 6개의 핵무기를 생산해서 판매할 수 있는 상태이며, 2010년(the end of this decade)까지는 20개까지 가능할 것으로 보고 있다.

53) Balbina Y. Hwang, "Curtailing North Korea's Illicit Activities," *Backgrounder*, No.1679, August 25, 2003.

에 판매한다면 미국의 본토방위에 치명적 위해를 가할 수 있다는 것이다.[54] 또한 미국은 붕괴 일로에 있는 북한이 만든 핵물질이나 핵무기가 북한 내의 군벌이나 일부 잔당의 손에 쥐어지게 될 가능성도 우려하고 있다. 핵탄두를 탑재한 북한의 장거리 미사일이 알래스카나 하와이 또는 미국 서부 지역으로 돌진하는 상황은 미국이 상정하는 가장 큰 악몽이다.[55]

3) 북핵 해결을 위한 방안

미국은 대북 대화의 가능성을 열어 놓고 외교적·평화적 해결을 강조하는 조심스러운 태도를 취하고 있다. 그러나 미 국무부를 중심으로 표명되는 대북 대화 가능성, 불가침을 보장하는 방법에 대한 고려 등에도 불구하고 부시 행정부의 기본 원칙과 입장은 명확하다. 무엇보다 먼저 "완전하고, 검증 가능하며, 돌이킬 수 없는 북한 핵무기 프로그램의 폐기(CVID)"가 전제되어야 한다는 것이다.[56] 또한 미국은 북한의 핵 포기가 선결 요건임을 분명히 하면서, 어떤 경우에도 악행(bad behavior)에 대하여 보상하지 않는다는 원칙을 고수하고 있다. 미국은 북한이 핵 폐기로 나오지 않을 경우 우선적으로 모든 평화적 수단을 활용하며 점진적으로 압박해 나간다는 것이다. 한편 북한에 대한 공격 의도는 없으나, 북한 핵 문제를 다룸에 있어 모든 선택방안이 열려 있다(all options are on the table.)는 것을 수차례에 걸쳐 분명히 했다.[57] 미국은 「핵태세검토보고서」와 「국가안보전략보고서」를 통해 핵개

---

54) James Dao, "U.S. Official Says North Korea Could Sell Bomb Material," *The New York Times,* February 5, 2003a.

55) 미국 정부는 「MD에 관한 국가정책」 보고서에서 북한의 미사일 공격에 대비하여 미사일방어(MD)체제의 첫 장거리미사일 요격시스템을 2004년 9월까지 미국 서부의 캘리포니아와 알래스카에 배치하기로 했다고 밝혔다. *The Washington Post,* May 21, 2003.

56) CVID원칙은 최근 리비아의 경우와 같이 북한의 플루토늄 프로그램, 우라늄 농축프로그램, 그리고 현존하는 핵무기들을 포함하는 모든 핵 프로그램들을 검증 가능하고, 다시 재구성할 수 없도록 폐기해야 한다는 것이다.

57) 당시 국가안보보좌관인 콘돌리자 라이스(Condoleezza Rice)는 한미정상 회담 직전, "부시 대통령은 어떤 상황에서도 선택 방안들을 검토 대상에서 배제하지 않는다"고

발 잠재국에 대한 선제공격의 정당성을 명기한 바 있다. 그것이 북한을 당
연히 선제공격하겠다는 것을 의미하는 것은 아니라 해도 선제공격의 가능성
을 전혀 배제할 수는 없다.

한편 부시 행정부 내의 강경파와 온건파의 의견 대립이 있는 것은 사실이
나 이를 지나치게 확대 해석하는 것은 본질을 호도할 가능성이 있다. 대화
와 외교적 접근을 주장하는 온건파와 경제제재를 비롯한 군사적 방법의 가
능성을 강조하는 강경파의 북한 핵 문제 해결방법은 완전히 배치된 것으
로 보인다. 그럼에도 불구하고, 위에서 언급한 북한 핵 문제 접근의 원칙에
는 이견이 존재하지 않는다. 따라서 미국은 온건파의 방법으로 북한 핵 문
제를 해결하지 못한다면 강경파의 방법을 따르게 될 것이며, 극한 상황에서
경제적 압박이나 군사적 방법을 쓰기 이전에 모든 외교적 노력을 다 했음을
피력하여 그들의 경제적·군사적 제재의 정당성을 확보하고자 할 것이다.[58]
더구나 부시 2기 행정부에서는 국무장관이 온건파인 콜린 파월(Colin
Powell)에서 강경파인 콘돌리자 라이스(Condoleezza Rice) 전 국가안보보
좌관으로 교체되고, 국가안보보좌관에는 부시 1기 행정부에서 라이스와 함
께 부안보보좌관으로 일했던 스티븐 해들리(Steven Hadley)가 부임함으로
써, 행정부 내 북한 핵 문제 관련 정책에 대한 의견 차이는 크게 줄어들
것이다.

4) 다자적 접근

미국은 북한의 핵 문제가 북미 간 갈등 사안이 아니라, NPT체제와 국제평
화를 위협하는 국제사회의 문제임을 강조한다.[59] 미국이 다자적 접근(multi-

말했으며, 애리 플라이셔(Ari Fleischer) 백악관 대변인도 한국이 대북 선제공격론을
배제하기를 바라는 데 대해 "모든 방안을 검토 대상에서 배제하지 않는 것은 미국의
오랜 전통"이라고 강조했다. 『조선일보』, 2003년 5월 16일.

58) Robert J. Einhorn, "The North Korea Nuclear Issue: The Road Ahead," September
14, 2004(http://www.nautilus.org/fora/security/0433A-Einhorn.html).

59) United States Embassy, "Powell Discusses Iraq, North Korea en Route to Davos
Economic Forum," *Washington File*, January 25, 2003; James Dao, "U.S. to Ask

lateral approach)을 주장하는 논거는, ① 북핵 문제는 미국만의 문제가 아니며, ② 북·미 양자 간 합의는 제네바합의처럼 구속력이 약하고, ③ 다자 틀 속에서 국제사회가 북한의 핵 포기를 압박할 수 있다는 것이다. 미국은 다자적 접근의 형태로 10자회담(유엔 안보리 상임이사국 5개국과 남북한, 일본, EU, 호주), 6자회담(남한, 북한, 미국, 일본, 중국, 러시아), 5자회담(남한, 북한, 미국, 중국, 일본) 등 다양한 방안을 구상한 바 있으며, 2003년 8월 이후 6차에 걸친 6자회담이 이루어졌다.

이러한 틀 속에서 미국은 궁극적으로 북한에 대한 '당근'을 제공할 때에 그 부담과 역할을 분담할 수 있다. 또한 북한의 체제보장 약속 시에 미국을 불신하는 북한에게 다자적 보장으로 체제보장 약속 이행에 대한 신뢰성을 높여줄 수 있다. 결국 북한과 양자구도로 문제를 해결하더라도 사후 처리에 다자 협력이 필수적임을 계산한 것이다. 이러한 다자 협의체는 의제를 확대하는 데도 유용하여 대량살상무기뿐 아니라 인권 문제를 포함하여 북한이 국제사회를 우려하게 하는 전반적 사항을 의제로 삼을 수 있다는 것이다.[60] 이러한 맥락에서 미국은 북한 핵 문제의 해결에 주변국의 협조가 긴요함을 인지하고 한국, 일본 및 중국과의 공조 필요성을 강조하고 있으며, 특히 중국의 역할에 높은 기대를 가지고 있다.[61]

Atom Agency to Chastise North Korea," *The New York Times*, February 12, 2003b.

60) 정옥임, "부시 행정부의 북핵 문제에 대한 대응전략," 국제문제조사연구소·한국정치학회공동학술회의 발표논문, 『신정부의 대북 및 대미정책 과제와 방향』2003년 2월 27일, p.7.

61) John J. Tkacik, Jr., "Getting China to Support a Denuclearized North Korea," *Backgrounder*, No.1678, August 25, 2003. 북한의 핵과 미사일은 중국에게도 결코 받아들이기 어려운 문제이다. 중국은 북한의 미사일이 미국의 미사일 방어(MD) 및 미국, 일본, 대만을 포함하는 동북아 전역미사일방어(TMD)체제의 명분이 될 것을 경계하고 있다. 더욱이 북한의 핵무장이 일본의 핵무장으로 이어지는 시나리오는 중국에게는 악몽이다. 2003년 2월 12일 IAEA 특별이사회에서 유엔 안보리로 북핵 문제를 회부할 때 중국은 찬성표를 던졌다. 중국은 제1차 북핵위기 시에도 유엔의 대북 제재에 대해 기본적으로 반대 입장이었으나, 카터 대통령의 방북(1994.6.15) 이전에 북핵 문제에 대한 거부권을 행사하지 않겠다는 메시지를 북한에 전달했다.

2. 미국의 선택

미국이 앞으로 북한 핵 문제에 대응하여 취할 수 있는 선택은 ① 대화, ② 대북 제재, ③ 핵보유 방치, ④ 비밀공작에 의한 정권교체, ⑤ 군사행동 등이다. 미국은 대화를 통하여 북한의 핵무기 보유를 저지하는 것이 여의치 않은 경우, 북한이 핵물질을 다른 나라로 수출하는 것을 막는 데 주력하려 할 것이다. 이를 위해 미국은 북한에 대한 해상봉쇄, 정권교체 등을 통한 강력한 제재, 나아가 선제 무력공격 등도 고려할 수 있다.

1) 대화

미국은 북한 핵 문제 해결을 위하여 지금까지 한 차례의 3자회담(2003. 4)과 6차례의 6자회담을 가졌다.(〈부록 3-1〉참조) 그러나 베이징 6자회담은 북핵 해결의 새로운 대화 틀을 마련했다는 성과는 있었으나, 북한 핵 문제 해법과 관련한 북·미 간의 이견 차이를 좁히는 데는 진전을 보지 못했다. 부시 행정부가 북한과의 대화방법으로 양자회담을 용인하지 않는 것은 북한 핵 문제가 북·미 간 갈등 사안이 아니라, 국제사회와 불량국가인 북한의 문제라는 인식 때문이다. 따라서 미국은 북한을 정상적인 협상의 상대로 인정하지 않고 있다고 볼 수 있다.[62] 미국은 우선적인 북한의 완전하고 검증 가능하며 돌이킬 수 없는 핵무기 개발 계획의 폐기(CVID)를 요구하고 있으며, 북한이 실제로 핵개발을 포기하지 않는 한 북한과의 어떠한 타협도, 보상도 있을 수 없다는 입장이다.

한편 미국은 2004년 6월에 열린 3차 6자회담에서 이전에 비해 '전향적인 제안'을 제시했다. 첫째, 북한은 모든 핵 프로그램의 폐기를 분명히 약속할 것, 둘째, 3개월의 폐기 준비기간을 거쳐 모든 핵무기, 핵시설, 장비, 핵물질의 폐기, 셋째, 북한이 준비기간 동안 신뢰할 만한 조치를 취해나감에 따라

---

[62] 북한은 3자회담을 중국 측은 장소국으로서의 해당 역할을 하고, 핵 문제의 해결과 관련한 본질적인 문제들은 조·미 쌍방 사이에 논의하는 조·미회담이라고 주장했다. 그러나 미국은 3자회담은 향후 본격적인 다자회담을 위한 예비회담으로 규정하였다.

보상적 조치를 취한다. 보상적 조치로는 ① 미국 이외 관련 당사국들의 중유 공급, ② 잠정적 다자안전보장(provisional multilateral security assurance) 제공, ③ 북한의 에너지 수요와 이를 충족하기 위한 비핵 에너지 프로그램과 경제제재 해제 및 테러지원국가 명단에서의 제외를 위한 북한과의 논의를 시작한다는 것이다. 마지막으로 북한이 폐기절차를 완료하면, 상응조치의 효력을 영구화한다는 것이다. 이러한 미국의 제안은 로버트 아인혼(Robert J. Einhorn)의 지적대로 '리비아모델'을 기반으로 하고 있으며, 실제적으로 미국의 대북핵 해결원칙은 변한 것이 없다.[63]

부시 행정부는 후속 회담에서도 북한의 모든 핵 프로그램 선 포기가 미·북관계 진전의 필수 요건임을 거듭 주장할 것으로 예상된다. 대화에 의한 해결은 미국에게 가능만하다면 최선의 방법일 뿐만 아니라, 이후 북한 압박을 위한 국제사회로부터의 정당성 확보를 위해서도 필요한 수순이다.

2) 대북 제재

미국은 협상에 의한 북한 핵 문제 해결이라는 선택이 타결책을 찾지 못하게 되면, 대북 제재에 들어갈 가능성이 크다. 미국은 이미 동맹국들과 함께 북한의 무기 수출, 마약 밀거래, 위조지폐 등 불법적인 외화획득에 대한 저지에 들어갔다. 북한의 무기 수출, 마약밀매 등은 모두 합쳐 연 10억 달러가 넘는 것으로 추정된다.[64] 이와 관련해서 켈리 차관보는 위조지폐와 마약의

---

63) Robert J. Einhorn(2004), 특히 존 볼튼(John R. Bolton) 국무부 군축 및 국제안보담 당 차관은 북핵 문제의 해결은 PSI의 대표적 성공 사례인 리비아의 경우와 마찬가지로 김정일의 핵프로그램 폐기라는 전략적 선택 없이는 불가능하다는 것을 강조하고 있다. John R. Bolton, "Lessons from Libya and North Korea's Strategic Choice," Graduate School of International Studies, Yonsei University, July 21, 2004. 북한은 이에 대하여 "한마디로 말해서 미국의 '제안'은 '전향'이라는 보자기로 감싼 '리비아식 선핵포기' 방식이다"라고 비판하였다. 조선 외무성 대변인, "미국의 '전향적인 제안'은 론의할 가치도 없다,"『조선중앙통신』, 2004년 7월 24일.

64) Raphael F. Perl, "Drug Trafficking and North Korea: Issues for U.S. Policy," *CRS Report for Congress*, December 5, 2003. 주한미군의 발표에 따르면, 북한은 연간 5억 달러의 마약을 수출하고 있으며, 2001년 중동지역 등에 5억 8,000만 달러어

거래를 막는 국제적 연계망인 불법행위방지구상(IAI: Illicit Activities Initiative)도 언급하고 있다.[65] 미국은 2003년 6월 스페인 마드리드에서 일본, 호주, 영국, 프랑스, 독일 등 11개국이 참석한 가운데 '대량살상무기 확산방지구상(PSI: Proliferation Security Initiative)'의 구체안을 마련, 북한의 의심스런 해상수송을 추적해 검사할 계획임을 밝혔다. PSI는 미사일·핵물질 등을 실은 선박이나 항공기를 공해상이나 우방의 영공·영해에서 압수·수색하는 국제공조체제이다.[66]

특히 미국은 북한의 경우 석유자원이 풍부한 이라크와 달리 외부 지원이 들어가지 않으면 고사될 것이라 믿고 있다. 부시 행정부는 북핵 문제 해결을 위한 '맞춤형 봉쇄(tailored containment)' 전략을 이미 마련한 바 있다.[67] 북한은 무역이나 대외지원에서 중국과 일본, 한국, 미국에 대한 의존도가 매우 크다.[68] 그러므로 한·중·일 등 주변 국가의 협력이 없이는 경제

치의 탄도미사일을 수출하였다. 북한은 또한 위조지폐도 연간 1,500만~2,000만 달러를 발행하고 있다. 주한미군 관계자는 "북한은 아편의 경우 세계 3위, 헤로인은 세계 6위 생산국이며, 북한 위조지폐는 미국이 달러를 자주 교체하는 주요 이유 중의 하나"라고 밝혔다. 『조선일보』, 2003년 5월 12일.

65) James A. Kelly, "An Overview of US-East Asia Policy," Testimony before the House International Relations Committee, June 2, 2004(http://www.state.gov).

66) 2004년 10월 당시 4개국이 추가로 가입하여 PSI 참여 국가는 15개국이었으며(미국, 호주, 일본, 영국, 프랑스, 독일, 이탈리아, 스페인, 포르투갈, 네덜란드, 폴란드, 캐나다, 노르웨이, 싱가포르, 러시아) 2009년 말 현재 한국을 포함한 95개국이 PSI에 참여하고 있다.

67) 맞춤형 봉쇄는 「아미티지보고서」에 명시한 '억제·봉쇄정책'을 그대로 옮겨 놓은 것으로써 그 내용은 ① 한반도 주변국들의 북한과의 경제교류 축소권고, ② 유엔 안전보장이사회의 경제제재 등 압박, ③ 미국의 북한 돈줄을 끊기 위한 북한 미사일 선적 선박의 이동 차단 등이다. Richard L. Armitage, "A Comprehensive Approach to North Korea," National Defense University, *Strategic Forum*, No.159, March 1999 참조.

68) 2001년 기준으로 북한의 무역총액(22.7억 달러)에서 중국(7.4억 달러)과 일본(4.7억 달러)이 차지하는 비중은 각각 32.6%, 20.9%로써 이 두 국가가 북한 무역의 1/2 이상을 점유하고 있다. 2002년 남북교역 규모는 6.4억 달러로써, 북한의 공식 무역통계에 들어간다면 그 비중은 매우 크다고 하겠다. 한편 국제사회는 1995년 6월 이후 2002년 말까지 총 26억 1,519만 달러 상당의 식량·비료 등 대북 지원을 제공하였다.

제재가 실패할 수밖에 없으므로 주변국들의 참여와 협력을 설득하는 작업이
필요하다. 한·미정상회담(2003.5.15)에서는 북한이 핵위협의 수준을 높여
한반도의 평화와 안전을 위협하면 '추가적인 조치(further steps)'를, 미·일
정상회담(2003.5.23)에서는 북한이 상황을 더욱 악화시킬 경우 '더욱 강력
한 조치(tougher measures)'를 합의하였다. 이미 일본은 이러한 미국의 정
책에 상당 부분 협력하고 있다.[69] 한편 미국은 명분있는 제재를 위하여 유
엔을 통한 제재를 유도하고자 할 것이다. 미국은 IAEA에 북핵 문제의 유엔
안보리 상정을 요구하여 반대 없이 통과시켰다. 북한이 핵개발 수위를 높일
경우, 미국은 안보리에 북한에 대한 제재를 본격 논의할 것을 요구할 것이
다.[70]

이 가운데 한국(7억 4,270만 달러, 28.3%)을 비롯하여 미국, 중국, 일본, EU 5개국이
71.6%를 차지하는 18억 7,249만 달러어치를 지원하였다. 특히 미국은 식량 규모를
기준으로 8년 동안 190여만 톤을 지원했으며, 한국도 유상차관을 포함하여 150여만
톤을 지원하여, 두 국가가 북한의 최대 지원국이다. 대한무역투자진흥공사, 『2001년
도 북한의 대외 무역동향』(2002); 통일부, 『남북교류협력 및 인도적 사업동향』 각월
호 참조.

69) 일본은 북한이 핵개발 계획을 멈추지 않을 경우 북한 화물선 만경봉호(원산-니가타)
의 일본 입항 정지 및 대북 송금(연간 2억~6억 달러 규모) 중단 등을 중심으로 한
대북 대응책을 검토하고 있다고 밝혔다. 『讀賣新聞』, 2003년 5월 19일. 일본 정부는
북한의 '핵보유 선언'에 대한 외교적 압력의 일환으로 북한이 핵무기와 미사일, 생물
화학 무기에 사용할 우려가 있는 티타늄 합금, 질량분석계, 수치제어공작기계 등 30
개 품목을 명시해 수출 규제를 엄격하게 적용하기로 했다. 일본 정부의 이 같은 방침
은 북한을 자금 면에서 봉쇄하기 위해 국제협력체제 구축을 서두르는 미국 정부의
요청을 수용한 조치라고 밝혔다. 『讀賣新聞』, 2003년 5월 9일. 한편 세계식량계획
(WFP)을 통해 가장 많은 대북 식량지원을 해 온 나라 중 하나였던 일본은 2002년부
터 모든 지원을 중단했다. 게다가 일본 당국은 조총련계 인사들이 북한에 송금하는
것을 연기하도록 아시카가(足利)은행에 대해 은밀한 압력을 유지하고 있다. Victor
Cha, "이미 시작된 日 對北제재," 『조선일보』, 2003년 4월 23일.

70) 이전에도 미국은 1994년 5월 북한이 IAEA의 참관 없이 핵연료봉 인출을 강행함에
따라 대북 유인책이 실패로 돌아가자 6월 초 유엔 안보리의 대북제재와 군사력을 사
용한 압박을 고려한 바 있다. 6월 15일 안보리에 배포한 미국의 제재결의 초안은
북한이 IAEA 사찰단을 축출하는 경우, NPT에서 탈퇴하는 경우, 그리고 플루토늄을
가공하는 경우에 한하여 안보리 의장의 경고발언과 30일간의 유예기간을 둔 다음 단
계적으로 정치·경제제재를 가하는 것을 골자로 한다. 1단계는 ① 5년에 걸쳐 1,500만

또한 미국은 경제제재·해상봉쇄와 함께 북한이 핵개발 수위를 높일 경우 군사력 사용에 대한 위협을 병행하며, 실제로 군사력 사용이 가능하다는 신뢰성(credibility)을 높여 북한을 압박하고자 할 것이다. 부시 행정부의 소형 핵무기(mini nuke) 연구 개발 재개를 위한 노력도 이러한 과정의 일환이라고 할 수 있다.71)

3) 핵보유 방치

'핵보유 방치' 카드는 미국은 북한의 핵보유 문제에 대해서는 방치하여 중국이 대신 나서 문제를 해결하게 하고, 미국 자신은 북한의 핵물질 수출을 차단하는 데에 정책의 중심을 두는 것이다.72) 이러한 선택은 미국은 손을

달러의 가치를 지닌 유엔의 기술 원조 중단, ② 무기의 수출입 통제, ③ 모든 개발원조 중단, ④ 승객 수송 이외의 항공 운송 금지, ⑤ 기술과학 협력 금지, ⑥ 문화·상업·교육 분야 교류 금지, ⑦ 체육행사 참여 금지 등이었다. 2단계 조치는 ① 일본으로부터의 대북 송금 차단, ② 중국·러시아·이란·이라크 등으로부터의 석유공급 중단 등이고, 3단계 제재안은 무역활동 전체를 봉쇄하기 위해 북한의 수출입 해상로 봉쇄 등이었다. Susan Rosegrant in collaboration with Michael D. Watkins, *Carrots, Sticks, and Question Marks: Negotiating the North Korean Nuclear Crisis (A)* (Cambridge: The President and Fellows of Harvard College, 1995), p.37; Don Oberdorfer, *The Two Koreas: A Contemporary History* (London: Little, Brown and Company, 1997), p.318; Leon V. Sigal, *Disarming Strangers: Nuclear Diplomacy with North Korea* (Princeton: Princeton University Press, 1998), p.153; 신성택, "북한 핵개발의 현황과 아국의 대응방향," 한국개발연구원, 『KDI 북한경제리뷰』 2003년 2월호, pp.41-42 참조.

71) 부시 행정부는 북한과 이란 등의 핵개발을 억제하기 위해 의회에 소형 핵무기 연구 개발금지법의 폐기를 요구했으며, 미국 상원 군사위원회는 이에 따라 이 법의 폐기 조항이 포함된 2004년 국방예산안을 가결시켰다. 이 법안은 TNT 500톤 미만에 해당하는 소형 핵무기의 연구 개발을 금지해 왔다. 1945년 일본 히로시마에 투하된 원자폭탄은 TNT 1만 5,000톤 정도였다. 부시 행정부 관리들은 "실제로 사용할 수 있다고는 아무도 생각하지 않는 무기는 억지력을 가질 수 없다"고 강조하며, 대형 핵무기는 파괴력이 너무나 커 작은 나라들에 이러한 대형 핵무기를 사용할 것으로 믿지 않는다는 점을 소형 핵무기가 필요한 근거로 들었다. *The New York Times*, May 10, 2003. 소형 핵무기 개발은 이미 2002년 1월 발표된 「핵태세검토보고서(NPR)」에서 필요성이 제기되고 있다.

72) 부시 대통령은 5월 3일 존 하워드 호주 총리와 만나 "북한이 무엇을 가졌느냐가 아니

대지 않고도 북핵 문제를 해결할 수 있다고 해서 '공짜점심론(free lunch)' 또는 '무임승차론(free rider)'이라고도 한다.[73] 이 선택의 핵심은 중국을 이용하는 것으로, 중국은 북한 핵 문제가 악화되어 미국이 북한을 공격하거나, 일본·한국·대만이 핵무장을 하는 사태를 원하지 않기 때문에 북한이 핵을 포기하도록 압박할 것이라는 계산이다.[74] 다시 말해서 북한이 핵무기를 소유하면 골치 아픈 쪽은 주변 국가들이니 당사자들이 직접 나서서 해결하라는 것이다. 미국의 북한 핵보유 인정 전략에는 한국의 노무현 정부와 중국이 어떠한 대북제재나 군사행동도 반대한다는 종전의 입장도 영향을 미쳤을 것으로 보인다.

4) 비밀공작에 의한 정권교체

북한 핵 문제가 대화나 실현 가능한 대북제재에도 불구하고 해결되지 않을 경우, 미국이 중국과 협력하여 북한 김정일 정권을 교체(regime change)

라 그것(핵)이 어디로 가느냐가 중요하다"며 정책 변화를 확인하고, 북한의 핵물질 수출 봉쇄 방안을 논의했다고 전했다. *The New York Times*, May 5, 2003. 그러나 미국 정부는 이를 부인했다. 이에 앞서 워싱턴 포스트도 2003년 3월 초 미국은 북한의 핵보유를 사실상 용인하는 쪽으로 방향을 잡았다고 보도했으나 켈리 차관보는 2003년 4월 9일 한국 특파원단과의 간담회에서 이 같은 보도를 전면 부인했었다.

73) Samuel R. Berger and Robert L. Gallucci, "A Nuclear North, All Over Again," *NEWSWEEK*, May 12, 2003, p.11.

74) 중국은 최근 외교전문지를 통하여 북한 핵개발에 대해 "국제사회에 대한 도전이며, 한국과 일본에 대한 위협이자, 중국에도 잠재적인 위험"이라고 비판하였으며, "확고하게 북한 핵개발에 반대해야 한다"고 주장했다. 『중앙일보』, 2004년 8월 21일. '핵보유 방치' 전략의 또 다른 대안은 '일본의 핵무장' 카드로 중국을 압박해야 한다는 것이다(현재 일본은 미국보다도 많은 38t의 플루토늄을 보유하고 있어 언제든지 4,000~6,000개의 핵탄두를 만들 수 있다). 다시 말해서 중국이 북한의 핵보유를 저지하지 못할 경우, 미국은 일본의 핵무장을 용인할 수밖에 없으며, 이는 대만, 한국 등 주변국의 핵무장까지 촉발할 가능성이 있다는 식으로 중국을 몰아붙인다는 것이다(현재 중국은 에너지 공급중단과 국경 검문 완화를 통한 탈북자 허용과 같은 북한에는 치명적인 수단을 보유하고 있지만 북한 공산주의체제가 바뀌거나 정권이 붕괴되는 것을 바라지 않기에 북한에 대한 압력행사에 한계가 있다). 이러한 대안은 실제로 중국에게는 북한 정권의 붕괴보다도 일본이나 대만의 핵보유가 더 큰 위협이 될 것이라는 것이다.

하는 것도 가능한 시나리오이다. 미국은 북한 핵 문제의 해결뿐만 아니라 '자유 북한'을 만드는 것이 대북정책의 목표라고 할 수 있으나, 핵 문제 자체가 해결되지 않을 경우, 위험부담이 너무 큰 군사행동 이전의 단계에서 비밀공작(clandestine operation)에 의한 북한 정권의 교체를 시도할 가능성이 있다.75) 부시 대통령은 최근 국방부 산하 미군 특수작전사령부에 2,500만 달러의 예산을 배정하여 '외국군대 및 비정규전 부대'를 지원하는 임무를 수행하도록 하는 법안에 서명했다.76) 그러나 이러한 시도가 성공하기 위해서는 중국과의 협력이 필수적이며, 결과적으로 나타나는 북한 정권도 김정일 정권보다 중국이 통제하기가 수월한 친중 정권이 될 것이다. 새로운 북한 정권은 김정일 정권보다는 국제질서에 순응할 것이며, 따라서 미·중 양국은 북핵 문제의 해결과 함께 중국은 보다 다루기 용이한 친중 정권을, 미국의 입장에서는 보다 국제질서에 따르는 북한 정권을 만드는 공통의 이득을 누릴 수 있다.

5) 군사행동

미국은 북한 핵 문제를 다룸에 있어 모든 가능성이 열려 있다는 것을 수차례에 걸쳐 분명히 했다. 실제로 미국이 문제가 되는 북핵 시설을 외과적 공격(surgical strike)으로 무력화하고, 방사능 낙진을 극소화하는 일 자체는 어렵지 않다고 평가된다.77) 그러나 북한이 대량보복으로 대응하여 제2의 한국전이 발발할 경우 감수해야 할 천문학적 비용이 문제인 것이다. 한편 미국 내에서 지금까지 금기시되어 왔던 선제공격의 적실성을 조심스럽게 타진하는 인사들이 나온다는 사실에 주목해야 한다. 이들은 미국의 제한적 군

75) 미국 CIA 포터 고스 국장은 북한과 이란 등 적성국가와 테러단체에 스파이를 심어 놓는 공격적 첩보활동의 필요성을 강조한 바 있다. *USA TODAY*, November 18, 2004, 미국 CIA는 정보수집 업무 외에 외국정부 전복, 요인암살 등 '준군사작전(para-military operation)'을 수행하는 준군사 조직을 자체적으로 운영하고 있다.
76) 『조선일보』, 2004월 11월 27일.
77) Don Oberdorfer, *The Two Koreas: A Contemporary History, Revised and Updated*(New York: Basic Books, 2001), p.323.

사행동에 대해 북한이 정권의 붕괴를 의미하는 자살 행위인 대량보복을 감행할 가능성은 거의 없다고 주장한다.[78]

부시 대통령은 "미국은 적이 공격해 오기 전에 적을 쫓아 무너뜨리는 일을 계속할 것"이라며 테러리즘·대량살상무기 등 미국 안보의 위협 대상에 대한 선제공격론을 거듭 천명한 바 있다.[79] 더 나아가 미국은 적대국가들이 대량살상무기를 보유하고 있지 않더라도 이를 개발할 능력과 의지만 있으면 군사적 행동이 가능하다는 '사전예방론'을 정책화할 가능성이 크다.[80] 미국은 최근 '레드 라인(red line)'이란 개념을 다시 설정하여, 북한이 레드 라인을 넘을 경우 북한군이 전면 남침하는 상황과 같은 수준으로 여겨 무력사용도 불사한다는 입장을 밝혔다. 북한이 레드 라인을 넘는 것은 핵무기, 플루토늄 또는 고농축우라늄 등 핵물질, 핵무기 기술 등을 외국 또는 테러집단에게 수출하는 경우이다.[81]

미국은 먼저 '대화를 통한 외교적 해법'을 통해서 북한 핵 문제를 해결하고자 노력할 것이다. 대화에 의한 해결은 가능만 하다면 최선의 선택이다. 부시 행정부는 이라크 문제 해결의 난항으로 인하여 북한 핵 문제가 더 이상 악화되는 것을 막기 위해 대화에 의한 해결을 추진하면서 시간을 벌고자 할 것이다. 그러나 미국은 북한과의 대화에서 미국의 대북핵 원칙을 양보하지는 않을 것이다. 대화를 통해 해결이 이루어지지 않는 경우, 미국은 2차적으로 두 가지 선택―대북제재 또는 핵보유 방치― 중 하나를 택할 것이다. 다시 말해서 미국은 대화에 의한 방법이 효과를 거두지 못할 경우, 다음 선택에서 중국이나 한국 등 주변 국가들로부터 북한제재에 대하여 협력할 것

78) 정옥임(2003), p.9.
79) 『중앙일보』, 2003년 5월 5일. 제임스 울시 전 미국 CIA 국장은 도쿄의 일본국제문제연구소에서 가진 강연에서 북한의 핵개발을 저지하기 위한 최종 수단으로 무력행사도 불가피하다는 견해를 밝혔다. 울시 전 국장은 "비록 무력행사가 중대한 결과를 가져온다고 해도 가혹한 체제(북한)에 대해 핵무기 제조를 허용하는 것보다는 파멸적이지 않다"고 강조했다. 『조선일보』, 2003년 5월 12일.
80) *Financial Times*, May 3, 2003.
81) 『중앙일보』, 2004년 11월 20일.

이라는 확신만 있다면 '제재를 통한 대북 압박'에 들어갈 것이며, 이것이 불가능하다고 판단되면 제3의 선택인 '북한의 핵보유를 방치'하여 주변국들의 책임과 역할을 요구할 수 있다. 다음으로 대북제재로도 해결이 되지 않을 경우, 군사적 방법을 사용하기에 앞서 미국은 중국의 협력 하에 김정일 정권을 좀 더 다루기 용이한 친중 정권으로 교체함으로써 북한 핵 문제를 해결하고자 할 것이다. 마지막으로 대북제재와 무력적 해결의 위협에도 불구하고 북한이 핵포기를 수용하지 않을 때는 중국과 한국이 군사적 해결을 동의하거나, 한미동맹의 신뢰관계가 최악의 상태에서 한국은 반대하나 중국이 암묵적으로 묵인할 경우에 미국은 '대북 군사행동'의 선택을 배제하지 않을 것이다.[82]

 그러나 미국의 입장에서도 무력에 의한 방법은 쉽지 않은 선택이다. 따라서 가장 가능성이 큰 선택은 대화를 통한 해결책을 모색하되 가시적 성과가 보이지 않을 경우에는 유엔 안전보장이사회 회부, 대량살상무기 확산방지구상(PSI)의 강화, 대북 경제교류 억제 등 채찍(압박정책)을 병행 추진하는 것이다. 중국도 미국의 무력사용을 용인하기보다는 대북압박이나 친중 정권으로의 교체에 협력하는 선택을 할 것이다.

---

82) 미국 핵비확산 전문 연구기관인 몬터레이 국제관계연구소(MIIS) 산하 비확산연구센터(CNS)의 요한 진동 상임연구원은 미국의 자유아시아방송(Radio Free Asia)과의 인터뷰에서 "북한이 핵무기 보유 등 중국의 이익을 무시하는 행동을 삼가지 않는다면 중국은 미국이 추진할 가능성이 있는 무력을 동원한 북한 정권의 교체작업을 방치할 수도 있을 것으로 보인다"고 주장했다. 『중앙일보』, 2003년 5월 5일.

VI. 맺는말: 도전과 과제

1991년 사회주의 종주국 소련의 붕괴로 상징되는 냉전의 종식은 미국을 유일 초강대국으로 만들었다. 그러나 2001년 9·11 테러의 순간부터 미국은 새로운 전쟁상태로 돌입했다.[83] 독립전쟁 이후 본격적으로 본토 공격을 받아보지 못한 미국은 항상 생존의 위협을 받고 있는 국가들이 보기에는 과민하다고 할 만큼 반테러를 국가이익의 최우선 과제로 설정했다. 그중에서도 핵무기 테러를 막기 위한 필사적 노력을 진행하고 있다. 부시 행정부는 '테러와의 전쟁(war on terrorism)'을 기본원칙으로 미국 국민에 대한 테러를 감행하는 조직이나 그들의 테러행위를 지원하는 세력을 동등하게 미국의 적으로 본다. 또한 테러조직과 협력적으로 연계되어 있고 대량살상무기를 보유하거나 가지려 하는 불량국가들은 문명세계에 대한 중대한 위협이며 대결의 상대로 보고 있다. 따라서 미국의 목표는 대량살상무기의 확산을 막는 것(non-proliferation)만이 아니라, 대량살상무기를 갖고 있거나 혹은 가까운 시기에 그것을 확보할 것으로 보이는 불량국가들과 테러집단들로부터 대량살상무기를 회수하고 폐기하는 것(counter-proliferation)이다.

미국은 20세기의 냉전 동맹체제에 이어 21세기에는 반테러 동맹체제의 구축을 시도하고 있다. 이러한 국제정치의 성격 변화는 국가 간 동맹의 의미와 양태도 바꿔놓고 있다. 이미 미국은 '동맹국이 작전을 결정하는 것이 아니라 작전에 따라 동맹국을 결정한다'는 방침을 밝힌 바 있다. 미국은 새로운 위협에 직면하여 적과 동지를 구분하는 새 기준을 마련했다. 전통적인 의미의 동맹국이라 할지라도 테러와의 전쟁에 적극적으로 동참하지 않는다면 인정하지 않겠다는 것이 9·11 이후 미국의 입장이다.

---

83) 9·11 테러에 의한 미국인의 사망자는 3,000여 명이다(일본의 진주만 폭격으로 2,400여 명이 사망했다). 부시 대통령은 2003년 5월 1일 이라크 전투 작전의 종료를 공식 선언하면서 "이라크전은 2001년 9월 11일에 시작해 아직까지 계속되고 있는 반테러전들 중 하나의 승리"라고 말했다.

우리가 직면한 북한 핵 문제의 해결이나 민족통일로의 진전 또한 국가 간의 문제이기 때문에 해당 시기 국제정치의 흐름과 틀 속에서 해결책을 찾아야 한다. 그렇다면 국제정치의 급격한 성격 변화를 이해하고 적절히 대처하는 지혜와 능력에 따라 우리의 미래가 좌우될 것이다. 그러나 노무현 정부와 부시 정부는 직면한 북핵 위협에 대한 인식은 물론 북한을 바라보는 근본적인 시각에서부터 차이를 보였다. 미국은 북한의 핵개발을 대테러 문제 또는 핵비확산 문제라는 관점에서 보는 반면, 한국은 북핵 문제가 외교적 고립과 경제의 파탄에 의한 북한의 안보 불안에서 파생된다고 인식하였다.[84]

또한 노무현 정부가 북한의 개혁·개방 가능성에 초점을 맞추고 있는 반면, 미국 정부를 비롯한 상당수 전문가들은 북한의 개혁·개방 의지를 신뢰하지 않았다. 노무현 정부는 북핵위기의 전개과정에서 6자회담의 한 당사자로서, 북·미 간 협상의 중재자(촉진자)로서의 역할을 위하여 부심하여 왔으나 각 당사자들의 이해관계를 냉정하게 계산하고 행동하는 현실적 접근보다는 이상적 사고에 사로잡혀 문제의 본질을 정확히 바라보지 못하였다. 북핵위기의 타결에 한국이 기여하기 위해서는 각 당사자들의 이해관계를 냉정히 파악함과 동시에, 한국이 할 수 있는 역할의 범위와 한계를 명확히 인식해야 한다.

노무현 정부는 북핵 문제 해결의 3원칙으로 제시한 ① 북핵 불용, ② 평화적(대화) 해결, ③ 주도적 역할에서 첫째 원칙과 둘째 원칙이 상호 충돌할 경우, 무엇이 우선하느냐의 문제에 우선 답해야 했다. 다시 말해서 북한 핵 문제가 한국 정부가 요구하는 대화에 의해서 해결되지 않을 경우에 북한 핵을 용인해야 하는 지(제1원칙과 충돌) 아니면 대화가 아닌 제재수단을 사

---

84) 2004년 11월 12일 노무현 대통령은 칠레의 APEC 참석차 중간에 기착한 미국의 LA에서 행한 연설에서 "북한의 핵이 자위 수단으로 일리 있는 측면이 있다"며 대북 강경론에 비판적 입장을 밝혔다. 이에 대하여 미국 국무부는 "북한의 핵무기 프로그램은 세계적인 핵확산 방지노력과 우리의 동맹, 우방국들에 대한 위협"임을 분명히 했다. 『중앙일보』, 2004년 11월 20일.

용해야 하는지(제2원칙과 충돌)가 명확하지 않다. 북한 핵 문제는 외교와 협상을 통한 평화적 방법으로 해결해야 한다. 이는 유·무형의 압력을 병행하면서 다른 한편으로 대화의 문을 열어놓을 때 실현 가능하다. 따라서 한·미 양국은 한반도의 평화적인 비핵화를 이끌어내기 위해 동원 가능한 모든 외교적 방법들을 구체적으로 상정하고 실효를 거둘 수 있는 방안을 토론해야 한다. 또한 무엇이 외교적 실패를 의미하며, 외교적 방안이 실패했을 때 무엇을 할 수 있을지도 미리 고민해야 한다. 1994년 제1차 핵위기 시에 지미 카터 전 미국 대통령이 협상에 성공한 이유는 미국이 여차하면 군사행동을 할 수 있다는 것을 북한이 알고 있었기 때문이다.[85] 반면, 노무현 정부는 다자회담과 대량살상무기 확산방지구상(PSI)의 이중접근을 제시한 미국과 이에 적극 협조하는 일본의 입장과는 차이를 보였다. 이러한 한국의 대북핵 접근방법에 대해 미국은 문제의 해결을 위한 실질적인 노력으로 이해하기보다는, 미국의 반테러정책과 그 동맹 구축에 있어 한국 정부의 미온적 대응 또는 비협조적 자세로 받아들일 수 있다.

이런 의미에서 북핵 문제 해결에 있어서 한·미공조와 한·미신뢰는 매우 중요하다. 무엇보다 혹시 있을지도 모를 미국의 일방적 행동 가능성을 사전에 차단하고, 한·미 간 이견을 북한이 활용할 가능성도 배제한다는 점에서 그렇다. 더욱이 미국이 양자 간 담판만을 집요하게 요구하는 북한의 입장을 궁극적으로 수용할 경우, 북·미회담의 결과에 우리의 이해관계를 투영하기 위해서라도 신뢰를 바탕으로 한 한·미공조는 더욱 긴요하다. 또한 이 문제의 해결을 위해 일본, 중국 등을 포함한 다자협상의 형태로 접근할 경우에도

---

85) 카터 대통령이 평양에 도착하여 북한과 협상을 시작한 날인 1994년 6월 15일, 유엔에서는 미국의 유엔 제재결의 초안에 대한 협의가 진행되었다. 또한 6월 16일 아침 클린턴 대통령은 긴급회의를 소집하여 유엔 안보리의 대북 제재 추진을 승인하였으며, 이에 따라 샬리카슈빌리 합참의장이 1만 명의 미군 병력을 추가로 한국에 투입할 계획을 설명하는 도중 방북 중인 카터로부터 전화가 와서 회의가 중단되었다. Ashton B. Carter and William J. Perry, *Preventive Defense: A New Security Strategy for America* (Washington, D.C.: Brookings Institution Press, 1999), p.131; Don Oberdorfer(2001), pp.323-326.

한·미공조는 비용과 역할을 분담하는 과정에서 우리의 입장을 반영하는 데에 중요하게 작용할 것이다. 한·미동맹관계는 근본적으로 북한에 대한 우리의 인식에 좌우될 것이다. 다시 말해서 '우리에게 북한은 무엇인가' 하는 본질적인 문제이다. 다면적일 수밖에 없는 북한이라는 존재를 화합과 협력의 대상으로만 단순화한다면, 그런 인식은 예상하지 못한 불행을 가져올 수도 있다.

■ 참고문헌 ■

국방정보본부. 2002a. 『2002년 미 국방 연례보고서』. 서울: 국방정보본부.

김영윤 외. 2002. 『북한 핵문제와 남북관계의 진로』. 서울: 통일연구원.

김용호. 2003. "북핵 문제와 남북관계: 현황과 전망." 성신여자대학교 동아시아연구소 개소기념 학술회의 발표논문. 『동아시아의 핵위기와 한미동맹』. 4월 19일.

대한무역투자진흥공사. 2002. 『2001년도 북한의 대외 무역동향』.

박　진. 2003. 『박진의 북핵리포트』. 서울: 한국경제신문.

신성택. 2003. "북한 핵개발의 현황과 아국의 대응방향." 한국개발연구원. 『KDI 북한경제리뷰』.

유호열. 2003. "북한의 핵개발 현황과 대미전략." 국제문제조사연구소·한국정치학회 공동학술회의 발표논문. 『신정부의 대북 및 대미정책 과제와 방향』. 2월 27일.

전성훈. 2009. 『북한 비핵화를 위한 한·미 전략적 협력에 관한 연구』. 서울: 통일연구원.

전현준. 2003. "북핵문제의 해법과 해결전망." 통일정책연구소 학술회의 발표논문. 『북한 핵문제 해결과 한반도 평화 체제 구축』. 10월 21일.

정옥임. 2003. "부시 행정부의 북핵 문제에 대한 대응전략." 국제문제조사연구소·한국정치학회공동학술회의 발표논문. 『신정부의 대북 및 대미정책 과제와 방향』. 2월 27일.

조선외무성 대변인. 2000. "조·미 사이의 불가침조약체결이 핵 문제의 합리적이고 현실적인 방도." 『조선중앙통신』, 10월 25일.

_____. 2003. "미국이 대조선정책을 전환할 용의가 있다면 대화형식에 구애되지 않다." 『조선중앙통신』, 4월 12일.

_____. 2003. "조선반도 비핵화운명은 전적으로 미국의 정책에 달려있다." 『조선중앙통신』, 4월 30일.

_____. 2004. "미국의 '전향적인 제안'은 론의할 가치도 없다." 『조선중앙통신』, 7월 24일.

최진욱. 2002. 『9·11테러사태 이후 미국의 대북정책과 북미관계 전망』. 서울: 통일연구원.

통일부. 『남북교류협력 및 인도적 사업동향』 각월호.

피터 헤이즈, 고대승·고경은 역. 1993. 『핵 딜레마』. 서울: 한울.

Albright, David. 2000. "Inconsistencies in North Korea's Declaration to the IAEA." In David Albright and Kevin O'Neill (eds.). *Solving the North Korean Nuclear Puzzle*. Washington, D.C.: Institute for Science and International Security.

Armitage, Richard L. 1999. "A Comprehensive Approach to North Korea." National Defense University. *Strategic Forum*, No.159, March.

Berger, Samuel R. 2004. "Foreign Policy for a Democratic President." *Foreign Affairs* 83(3), May/June.

Berger, Samuel R., and Robert L. Gallucci. 2003. "A Nuclear North, All Over Again." *NEWSWEEK*. May 12.

Bermudez, Joseph S., Jr. 1999. *A History of Ballistic Missile Development in the DPRK*. Center for Nonproliferation Studies at the Monterey Institute of International Studies.

Bolton, John R. 2004. "Lessons from Libya and North Korea's Strategic Choice." Graduate School of International Studies. Yonsei University. July 21.

Carter, Ashton B., and William J. Perry. 1999. *Preventive Defense: A New Security Strategy for America*. Washington, D.C.: Brookings Institution Press.

Cha, Victor D. 2002. "North Korea's Weapons of Mass Destruction." *Political Science Quarterly* 117(2), Summer.

Dao, James. 2003a. "U.S. Official Says North Korea Could Sell Bomb Material." *The New York Times*. February 5.

_____. 2003b. "U.S. to Ask Atom Agency to Chastise North Korea." *The New York Times*. February 12.

Einhorn, Robert J. 2004. "The North Korea Nuclear Issue: The Road Ahead." September 14(http://www.nautilus.org/fora/security/0433A-Einhorn.html).

Engelberg, Stephen, and Michael Gorden. 1993. "North Korea likely to have developed own atomic bomb, CIA tells President." *The New York Times*. December 26.

Financial Times, May 3. 2003.

Haass, Richard. 2003. "When nations forfeit their sovereign privileges." *International Herald Tribune*. February 7.

Holmes, Kim R., and Thomas G. Moore (eds.). 1996. *Restoring American Leadership: A U.S. Foreign and Defense Policy Blueprint*. The Heritage Foundation.

HR 4011: To Promote Human Rights and Freedom in the Democratic People's Republic of Korea, and Other Purpose(North Korean Human Rights Act of 2004).

Hwang, Balbina Y. 2003. "Curtailing North Korea's Illicit Activities." *Backgrounder*, No.1679, August 25.

Kelly, James A. 2004. "An Overview of US-East Asia Policy." Testimony before the House. International Relations Committee, June 2(http://www.state.gov).

Kessler, Glenn. 2003. "U.S. Believes N. Korea Rapidly Seeking Stockpile." *The Washington Post*, February 1.

Laney, James T., and Jason T. Shaplen. 2003. "How to Deal with North Korea." *Foreign Affairs* 82(2), March/April.

Manyin, Mark E. 2003. "U.S. Assistance to North Korea." *CRS Report for Congress*. March 17.

Niksch, Larry A. 2003. "North Korea's Nuclear Weapons Program." *CRS Report for Congress*. March 17.

_____. "North Korea's Nuclear Weapons Program." *CRS Issue Brief for Congress Updated*. August 27.

Oberdorfer, Don. 1997. *The Two Koreas: A Contemporary History*. London: Little, Brown and Company.

_____. 2001. *The Two Koreas: A Contemporary History, Revised and Updated*. New York: Basic Books.

Perl, Raphael F. 2003. "Drug Trafficking and North Korea: Issues for U.S. Policy." *CRS Report for Congress*. December 5.

Perry, William J. 1999. *Review of United States Policy toward North Korea: Findings and Recommendations*. Unclassified Report, October 12.

Pincus, Walter. 2003. "N. Korea's Nuclear Plans Were No Secret: U.S. Stayed

Quiet as It Built Support on Iraq." *The Washington Post*, February 1.

Potter, William C. 1982. *Nuclear Power and Nonproliferation: An Interdisciplinary Perspective*. Cambridge: Oeleschlager, Gunn & Hain.

Reiss, Mitchell B. 2004. "North Korea's Legacy of Missed Opportunities." Remarks to the Heritage Foundation. March 12(http://www.state.gov).

Rosegrant, Susan, and Michael D. Watkins. 1996. *Carrots, Sticks, and Question Marks: Negotiating the North Korean Nuclear Crisis (A)*. Cambridge: The President and Fellows of Harvard College.

Sigal, Leon V. 1998. *Disarming Strangers: Nuclear Diplomacy with North Korea*. Princeton: Princeton University Press.

SIPRI. 2004. *SIPRI Yearbook*.

Spector, Leonard, and Jacqueline Smith. 1991. "North Korea: the next nuclear nightmare?" *Arms Control Today* 21(2), March.

The IAEA Resolution 2636. February 25, 1993.

The Washington Post. May 21. 2003.

_____. December 28, 2009.

The White House. 2002. *The National Security Strategy of the United States of America*. September.

_____. 2002b. *State of the Union Address*. January 29.

_____. 2003. *State of the Union Address*. January 28.

Tkacik, John J., Jr. 2003. "Getting China to Support a Denuclearized North Korea." *Backgrounder*, No.1678, August 25.

U.S. CIA. 2002. *North Korea Nuclear Weapon: CIA Estimate for Congress*. November 19.

U.S. Department of Defense. 2001. *Quadrennial Defense Review Report*. September 30.

_____. 2002a. *Annual Report to the President and the Congress*.

_____. 2002b. *Nuclear Posture Review*. January.

U.S. Department of State. 2003. *Patterns of Global Terrorism 2002*. April.

World Bank. 2004. *World Development Indicator Database*. September.

『동아일보』, 2010.1.12.

_____, 2010.2.3.

『연합뉴스』, 2003.2.12.
_____, 2009.1.13.
『조선일보』, 2003.4.23.
_____, 2003.5.3.
_____, 2003.5.12.
_____, 2003.11.28.
_____, 2004.10.13.
_____, 2004.11.27.
『조선중앙통신』, 2003.8.29.
_____, 2003.9.29.
『중앙일보』, 2003.5.5.
_____, 2004.11.20.
_____, 2009.12.29.

『讀賣新聞』, 2003.5.9.
_____, 2003.5.19.
『日本經濟新聞』, 2010.10.22.

【부록 3-1】 북핵 6자회담 일지

6자회담		개최 기간	6자회담 결과		비고
1차		'03.8.27~29	- 대화를 통한 평화적 해결 원칙에 대한 공감대 형성	'04.4	미국, 북한의 제네바 합의사항 위반을 이유로 북미 양자 대화 거부
2차		'04.2.25~28	- 상호 조율된 조치에 의한 해결 및 실무그룹 구성 합의		
3차		'04.6.23~26	- 비핵화를 위한 초기조치 필요성, '말 대 말', '행동 대 행동' 원칙 공감	'05.2	북한외무성, 6자회담 참가 무기 중단과 핵보유 선언
				'05.5	북한, 폐연료봉 8천 개 인출 완료 발표
4차	1단계	'05.7.26~8.7	- 9.19 공동성명 채택: 북한 핵폐기 및 여타국의 상응조치 합의	'05.9	미국, BDA 금융제재
	2단계	'05.9.13~19			
5차	1단계	'05.11.9~11	- 9.19 공동성명 이행의지 재확인	'06.7	북한, 장거리 미사일 발사
					UNSC 대북결의 1695호 채택
				'06.10	북한, 1차 핵실험
					UNSC 대북결의 1718호 채택
	2단계	'06.12.18~22	- 9.19 공동성명 이행의지 재확인	'06.12	북한, BDA 선해결원칙 고수
	3단계	'07.2.8~13	- 2.13 초기조치 합의		
6차	1단계	'07.3.19~22	- 6자회담 참가국들의 2.13 합의 이행 의지 확인	'07.3	북한, BDA 문제로 제6차 6자 수석대표회의 불참
				'07.7	북한 외무성, 중유 5만 톤 도착 확인 후 영변 핵시설 가동중단 발표
				'07.9	북·미, 핵시설 연내 불능화 전면 신고 합의
	2단계	'07.9.27~30	- 10.3 2단계 이행조치 합의	'08.2	북한, 영변 원자로 냉각탑 폭파
				'08.6	북한, 중국에 북핵 신고서 제출
	수석대표회의	'08.7.10~12	- 북핵 신고 검증 및 6자 의무이행 감시체제 수립 합의		
6자 외교장관 회동 (비공식)		'08.7.23	- 비핵화 2단계의 마무리 및 3단계로의 진전 필요	'08.10	미국 국무부, 대북 테러지원국 지정 해제 발표
6자 수석대표 회의		'08.12.8~11	- 불능화와 대북 경제·에너지 지원의 병렬적 이행 합의	'09.4	북한, 장거리 미사일 발사, 6자회담 불참 선언
			- 동북아 평화·안보 메커니즘 실무그룹회의 개최 합의	'09.5	북한, 2차 핵실험
				'09.6	UNSC, 대북결의 1874호 채택

【부록 3-2】 북핵 일지

배경	1956	2.28	북한, 옛 소련 드브나 핵연구소 창설 참여를 위한 협정 체결 (방사화학연구소 설립)
	1962	11.2	영변 원자력 연구소 설립
	1963	6	북한, 옛 소련의 지원으로 IRT-2000형(2MW) 연구용 원자로 도입
	1965	–	연구용 원자로 준공
	1967	–	연구용 원자로 가동
	1974	9.6	북한, 국제원자력기구(IAEA) 가입
	1975	4	북한, 중국에서 DF-61 구입 미사일 연구 시작
	1985	12.12	북한, 핵확산금지조약(NPT) 가입
	1991	12.31	남·북한, 한반도비핵화 공동선언 채택
	1992	5.23~6.5	IAEA, 북한 보고서 검증사찰 실시
		12.12	IAEA, 핵폐기물보관시설 의심 2곳 접근 요구(북한, 1곳에 대해 사찰 허용)
1차 위기	1993	2.10	IAEA, 미신고시설 2곳 특별사항 수용 촉구(5일 뒤 거부)
		3.12	북한, NPT 탈퇴 서한 UN 안전보장이사회 제출
		5.11	UN 안보리, 대북 결의 825호 채택
		5.29	북한, 중거리 탄도미사일 '노동 1호' 발사
		6.2~6.11	북미, 1차 고위급회담(뉴욕), 북한 NPT 탈퇴 유보
		7.14~9.19	북미, 2차 고위급회담(제네바) '제네바 선언문(Agreed Statement)' 발표
	1994	2.15	북한, IAEA 전면 핵사찰 수용 발표
		3.12	IAEA, 사찰단 일부 북한잔류(영변 추가사찰 방침)
		3.21	IAEA 특별이사회, 북핵 문제 안보리 회부 결정
		6.10	IAEA, 대북 제재결의안 채택
		6.13	북한, IAEA 탈퇴선언 제출
		6.14	미국, 장관급 회의 중 '대북공격(Osirak Option)' 검토
		6.15	카터 전 미국 대통령 방북(고위급회담 재개 제의)
		7.8	김일성 사망
		8.5~8.13	북미, 3차 고위급회담(제네바), 4개항 합의 발표
		10.21	북미, 「제네바 기본합의문(Agreed Framework)」 공식 서명
		11.1	북한, 핵 활동 동결선언
	1995	3.9	한반도에너지개발기구(KEDO) 협정서명
	1998	8.31	북한, 장거리 미사일 '대포동 1호' 발사 (북한, 인공위성 '광명성 1호' 주장)
	1999	6.15	1차 연평해전
		9.12	북한, 미사일 시험발사 모라토리엄(유예) 선언
	2000	6.13~15	제1차 남북정상회담(평양)
		10.9~10.12	북미, 공동코뮤니케 발표

	2001	9.11	9·11 테러 사건 발생
2차 위기	2002	6.29	2차 연평해전, 참수리 357호 승무원 6명 전사, 19명 부상
		10.3~5	켈리 미대통령 특사 평양방문
		10.17	켈리, **북한의 고농축우라늄(HEU) 핵개발 의혹 제기**
		10.25	북한, 미국의 불가침조약 체결 요구
		11.14	KEDO, 대북중유지원 중단 결정
		12.12	북한, 핵동결 해제 선언
		12.21~24	북한, 핵동결 해제 조치 단행(핵시설 봉인제거, 감시카메라 무력화, 사용 후 핵 연료봉 봉인 해제)
		12.27	북한, IAEA 사찰단 추방 선언
	2003	1.10	북한, NPT 탈퇴 선언
		2.12	IAEA특별이사회, 북한 핵문제 안보리 회부 결정
		2.26	북한, 영변의 원자로 재가동
		3.19	미국, 이라크 전쟁 개시
		4.12	북한, 다자회담 수용가능성 시사
		4.18	북한, 폐연료봉 재처리 작업 중 발표
		4.23~25	베이징 3자회담(북·미·중) 개최(북한 이근 대표, 핵 보유 시인)
		8.27~29	제1차 6자회담 개최
		11.21	KEDO, 대북 경수로 사업 1년간 중단 발표
	2004	2.25~28	제2차 6자회담 개최
		4.7~8	한·미·일 3자협의('북한의 완전하고 검증가능하며 돌이킬 수 없는 핵폐기(CVID)') 재확인
		6.23~26	제3차 6자회담 개최
	2005	2.10	북한, 핵무기 보유 선언
		5.11	북한, 영변 5MW 원자로 폐연료봉 8천 개 인출 완료 발표
		7.26~8.7	제4차 6자회담 1단계 회의
		9.15	미국, 방코델타아시아(BDA)은행 '주요 자금 세탁 우려 대상'으로 지정(북한 계좌 동결)
		9.13~19	제4차 6자회담 2단계 회의('9.19 공동성명' 채택)
		11.9~11	제5차 6자회담 1단계 회의
	2006	1.18	북·미·중 6자회담 수석대표 베이징 회동
		7.5	북한, 장거리 미사일 발사('대포동 2호' 1기, 노동 및 스커드급 6기 등 7발)
		7.15	UN 안보리, 대북제재 결의 1695호 채택
		10.9	**북한, 1차 핵실험 실시**
		10.15	UN 안보리, 헌장 7조 의거 대북 제재 결의 1718호 채택
		12.18~22	제5차 6자회담 2단계 회의
		2.8~13	제5차 6자회담 3단계 회의('2.13 합의문' 채택)
		3.19	북한, BDA 자금동결 문제삼아 제6차 6자회담 수석대표회의 불참

	2007	3.19~22	제6차 6자회담 1단계 회의
		6.20	미국 크리스토퍼 힐 국무부 차관보, BDA 동결 북한자금의 러시아 은행 북한 계좌 입금완료 발표
		9.1~2	북·미 관계정상화 실무그룹 제2차 회의, 핵시설 연내 불능화 및 전면신고 합의(제네바)
		9.27~30	제6차 6자회담 2단계 회의
		10.3	6자회담 '9.19 공동성명 이행 제2단계 조치' 합의(10.3 합의)
	2008	6.26	북한, 플루토늄 생산량 등을 적시한 핵 신고서 제출 미국, 대북 테러지원국 지정 해제 절차 착수
		6.27	북한, 영변원자로 냉각탑 폭파
		8.11	미 국무부, "북한이 강력한 핵 검증 체제에 합의하기 이전 테러지원국 지정 해제 않을 것" 확인
		9.19	북한 외무성, "영변 핵시설 원상복구 중" 발표
		10.11	미 국무부, 대북 테러지원국 지정 해제 발표
		12.8~11	북·미 6자 수석대표 회동(싱가포르), 검증의정서 채택 실패
3차 위기	2009	4.5	북한, 장거리 로켓 발사(북한, 인공위성 '광명성 2호' 주장)
		4.14	UN 안보리, '대북 제재 강화' 의장성명 공식 채택 북한, 6자회담 불참 및 핵시설 원상복구 방침 천명
		4.25	북한, 영변 핵시설 폐연료봉 재처리작업 착수 발표
		5.25	**북한, 2차 핵실험 실시**
		6.12	UN 안보리, 헌장 7장 41조에 의거 대북제재 결의 1874호 채택
		6.13	북한, 우라늄 농축, 추출한 플루토늄 무기화, 봉쇄 시 군사적 대응 선언
		8.4	빌 클린턴 전 미국 대통령 방북
		9.3	북한, UN 안보리 의장에게 전달한 편지 통해 "폐연료봉의 재처리가 마감단계에서 마무리되고 있으며 추출된 플루토늄이 무기화되고 있다." 및 "우라늄 농축시험 성공"을 주장
		9.21	이명박 대통령, '그랜드 바겐(Grand Bargain)' 제안, "이제 6자회담을 통해 북핵 프로그램의 핵심 부분을 폐기하면서 동시에 북한에게 확실한 안전보장을 제공하고 국제지원을 본격화하는 일괄타격, 즉 '그랜드 바겐'을 추진해야 한다."
		9.30	북한 조선중앙통신, "남조선 고위당국자의 일괄타격(그랜드 바겐) 제안이 '비핵·개방·3000'의 답습으로 백해무익하다." 보도
		11.3	북한 조선중앙통신, "8,000대의 폐연료봉 재처리를 8월 말까지 성과적으로 끝냈다." 보도
		11.4	모하메드 엘바라데이 국제원자력기구(IAEA) 사무총장, 북한의 핵 문제를 해결하는 방안은 '패키지 딜(Package Deal)'이라 언급
		11.10	3차 연평해전(대청해전)
		12.11	국제 핵물질 위원회(IPFM) 「2009 국제핵물질보고서」, "북한이 2006년 10월에 실시한 1차 실험에서 플루토늄을 2kg 사용했으며, 2009년 5월에 실시한 2차 핵실험에는 5kg을 사용한 것으로 추정된다." 발표

	12.16	보즈워스 특별대표 방북결과 브리핑(미 국무부), "6자회담 재개시 비핵화와 연관된 모든 단계, 새로운 평화체제로의 진전, 평화협정, 에너지 및 경제적 지원 공급, 관계정상화를 논의할 것/평화협정 협상의 당사자는 4개국(한, 북, 미, 중)임을 6자회담 참여국 모두가 동의/비핵화 논의 재개시 우라늄 농축프로그램이 의제" 발표
2010	3.26	북한, 백령도 서남방 2.5km 해상에서 한국 1천200t급 초계함 천안함 격침. 대한민국 해군 40명 사망, 6명 실종
	5.12	북한 노동신문 "자체 기술로 핵융합 반응 성공" 주장
	10.8	미 과학국제안보연구소(ISIS), 보고서 통해 "북, HEU 개발 실험실 단계 넘어" 주장
	11.17	잭 프리처드 미국 한미경제연구소(KEI) 소장, "북한이 2012년 목표로 영변 지역에 100MW 규모의 실험용 경수로 건설 추진 중" 주장
	11.21	지그프리드 해커 스탠퍼드대 국제안보협력센터 소장, "9~13일 방북 시 영변에서 수백 개의 원심분리기가 설치된 것 목격" 주장
	11.23	북한, 연평도의 남측 군부대 및 민간인 거주지역 포격 도발 해병대원 2명 및 민간인 2명 사망, 19명 중경상
3차 위기 2011	1.5	북한, 남북 당국간 회담을 위한 실무접촉과 적십자회담 개최를 남측에 정식으로 제의
	1.10	한국, 연평도·천안함 사건과 북핵 문제를 의제로 한 남북 당국간 회담 개최를 북측에 역제안
	7.7	파키스탄 압둘 카디르 칸(Abdul Qadeer Khan) 박사, "북한, 1998년 파키스탄으로부터 핵기술 확보를 위해 파키스탄 군 수뇌부에 현금 350만 달러(32억 원)와 보석 등 뇌물 전달"
	7.28	뉴욕 북미 고위급 대화, 미, 우라늄 농축 임시중지 등 요구 북, 이에 대해 대북제재 임시중지, 식량제공(미국이 3년 전 공약했던 50만 톤 중에서 미달된 33만t) 제시
	10.24~26	북·미 2차 고위급 대화(스위스 제네바), "우라늄 농축프로그램(UEP) 중단, IAEA사찰단 복귀, 핵·미사일 실험 중지 등 비핵화 선행조치 및 6자회담 재개" 등 협의
	11.7	IAEA, 「이란 핵 보고서」 발표, "이란이 핵무기 개발 작업을 진행, 북한과 구소련, 파키스탄 과학자들의 도움을 받아 핵무기 개발에 필요한 핵심기술을 확보한 것으로 판단"
	12.17	김정일 국방위원장 사망
2012	2.29	「2.29 합의」 9.19 공동성명 이행, 정전협정 준수, 평화협정 체결
	4.11	김정은 노동당 제1비서 추대
	4.13	북한, 헌법에 핵무기 보유국 명시 장거리 로켓 '은하 3호' 발사(실패로 판명)
	4.16	UN 안보리, 북한 장거리 로켓발사 강력 규탄, 의장성명 채택

3차 위기	2012	5.4	UN 안보리 5개 상임이사국, 북에 핵실험 자제 촉구 공동성명 (오스트리아 빈)
		5.30	북, 개정 헌법에 '핵 보유국' 명기
		10.8	한·미 당국, 탄도미사일 협상 타결, "한국군 탄도미사일 사거리를 현재의 300km에서 800km로 연장 합의, 탄두 중량은 사거리 800km 기준, 기존 500kg 제한 유지"
		12.12	북한, 장거리 로켓 '은하 3호' 발사 성공, 정상궤도 진입
	2013	1.22	UN 안보리 대북제재 결의 2087호 채택
		1.23	북한 외무성, "6자회담, 9.19 공동성명은 사멸되고 조선반도 비핵화는 종말을 고하였다" "앞으로 조선반도 비핵화를 논의하는 대화는 없을 것" 밝힘
		2.12	**북한, 3차 핵실험 실시**
		3.5	북한, '정전협정 백지화' 선언
		3.7	UN 안보리, 대북제재 결의(2094호), "기존보다 더 확대된 금수조치 및 금융제재, 북한 외교관들의 위법·이상행위 감시 강화"
		3.22	'한미공동 국지도발대비계획' 합의
		3.31	북한 당중앙위 전원회의, '핵무력과 경제건설 병진노선' 채택 "자위적인 핵 보유를 영구화하고 그에 토대하여 경제강국건설에서 결정적 승리를 이룩해 나가자"
		4.1	북한 최고인민회의, ≪자위적 핵보유국의 지위를 더욱 공고히 할 데 대하여≫의 법령 채택
		4.2	북한, 영변 5MWe 원자로 재가동 조치
		4.8	개성공단 폐쇄
		5.10	중국의 4대 국유 은행 모두 대북 송금 업무 중단 해당 은행: 중국은행·건설은행·농업은행·공상은행
		9.16	개성공단 재개
		12.12	북한, 장성택 처형
	2014	4.28	추궈훙(邱國洪) 주한중국대사, "중국은 북한이 핵무기를 개발하고 미사일 발사나 핵실험을 갖고 다 른 나라를 위협하는 것에 반대", "우리는 북한의 동선을 예의주시하면 서 북한을 설득하기 위한 많은 노력을 기울이고 있음"
		5.10	젠 사키 미 국무부 대변인, 북한과의 대화 재개 가능성에 대해 "북한에 대한 우리의 시각은 바뀌 지 않았다"며 "북한이 비핵화에 대해 진정한 의지를 갖고 있다는 증거 를 보여주지 못하고 있다"고 지적
		7.28	황병서 군 총정치국장, "자주권 위협하면 美 본토 핵공격 할 것"
		8.27	미 정치·군사전문 웹진 '워싱턴 프리 비컨', 잠수함 발사 탄도미사일 (SLBM)을 북한이 보유하고 있다는 관측을 제기. SLBM을 전력화하기 위한 수직발사대를 설치할 수 있는 3천t급 이상의 잠수함 개발가능성 언급

		5.3	북한, 국가우주개발국 위성관제종합지휘소 개관
		5.9	북한, 잠수함발사탄도미사일(SLBM) 수중 사출 시험발사
		8.4	북한, 비무장지대(DMZ) 목함지뢰 도발, 국군 2명 부상
		8.10	한국, 대북방송 확성기 설치 및 방송 개시
3차 위기	2015	8.20	북한, 경기 연천에 직사·곡사포 포격, 총참모부 명의 48시간 '최후통첩,' 확성기방송 중단 요구하며 48시간 내 군사적 행동 위협
		8.21	오후 4시 북한 김양건 통일전선부장 명의로 김관진 국가안보실장에게 판문점에서 남북 고위당국자 접촉 제의
		8.22	남북 고위급 접촉 발표 남, 김관진 국가안보실장, 홍용표 통일부장관 북, 황병서 총정치국장, 김양건 노동당 대남담당비서
		8.25	48시간의 마라톤 협상 끝에 '남북합의 공동보도문' 발표 북한은 비무장지대 지뢰로 부상당한 한국 장병에게 유감 표명 남한은 확성기 대북방송 중단
		12.?	북한, 잠수함발사탄도미사일(SLBM) 수중 사출 시험발사
4차 위기	2016	1.6	**북한, 4차 핵실험 실시(수소탄 완전 성공 주장)**
		2.7	북한, 장거리 로켓 '광명성' 발사 성공, 정상궤도 진입
		2.10	한국, 개성공단 전면중단 조치 발표

북한의 1~4차 핵실험 비교

구분	1차 핵실험	2차 핵실험	3차 핵실험	4차 핵실험
지진파 (리히터 규모)	3.9	4.5	4.9	4.8
시기	2006.10.9	2009.5.25	2013.2.12	2016.1.6
TNT로 환산한 추정위력	1kt 이하	3~4kt	7.9kt	6~7kt
핵무기 종류	원자폭탄	원자폭탄	원자폭탄	증폭핵분열탄 (추정)
사용원료	플루토늄	플루토늄	고농축우라늄 (추정)	우라늄 또는 플루토늄, 중수소 등 핵융합 물질 포함
사전통보 여부	4시간 전 중국에 통보	30분 전 미·중에 통보	14시간 전 미·중·러에 통보	통보하지 않음

【부록 3-3】언론보도로 살펴본 북한의 핵무기 보유 추정치

보도일자	보도매체	핵무기 수	정보 출처
2003.05.09	산케이신문	2개	3자회담 북한대표[1]
2003.07.05	경향신문	불확실 (핵보유)	황장엽(전 노동당 비서)
2004.02.22	드러지 리포트 (drudge report)	2~4개	미 국방부 정보국 보고서[2]
2004.10.02	연합뉴스	최대 1개	찰스 카트먼(한반도에너지개발기구 사무총장)
2004.10.09	연합뉴스	4~7개	존 케리(당시 민주당 대선후보)
		6~8개	존 에드워즈(당시 민주당 부통령후보)
2005.02.11	문화일보	1~2개	한국 외교부/국방부 미 국무부
		2~9개	미 과학국제안보연구소(ISIS)
2005.02.21	동아일보	12~15개	미 국방정보국(DIA)
2005.06.08	ABC	비밀 (핵보유)	김계관(북 외무성부상)
2005.08.28	세계일보	불확실 (증거 없음)	SIPRI Yearbook 2005 edition 셰넌 카일(SIPRI 연구원)
2006.03.01	헤럴드경제	2개 이상	존 니그로폰테(미 국가정보국장)
2008.07.23	CBS	8개	버락 오바마(당시 민주당 대선후보)
2009.09.11	한겨레	최대 10개	한스 크리스텐슨(미국과학자협회 연구원) 로버트 노리스(자연자원방위협의회 연구원)
2009.12.28	동아일보	3개 (1999년)	압둘 카디르 칸(파키스탄 핵 과학자)
2010.04.12	동아일보	1~6개	힐러리 클린턴(미 국무장관)
2010.10.22	일본경제신문 (日本経済新聞)	8~10개	데니스 블레어(前 미 국가정보국장)
2010.01.22	세계일보	6~10개	과학기술정책연구원(STEPI)
2011.11.02	영·미안보정보 협의회 (영국 민간 연구기관)	최소 6개	British American Security Information Council

---

1) 일본의 산케이신문은 2003년 4월 베이징에서 열렸던 3자회담 당시, 북한이 핵폭탄을 2개 가지고 있다는 사실을 미국 측에 통보했다고 보도했다.
2) 미국 인터넷 매체 〈드러지 리포트〉는 워싱턴 타임스의 미 국방부 출입 베테랑 기자 로원 스카버러는 곧 발매될 자신의 저서 『럼즈펠드의 전쟁』에서 미 국방부의 한 정보국 보고서를 인용하여 "북한은 사거리가 제한된 핵무기 2~4기와 공격용 생화학 무기 공장 1개를 보유하고 있음이 미 국방부 정보보고서에서 나타나 있다"고 전했다.

┃ 제**4**장 ┃

21세기 일본의 안보정책:
탈고전적 현실주의 시각*

I. 머리말

국제정치학의 여러 사조 가운데 가장 강력한 패러다임으로 신현실주의를 꼽는 데에 반대하는 연구자들은 많지 않을 것이다. 신현실주의 이론들은 생존을 위한 군사력의 추구라고 하는 보편적 행위동기를 중심으로 국가의 의사결정을 설명해 왔다. 특히 안보 영역과 강대국 정치의 영역에 대하여 유용한 설명을 제공해 왔다. 그로 인해 패전의 경험을 딛고 경제 강국으로 부상한 전후 일본의 안보정책 또한 많은 신현실주의 연구자들의 관심 대상이 되었고 다수의 이론가들은 일본의 군사대국화를 예견했다. 그러나 전후 일본의 정책 동향은 신현실주의 이론가들의 예측과 어긋나는 방향으로 진행

---

* 이 글은 남궁영·김준영, "탈고전적 현실주의 시각에서 본 21세기 일본의 안보정책,"『세계지역연구논총』 제30집 1호(2012)를 수정·보완한 것이다.

되었고 전후 일본의 안보정책은 예외적 사례로 취급되는 경향이 강했다. 이를 보완하기 위한 신현실주의 연구자들의 노력은 현상에 대한 불완전한 설명에 그치거나 이론의 논리적 정합성을 해치는 결과를 낳았다.

이로 말미암아 일본 안보정책에 대한 연구는 신현실주의보다는 구성주의 또는 국내정치적 접근에 치중되어 왔다. 그 결과 일본 안보정책에 대한 많은 연구들은 신현실주의가 제시하는 국가의 보편적 성격 또는 국제체제의 구조와 같은 국가 외적 요인의 영향보다 국내정치적 요인 또는 일본의 문화적 특수성을 정책 결정요인으로 제시하였다. 그러나 일본의 국내적 특수성에 대한 강조는 일본의 이질성을 부각시키는 결과를 가져왔다. 요컨대 국가 행위자로서의 보편적 합리성이 간과되면서 일부 연구자들 가운데에서 일본은 다른 강대국들과는 다르다는 인식이 형성되었다. 분명 전후 일본은 안보정책에 있어 국내외적으로 전범국·패전국으로서의 제약을 받았지만, 한편으로 이 같은 제약 속에서도 국가 이익의 극대화를 위해 계속 노력해왔다. 그러나 일본에 대한 차별적 인식은 미국에 의존적인 안보정책에 대한 시각과 결합하여 일본의 합리적 안보정책의 존재, 또는 안보정책의 주도력 자체에 의문을 품는 시각으로 이어졌다.

하지만 이와 같은 '편견'의 형성을 구성주의 및 대안적 이론들 탓으로만 돌릴 수는 없을 것이다. 신현실주의 지지자들이 자신의 시각을 바탕으로 일본 안보정책의 합리성에 대한 적확한 설명을 이끌어내지 못하였다는 데에 근본적 원인이 있기 때문이다. 이 글은 다음과 같은 의문에서 출발한다. 첫째, 전후 일본은 왜 군사적 강대국을 지향하지 않았는가? 둘째, 일본의 외교 정책을 합리주의적 이론 틀 안에서 설명할 방법은 없는가? 이에 이 글의 목적은 신현실주의를 근간으로 분파된 이론 가운데 하나인 '탈고전적 현실주의(postclassical realism)'가 일본 연구에 대한 기존 신현실주의 이론가들의 어려움을 해결할 수 있는 대안임을 논증하는 데 있다. 이와 동시에 일본의 안보정책이 합리적 선택의 결과물임을 설명하는 데에 목적이 있다. 이를 위해 여기에서는 탈고전적 현실주의에 입각하여 2001년 이후 약 10여 년간의 일본 안보정책을 분석하고자 한다.

II. 일본 안보정책에 대한 기존 연구의 한계

1. 기존 신현실주의 이론들의 한계

1950년대 초 일본은 전후 처리조차 마무리하지 못한 채 군사적·경제적으로 매우 취약한 국가였다. 소련의 확장주의적 위협에 단독으로 안보를 구축하기란 불가능했고, 미국에 의존하는 형태의 미·일 동맹은 피할 수 없는 선택이었다. 일본은 1960년대를 거치면서 급격한 경제성장을 이룩하였고, 1968년 세계 2위의 경제력을 보유한 국가로 올라선 이래 2009년까지 42년간 GDP 순위 2위를 유지하며 명실상부한 경제 강국의 지위를 유지해 왔다.

신현실주의 패러다임 내의 기존 이론들은 일본이 성장하는 경제적 역량을 바탕으로 미국에 대한 안보 의존에서 벗어나 군사적 강대국을 지향할 것이라고 예상했다.[1] 신현실주의자들이 볼 때 국가 능력이 뒷받침하는 한 동맹은 선택일 뿐 강대국화는 필연적인 것이었다. 그러나 일본은 군사력 증강에 제한적인 태도를 견지해 왔다. 1976년 미키(三木武夫) 내각은 방위비의 상한선을 GNP의 1% 수준으로 정하였고, 1986년 나카소네(中曽根康弘) 내각에서 이듬해 방위비를 GNP의 1.004%로 책정할 때까지 이러한 기조는 계속 유지되었다. 이마저도 국내외적인 반발에 부딪히면서 이후 일본의 방위비는 GDP 대비 0.9~1.0% 정도의 수준을 유지해 왔다. 더욱이 전력(戰力)의 보유 및 군사적 역할은 이른바 평화헌법으로 불리는 '헌법 9조'에 의해 지금까지도 계속 제약되고 있으며, 미·일 동맹은 탈냉전 이후 역외로

---

1) 대표적으로 다음과 같은 연구들이 있다. Herman Kahn, *The Emerging Japanese Superstate: Challenge and Response* (Englewood Cliffs: Prentice Hall, 1970); Kenneth N. Waltz, "The Emerging Structure of International Politics," *International Security*, Vol.18, No.2(Autumn 1993), pp.44-79; Kenneth N. Waltz, "Structural Realism after the Cold War," *International Security*, Vol.25, No.1 (Summer 2000), pp.5-41.

활동 영역을 넓히면서 강화되는 추세에 있다. 일본이 중립화되거나 유일 패권국으로 등장한 미국에 맞서서 균형정책을 취하는 일은 발생하지 않았다. 군사적 강대국화의 가장 상징적인 행위라고 할 수 있는 독자적 핵무기 개발 또한 이루어지지 않았다.

일본의 안보정책에 대해 기존의 신현실주의 이론들이 설명의 어려움을 겪는 핵심적 이유는 국가의 위협 인식에 대한 이론의 가정에 있다. 신현실주의 이론들은 공통적으로 국제정치를 무정부상태로 파악한다. 무정부상태는 국가의 공격 행위를 억제할 수 있는 상위의 권위체가 없기 때문에 무력 충돌의 가능성이 상존하는 상태이다.[2] 침략 발생은 의도에 좌우되지만 어떤 나라도 타국의 의도를 확실하게 알 수 없으며 의도는 언제든지 변할 수 있다고 설명한다. 케네츠 월츠(Kenneth N. Waltz)의 구조적 현실주의(structural realism)는 무정부상태가 홉스의 주장처럼 항상 전쟁상태인 것은 아니지만, 언제 전쟁이 일어나도 이상할 것이 없는 상태라고 본다.[3] 따라서 국가는 항상 타국의 침략을 두려워하고 최악의 상황을 대비해야만 한다. 이때 적의 침략에 대응할 수 있는 수단은 군사력밖에 없기 때문에 국가는 항상 군사력을 통한 안보의 확보를 최우선시한다는 논리가 성립된다.

공격적 현실주의(offensive realism) 또한 같은 가정에서 출발한다.[4] 존 미어셰이머(John J. Mearsheimer)는 무정부상태에서 잠재적 침략국을 억제하는 것이 불가능하다는 점에서 국가는 침략의 희생물이 될지도 모른다는 '두려움(fear)'을 갖는다고 설명한다. 그리고 이 같은 두려움이 국가로 하여금 생존을 위해 상대적 힘, 군사력의 우위를 무한정 추구하게 만든다고 주장한다. 힘이 가장 강력한 국가인 패권국만이 잠재적인 적국의 도전을 억제하

---

2) Kenneth N. Waltz, *Man, the State, and War: A Theoretical Analysis* (New York: Columbia University Press, 1959), p.188.

3) Kenneth N. Waltz, *Theory of International Politics* (Reading: Addison-Wesley, 1979), pp.102, 111.

4) John J. Mearsheimer, *The Tragedy of Great Power Politics* (New York: Norton, 2001).

고 자국에 유리한 안보환경을 구축할 수 있기 때문이다.5) 국가의 행동에
대한 설명은 다르지만 두 이론 모두 국가가 항상 타국의 침략을 두려워하고
있다는 동일한 가정을 전제로 한다. 스티븐 브룩스(Stephen G. Brooks)는
이와 같은 가정을 '최악의 상황 가정(worst-case assumption)'이라고 칭한
다.6) 각각의 이론에 따라서 군사력의 극대화인가 균형의 추구인가의 차이만
있을 뿐, 최악의 상황을 가정하는 한 국가는 항상 군사력의 증가라는 같은
결정을 반복하게 된다.

　최악의 상황 가정에서 비롯되는 일본 안보정책 분석의 문제를 해소하기
위해 신현실주의자들도 다양한 해석을 시도하였다. 그중 가장 눈에 띄는 것
이 공격적 현실주의자들의 논의이다. 미어셰이머는 『강대국 국제정치의 비
극(*The Tragedy of Great Power Politics*)』에서 일본은 강대국이 아니라
는 평가를 내렸다. 비록 일본이 경제적으로 풍족하지만 상대적으로 약한 군
사력을 보유하고 있으며 국가 안보의 큰 비중을 미국에게 의존하고 있다는
것이 그의 판단 근거이다.7) 미어셰이머의 공격적 현실주의 이론은 주로 지
역적 패권을 추구하는 강대국들의 행위에 초점을 두고 있다. 따라서 강대국
이 아니라고 분류할 때 일본은 이론을 해치지 않는 예외가 될 수 있다. 그러
나 일본을 강대국이 아니라고 정의한다면 공격적 현실주의는 일본이 왜 강
대국이 되지 않았는가를 설명할 수 있어야 한다. 1960년대 이후의 일본은
군사적 강대국을 지향하기에 충분한 외부 위협과 자원을 갖고 있었고 오늘
날까지도 그러하기 때문이다.

　한편으로 제니퍼 린드(Jennifer M. Lind)는 전후 일본의 선택을 '책임전
가(buck-passing)' 전략을 통해 설명한다.8) '책임전가'는 공격적 현실주의를

---

5) Mearsheimer(2001), pp.29-36.
6) Stephen G. Brooks, "Dueling Realisms," *International Organizations*, Vol.51, No.3 (Summer 1997).
7) Mearsheimer(2001), pp.55-56.
8) Jennifer M. Lind, "Pacifism or Passing the Buck? Testing Theories of Japanese Security Policy," *International Security*, Vol.29, No.1(Summer 2004).

바탕으로 하는 이론으로서, 국가가 위협에 대한 대응 역할, 즉 '책임'을 타국에 전가함으로써 국력의 보전과 상대적 우위의 확보를 도모하는 전략을 뜻한다. 공격국과 이에 대한 대응의 책임을 맡은 국가들은 결국 무리한 경쟁과 충돌로 인해 국력이 쇠락하게 되며 국가는 이를 방조함으로써 상대적인 이익을 얻을 수 있다는 것이다. 이를 일본에 적용한다면 일본은 세력균형이 불리할 때 균형 회복을 위한 비용을 최대한 동맹국이 지불하도록 유인할 것이며, 이를 통해 다른 국가의 국력을 소모시키고 스스로는 장기적으로 국력을 성장시킬 기회를 확보할 것이다. 나아가 일본은 미국에 책임전가를 지속하다가 오직 미국이 자국의 위협요소를 제어해줄 역량이 없다고 판단할 때 군비를 증강할 것이라는 예측이 가능하다.[9]

린드는 1950~70년대 사이 소련의 위협이 상대적으로 낮았을 때 일본은 군비지출에 대해 제한적인 태세를 취했으나 소련의 위협이 증가하고 미국으로부터의 보호가 약화되는 1970~80년대 사이에는 군비를 증강시켰다고 설명한다. 일본의 군비지출 동향은 대체적으로 책임전가 가설의 추측에 부합되는 움직임을 보였으며, 따라서 그의 연구는 일본의 안보정책에 책임전가에서 설명하는 합리성이 내포되어 있었다는 결론을 이끌어낼 수 있었다. 그러나 린드의 연구는 역설적으로 기존 신현실주의 이론들의 한계를 보여준다. 국가가 책임전가 전략에 따라 움직였다면 왜 그와 같은 전략이 선택되었는가에 대한 설명이 필요한데, 이에 대한 공격적 현실주의의 설명은 불완전하기 때문이다. 미어셰이머는 국가가 책임전가 전략을 선택하는 원인에 대해 "잠재적 패권국의 도전이 없는 다극체제의 경우, 그리고 위협에 당면한 나라들이 침략국과 공통의 국경선을 공유하고 있지 않은 경우 흔히 나타난다"고 설명한다.[10]

여기에서 미어셰이머는 다극체제라고 하는 국제정치적 구조와 국경선이라고 하는 지리적 요인을 국가의 행동 선택에 영향을 주는 요인으로 포함시

---

9) Lind(2004), p.106.

10) Mearsheimer(2001), p.267.

키는데, 이는 국가가 느끼는 위협의 정도가 다른 요인에 의해 변화될 가능성에 대한 암묵적 긍정이다. 국가가 판단하는 위협의 정도가 추가적 조건에 따라 변화할 수 있다는 논리는 그가 이론 구축을 위해 정의한 '최악의 상황 가정'에 부합하지 않는다.[11] 그는 책임전가를 일종의 예외적인 현상으로 취급하지만, 그의 설명처럼 책임전가는 자주 발생하였다. 따라서 이에 대한 이론적 규명이 요구되고 있다.

2. 구성주의 및 국내적 특성 기반 연구의 한계

신현실주의 연구들의 경우와 반대로, 전후 일본 안보정책은 구성주의 및 국내적 특성을 중심으로 한 연구들을 뒷받침하는 사례로 자주 활용되었다.[12] 켄트 캘더(Kent E. Calder)는 1980년대까지 일본의 대외 경제정책을 분석하면서, 경제적 강대국으로서 국제경제체제에 영향을 줄 수 있는 충분한 역량이 있음에도 불구하고 일본이 독립적인 대외경제정책을 수립하지 못

---

11) Mearsheimer(2001), pp.267-269.
12) 국내정치적 요인에 초점을 맞춘 연구로는 Kent E. Calder, "Japanese Foreign Economic Policy Formation: Explaining the Reactive State," *World Politics*, Vol.40, No.4(July 1988); Peter F. Cowhey, "Domestic Institutions and the Credibility of International Commitments: Japan and the United States," *International Organization*, Vol.47, No.2(Spring 1993); Sun-Ki Chai, "Entrenching the Yoshida Defense Doctrine: Three Techniques for Institutionalization," *International Organization*, Vol.51, No.3(Summer 1997); 이기완, "일본 국내정치의 동학과 미일안보체제,"『국제지역연구』제11권 2호(2007); 구성주의적 연구로는 Glenn D. Hook, "The Erosion of Anti-Militaristic Principles in Contemporary Japan," *Journal of Peace Research*, Vol.25, No.4(December 1988); Thomas U. Berger, "From Sword to Chrysanthemum: Japan's Culture of Anti-Militarism," *International Security*, Vol.17, No.4 (Spring 1993); Peter J. Katzenstein and Nobuo Okawara, "Japan's National Security: Structures, Norms, Policies," *International Security*, Vol.17, No.4(Spring 1993); Akitoshi Miyashita, "Where Do Norms Come from? Foundations of Japan's Postwar Pacifism," *International Relations of Asia-Pacific*, Vol.7(2007) 등이 있다.

했다고 주장하였다. 오히려 일본의 정책결정은 외부로부터의 변화 압력에 반응하는 특성을 갖고 있다고 보았다. 그는 이를 근거로 일본을 '반응적 국가(reactive state)'라고 결론내렸다. 그리고 구조적으로 유사한 위치에 있는 서유럽 선진국들과 비교할 때 유독 일본이 수동적 태도를 보이는 원인으로 국가 내부의 분할적인 권력 구조로 인한 정책 결정자의 결단력 약화를 지적하였다.[13] 국내 정치적 특성이 일본의 행위를 다르게 만드는 원인이라는 설명이다. 피터 카첸스타인(Peter J. Katzenstein)과 노부오 오카와라(Nobuo Okawara)는 일본의 외교정책을 결정해 온 요인이 국제정치의 구조보다 국내정치적 구조 및 규범에 있으며, 이와 같은 규범은 일본의 역사적 경험에 의해서 형성되었다고 주장한다. 일본이 냉전 중 급격한 경제성장에도 불구하고 군비증강을 억제한 배경에는 제2차 세계대전의 패전으로 인해 나타난 반군사주의(anti-militarism)적 문화가 작용했다는 설명이다.[14]

아키토시 미야시타(Akitoshi Miyashita)는 1950년대부터 2000년대 초엽에 걸쳐 진행된 일본 국민들을 대상으로 한 여론조사 결과의 추이를 바탕으로 일본의 안보정책에 대중의 경험이 갖는 영향력의 검증을 시도하였다. 미야시타는 전후 헌법 9조 유지와 비핵화로 대표되는 일본의 평화주의정책은 일본 대중들이 미국과의 동맹으로 인한 장기간의 평화를 경험함으로써 가능했다는 주장을 편다.[15] 이는 앞서 패전의 경험을 원인으로 주장한 카첸스타인·오카와라의 연구와 상반된 결과를 제시한다는 점에서 흥미롭다.

이와 같이 구성주의적 접근 및 국내적 특성 기반의 연구들은 공통적으로 일본만의 특수성을 정책 결정의 원인으로 지목한다.[16] 이들은 일본 안보정

13) Calder(1988), pp.528-532.
14) Katzenstein and Okawara(1993), pp.85-88.
15) Miyashita(2007), pp.107-113.
16) 구성주의에서는 이와 같은 특수성을 국가의 정체성과 이익이라는 개념으로 정의한다. 국가가 가진 정체성과 이익에 따라 해당 국가에게 있어 다른 국가는 물론 무정부 상태와 같은 국제체제가 갖고 있는 속성의 의미가 달라지며, 따라서 국가의 행위 또한 달라진다고 주장한다. Alexander Wendt, "Anarchy is What States Make of It: the social construction of power politics," *International Organization*, Vol.46, No.2(Spring

책에 대한 영향요인으로서 전범국이 국제사회로부터 받는 제약과 일본 국내의 광범위한 평화주의 여론에 주목하는 견해들을 설득력 있게 뒷받침한다. 그러나 이와 같은 특수성 중심의 논의들이 일본 안보정책에 대하여 충분한 설명을 제공하는가에 대해서 또한 반론의 여지가 있다.

첫째, 전범국에 대한 국제사회의 경계에 초점을 맞추는 시각의 경우, 그와 같은 경계가 신현실주의에서 설명하는 '최악의 상황 가정'과 차별화될 수 있는가에 대한 문제를 제기할 수 있다. '전범국' 논의는 과거 전쟁을 일으킨 경험이 있는 국가가 재차 전쟁을 일으킬 가능성을 우려하여 주변 국가들이 전범국의 군사적 동향에 민감하게 반응하고, 외교적으로 압력을 행사하고자 한다는 데에 논리의 핵심이 있다. 그러나 전술한 바와 같이 신현실주의는 국가가 항상 '최악의 상황'을 상정한다고 보는데, 이에 따르면 일본 주변의 모든 국가는 항상 일본의 군사력이 공격적으로 변할 가능성을 우려하고 일본의 군사적 동향에 민감하게 반응한다고 가정된다. 따라서 이론적으로 '전범국' 논의는 신현실주의 가정과 차별화되기 어렵다.

둘째, 일본 국내의 평화주의 여론을 중심으로 한 논의에 대해서는 이 같은 국민감정이 안전보장을 위한 군사력의 현실적 필요성에 맞서 얼마나 큰 영향력을 발휘하였는지가 불확실하다는 문제를 제기할 수 있다. 린드는 전후 20세기 일본의 방위비 지출과 군사력 수준이 다른 경제 강국들과 비교할 때 소득 대비 지출 비중(GNP 또는 GDP 대비)에서는 높은 편이 아니지만, 방위비의 상대적 효용을 비교할 때 주변 열강들의 위협에 대응하기에 충분한 수준이었음을 지적한다.[17) GNP 대비 1%라는 수치의 평화주의적 상징성보다 주변 경쟁국들과 비교를 통해 평가되는 실제 방위비의 상대적 크기

1992), pp.396-403; Alexander Wendt, "Constructing International Politics," *International Security*, Vol.20, No.1(Summer 1995), pp.20-22 참조.

17) Lind(2004), pp.94-101. 린드는 한 가지 예로 2000년 주요 국가들의 국방비 지출을 구매력 환산 GDP를 기준으로 평가한다. 2000년 일본의 방위비 역시 GDP 대비 1%에 머물렀지만, 환산된 액수를 기준으로 볼 때 그해 일본의 방위비 지출액은 미국, 러시아에 이은 세계 3위 수준으로 평가된다.

와 효용이 더욱 중요하다는 분석이다. 만약 안보정책에 있어 군사력의 현실적 필요에 비해 전후 평화주의의 영향력이 더욱 강했더라면, 일본의 방위비 상한선은 1%보다 낮은 수준에서 책정되었을 것이라고 추론할 수 있다. 그러나 정치적으로 전후 평화주의자들을 대변해 온 사회당의 의회 내 입지는 탈냉전을 기점으로 오히려 크게 감소하였고, 이들이 주장했던 전력의 포기 및 영세중립국화 또한 일어나지 않았다. 따라서 신현실주의적 설명에 "왜 일본은 강대국이 되지 않았는가?"라는 문제제기가 가능하듯이 전후 평화주의 중심의 설명에는 "왜 일본은 평화적 영세중립국이 되지 않았는가?"라는 문제를 제기할 수 있다. 일본이 실제로 수행해 온 군비 지출에 대한 설명에 어려움이 있는 것이다.

요컨대 전후 일본 안보정책이 보여준 '제한적 군비증강'이라는 현상에 대해서 신현실주의 연구들은 자력 안보구축의 필요성을 바탕으로 '군비증강'에 주목하였고, 구성주의 및 국내적 특성 중심의 연구들은 국제사회 및 국내적 여론에 의한 '제한'에 주목하였다. 즉, 각각의 이론적 시각은 현상을 양면적으로 분할하듯이 관찰하고 있으며 각각의 연구에 제기되는 질문들은 결국 해당 연구에서 주목하지 않은 다른 일면에 대한 설명의 요구이다. 따라서 보다 발전된 이론은 기존 연구들이 제한과 군비증강으로 양분하여 설명한 현상을 함께 설명할 수 있어야 한다. 본 연구는 탈고전적 현실주의 시각을 바탕으로 일본 안보정책의 '제한적 군비증강'을 설명하고자 한다.

III. 탈고전적 현실주의 시각

1. 탈고전적 현실주의의 이론적 특징

탈고전적 현실주의는 1997년 브룩스가 제시한 이론이다. 1980~90년대 진행된 신현실주의 이론에서의 여러 논의 가운데 국가 행위를 추동하는 기본 가정의 측면에서 월츠의 구조적 현실주의와는 맥락을 달리하는 논의들의 공통점을 추려 하나의 이론적 체계로 정리한 것이다.[18] 구조적 현실주의는 자력 안보의 추구라는 국가의 가장 특징적인 행위를 합리적으로 설명한다. 구조적 현실주의가 주장하는 국가의 행동 원리는 다음과 같다. 모든 국가는 동질적이며 합리적이고 이기적인 불가분의 존재이다. 이는 곧 국가가 개인 또는 이익집단과 같은 개별적 행위자들로 분할되는 것이 아니라 국제사회에서 독립적인 주체로 존재한다고 가정하는 것이다. 이 같은 존재 가정에 의해 각국의 국내적 차이점은 모두 무시되며, 개별 국가의 유의미한 특성은 오직 국력(capabilities)으로 정의된다. 따라서 국가의 모든 외교적 행동은 국제체제의 국력 배분 상태, 즉 '구조(structure)'에 의해 결정되며 국제정치에서 유사한 위치에 있는 국가들은 동일하게 행동한다. 국제체제는 무정부 상태이며 자조체제(self-help system)이다. 따라서 어떠한 국가도 잠재적인 적이 될 수밖에 없으며, 생존을 담보 받을 수 없기에 안보를 최우선 목표로 추구한다. 이때 국내정치의 역학관계, 이데올로기, 제도, 역사적 경험과 같은 현실 속 국가의 다른 특성들은 별로 중요하지 않다. 구조적 현실주의는 경제력이 증가하는 국가는 그에 맞춰 군사력을 증강시킬 것이며, 강대한 세력의 위협에 맞선 균형을 추구한다고 주장한다.[19] 브룩스에 따르면 탈고전적 현실주의는 구조적 현실주의와 다음의 가정을 공유한다.[20]

첫째, 체제적 시각(systemic focus)[21]

---

18) Brooks(1997), pp.445-446. 월츠의 구조적 현실주의는 국제정치 연구에서 구조의 중요성을 처음으로 체계화한 이론으로 신현실주의로 분류되는 모든 이론들의 바탕이 된다.

19) Waltz(1979), pp.72-126.

20) Brooks(1997), p.446.

21) 브룩스는 '체제적(systemic)'이라는 용어와 '구조적(structural)'이라는 용어를 구분하여 사용하고 있다. 그에 따르면 '체제적' 분석은 국내적인 영향요인을 무시하고 국제적 영향요인에 초점을 맞추는 분석을 의미하며, '구조적' 분석은 국제체제를 형성하는

둘째, 국가를 국제정치의 주된 행위자로 보는 시각

셋째, 국제정치를 태생적으로 경쟁적으로 보는 시각

넷째, 국가 행위에 대한 영향요인으로 비물질적 요인들보다 물질적
요인들을 강조하는 시각

다섯째, 국가의 성격을 자조(自助)적인 이기적 행위자로 보는 시각

탈고전적 현실주의도 국가를 불가분의 합리적 행위자이며 동질적인 존재
로 가정한다. 그러므로 국가는 국내적 특성이 아니라 국제적 요인에 의해
행위를 결정하게 된다는 시각을 견지한다. 그러나 탈고전적 현실주의는 위
에 나열된 구조적 현실주의의 가정만으로는 자조체제하에서의 국가행위를
보다 구체적으로 설명하는 데 한계가 있음을 지적한다. 요컨대 실제 현상에
서 국제체제가 경쟁적인 정도는 다양하게 존재하고 국가가 추구하는 목표
또한 획일적이지 않은데 구조적 현실주의는 국가를 너무 단순하게 가정하고
있다는 것이다. 탈고전적 현실주의는 국가의 행동원리에 대해 다음과 같은
세 가지 가정을 제시한다.

첫째, 국가의 안보정책은 외침 가능성의 정도에 따라서 합리적으로 결
정된다.

둘째, 국가는 단기적 안보뿐만 아니라 장기적 목표 또한 중요하게 여
긴다.

셋째, 단기적인 안보 손실이 큰 위협이 되지 않을 것으로 판단될 때,
기대되는 경제적 투자 이익이 클 경우 합리적 정책결정자는 안
보보다 경제에 자원을 투자할 것이다.[22]

국가들 가운데 강한 영향력을 행사하는 강대국, 즉 '극(polarity)'의 역할에 초점을 둔
분석에 해당한다. 따라서 구조적이라는 용어는 체제적이라는 용어의 하위 개념이다.
Brooks(1997), p.446.

22) Brooks(1997), pp.446-447.

〈표 4-1〉 주요 신현실주의 이론들 간의 가정 비교

분류	방어적 현실주의	공격적 현실주의	탈고전적 현실주의
국제체제	경쟁적 무정부상태	경쟁적 무정부상태	경쟁적 무정부상태
국가	불가분의 이기적, 합리적 행위자	불가분의 이기적, 합리적 행위자	불가분의 이기적, 합리적 행위자
타국의 공격	항상 우려	항상 우려	조건부 우려
국가 목표	안보(군사력)	안보(군사력)	힘(군사력+경제력)
군비투자의 목표	억지력 확보	군사력의 극대화	조건에 따라 변화 (억지력 또는 정복)
전략의 우선순위	자력 안보 우선	자력 안보 우선	비용 효율적 전략 우선

출처: Waltz(1979); Mearsheimer(2001); Brooks(1997)

방어적 현실주의와 공격적 현실주의는, 국가는 잠재적 적국의 군사력이 증가할 때 자체적 군비증강을 통한 균형 전략을 최우선으로 추구한다. 반면 탈고전적 현실주의의 시각에서 볼 때 억지력 확보에 필요한 비용을 혼자서 부담해야 하는 자력 균형 형성은 최후의 선택이 된다. 또한 탈고전적 현실주의에서 합리적 의사결정자는 단기적인 안보 손실로 인한 위험성보다 장기적으로 기대되는 이익이 클 경우 군사적 준비상태를 '일정 수준' 희생할 수 있다.

2. 탈고전적 현실주의에 따른 국가의 행동 원리

이상과 같이 탈고전적 현실주의는 기존 신현실주의 이론이 전제하던 '최악의 상황 가정'을 보완한다. 탈고전적 현실주의가 제시하는 가정에 따르면 국가는 기존의 신현실주의 이론들과 달리 다음과 같은 특징적인 행동 원리에 따라 정책을 결정하게 된다.

1) 비용 효율성의 추구

국가가 단기적 안보를 중시함과 동시에 장기적 목표를 추구한다면, 국가는 단기적 안보를 최대한 적은 비용으로 성취하고자 노력할 것이다. 현재 소비되는 자원을 절약할수록 더 많은 자원을 미래의 이익을 위해 투자할 수 있기 때문이다. 따라서 국가는 비용 효율적 행위자이며, 안보 확보의 전략을 선택할 때 다음과 같이 행동할 것이다.[23]

〈행동 원리 1〉 국가는 안보를 확보할 수 있는 여러 전략 가운데 가장 적은 비용이 드는 전략을 선택한다.

2) 적국의 군비에 대한 민감성

탈고전적 현실주의는 외침의 발생 가능성이 기술적·지리적·경제적 조건에 따라서 변화한다고 가정한다. 따라서 만약 위 조건들에 의해 잠재적 적국의 공격 가능성이 제한된다면 국가는 잠재적 적국의 군비증강에 대하여 덜 민감하게 반응할 것이다. 군사력의 전체적인 규모보다 그 군사력이 갖고 있는 실질적인 위협의 가능성이 더욱 중요하기 때문이다.

〈행동 원리 2〉 예상되는 외부의 공격 가능성이 제한적일 때, 국가는 잠재적 적국의 군비증강에 민감하게 반응하지 않는다.

3) 안보딜레마 회피

가와사키 츠요시(Kawasaki Tsuyoshi)는 일본 안보정책에 대한 그의 연구에서 탈고전적 현실주의 가설을 바탕으로 안보딜레마에 대한 국가의 행동원리 가설을 도출하였다. 그에 따르면 국가는 안보정책 선택 시에 최대한 안보딜레마를 회피하는 선택을 내린다.[24] 안보딜레마는 서로 대립하는 국

---

23) Brooks(1997), pp.462-463.

24) Kawasaki Tsuyoshi, "Postclassical Realism and Japanese Security Policy," *The Pacific Review*, Vol.14, No.2(2001). pp.227-229. 가와사키는 20세기 후반 일본은

가들이 타국의 군비증강을 위협적으로 느끼고 이에 맞서기 위해 연속적으로 군비를 증강시키는 것으로, 국가 상호 간 경쟁적인 군비 소모가 시작되므로 비용 효율적이지 못함과 동시에 안보 불안도 지속되는 상황이다. 만약 잠재적 적국의 경제적 역량이 충분히 장기간의 군비경쟁을 감수할 수 있을 만큼 강하다면, 안보딜레마의 상황은 장기적으로 국가의 상대적 국력을 약화시키는 원인이 될 것이다.[25] 기존의 신현실주의 이론들에 따르면 국가는 안보딜레마의 여부와 관계없이 타국의 군비증강에 대응하기 위해 군비를 증가시킬 수밖에 없다. 그러나 탈고전적 현실주의 국가는 비용 효율성에 민감하며 따라서 안보딜레마를 최대한 회피하고자 노력한다. 안보딜레마를 회피하기 위해서는 상대국가에게 공격의 발생 가능성이 낮게 인식되도록 할 필요가 있다. 따라서 군비증강의 억제, 방어적 군사력 위주의 투자, 적에게 선제공격의 의사가 없음을 보이기 위한 외교적 노력 등이 가능한 방법이 될 수 있다.[26]

〈행동 원리 3〉 국가는 가능한 안보 확보를 위한 전략들 가운데에서 군비경쟁을 최소화할 수 있는 전략을 선택한다.

위의 세 가지 행동원리가 설명하는 국가의 선택이 항상 기존의 신현실주의와 대립적인 것은 아니다. 국가가 잠재적 적국의 공격 가능성이 높을 것

국가 안보를 확보하되 동북아 지역 내의 안보딜레마를 완화시키는 이중적 전략 목표를 갖고 있었으며, 이를 위하여 미·일 동맹을 유지하고 온건한 군사적 역량을 유지해 왔다고 주장한다. 그는 일본의 정책결정자들이 과도한 군사력에 의한 주변국과의 군비경쟁과 너무 약한 군사력에 의한 강대국들의 개입을 피하기 위해 전후 평화주의의 여론 속에서도 힘의 공백이 발생하지 않을 정도의 군사력을 추구해왔다고 설명한다.

25) 만약 잠재적 적국이 군비경쟁을 감당하기 어려운 경제 상태에 있다면 일부러 군비경쟁을 유도하는 것 또한 공격적인 수단이 될 수 있다. 그러나 이와 같은 군비경쟁 역시 제3국이 장기적으로 상대적인 경제적 이득을 취할 가능성이 있으므로 합리적인 국가는 가능한 모든 손익을 감안하여 전략을 선택할 것이다.

26) Robert Jervis, "Cooperation Under the Security Dilemma," *World Politics*, Vol. 30, No. 2(January 1978) 참고.

으로 예상할 때 부담을 분담할 동맹 대상이 없다면 국가는 자력으로 안보를 확보하는 방법을 택할 것이다. 그러나 탈고전적 현실주의는 조건들이 이와 같지 않을 때 달라지는 국가의 행위를 이론의 논리 구조 내에서 설명하고자 노력한다. 따라서 기존 신현실주의 이론들의 설명을 일정 수준 보완할 수 있다.

IV. 21세기 일본의 안보환경

1. 일본 국력의 현황

1) 경제력 현황

일본은 2009년 기준으로 GDP 세계 2위에 달하는 경제 대국이지만 결코 경제적으로 좋은 상황에 있다고 평가하기는 어려운 것이 현실이다. 국민 개개인의 차원에서는 소득격차 확대와 고용 불안이 점차 가속화되고 있으며 국가적 차원에서는 계속되는 경제적 침체와 늘어나는 국가채무가 거대한 짐이 되고 있다. 일본의 국가채무는 2001년 GDP의 143.7%에서 2008년 172.1%로 치솟았으며 2011년 말에는 GDP의 약 204.2% 수준까지 증가할 것으로 전망되고 있다.[27] GDP 역시 1990년대 이래 뚜렷한 성장을 보이지 못하고 있는 가운데 2008년 이후 글로벌 금융위기의 악영향으로 다시 마이너스 성장을 기록하였다.

---

27) OECD, *Country Statistical Profile: Japan*, May 27, 2010, http://www.oecd-ilibrary. org/economics/country-statistical-profile-japan_20752288-table-jpn(검색일: 2011년 5월 1일); OECD, *Economic Survey of Japan*, April 21, 2011, http://www.oecd. org/document/11/0,3746,en_2649_37443_47651390_1_1_1_37443,00.html(검색일: 2011년 5월 1일).

〈표 4-2〉 2000~2010 일본·중국 경제성장률 추이

(%, 2000년 US$ 기준)

연도	2000	2001	2002	2003	2004	2005	2006	2007	2008	2009	2010
중국	8.40	8.30	9.10	10.00	10.10	11.30	12.70	14.20	9.60	9.20	10.40
일본	2.86	0.18	0.26	1.41.	2.74	1.93	2.04	2.36	-1.17	-6.29	4.00

출처: World Bank, http://data.worldbank.org/indicator/NY.GDP.MKTP.KD.ZG(검색일: 2012
년 3월 13일)

이와 같은 일본의 경제적 어려움은 크게 세 가지 측면에서 일본 안보에
영향을 주고 있다. 첫째는 상대적 국력의 약화이다. 세계 경제 2위 국가인
동시에 동아시아 지역 내 최대의 경제라고 하는 국제체제 내 일본의 위치는
경제침체와 중국의 부상으로 인해 하락의 길을 걷게 되었다. 2010년 발생한
전후 최초의 중·일 간 GDP의 역전은 일본의 상대적 국력 하락이 가시화된
사건이다.

둘째는 방위비 지출의 제약이다. 경제침체의 지속은 곧 국가가 동원 가능
한 재정 능력의 정체로 이어진다. 그리고 누적된 재정적자로 인한 국가채무
의 증가는 국가 예산에서 방위비 인상을 어렵게 만드는 요인으로 작동한다.
또한 일본은 상대적 국력의 약화를 막기 위해 경제에 대한 투자를 더욱 중
요하게 여길 수밖에 없는 현실이다.

셋째는 경제구조의 변화로 인한 수출의존도의 심화이다. 내수 불황이 지
속된 가운데 일본 경제가 현상을 유지할 수 있던 바탕에는 수출의 역할이
절대적인 것으로 평가된다. 장기화된 불황 속에서 지속된 민간 소비 침체로
인해 GDP 성장에서 차지하는 내수시장 부문의 비중은 계속 감소한 반면
수출의 비중은 상대적으로 증가하였다. 실제로 2000년대 이후 일본의 실질
GDP 회복세를 이끌어 온 것은 수출의 증가였다. 그러나 그 결과 일본은
전적으로 내수에 의존하던 때와 달리 주요 수출 대상 국가의 시장 상황에
보다 민감해질 수밖에 없게 되었으며, 또한 일본에 대한 해당 국가들의 정치
적 영향력도 상승하게 되었다.

2) 군사력 현황

현행 「일본 헌법」 9조는 원칙적으로 전력(戰力)의 보유를 금지하고 있지만, 실질적 안보의 필요성에 의해 일본은 헌법 해석의 방법을 수정하는 방식으로 방위력을 증강시켜 왔다. 일본 자위대 병력은 2010년 1월 기준 총 23만 명 수준으로 주변 국가에 비하면 매우 적은 숫자에 해당하는데, 이는 기본적으로 일본이 섬으로 이루어진 해양 국가이며 대륙과 연결된 주변 국가들과 달리 육군에 해당하는 육상자위대의 병력 수가 적기 때문이다. 함정과 항공 전력의 숫자 또한 주변 국가에 비교하여 많다고 볼 수는 없다.

그러나 질적인 측면에서 볼 때 일본의 방위력은 동아시아 지역 내에서 가장 현대화된 병력이라고 할 수 있다. 특히 해상 전력과 항공 전력의 경우 함재 배수량 및 기술적 수준에 따라서 실효 전투력에 커다란 차이를 보이는 영역으로, 일본은 현대적 구축함은 물론 이지스함 및 제 4세대 전투기를 가장 많이 보유하고 있다. 또한 13기의 E-2C, 4기의 E-767 조기경보기를 운용하여 공격에 대한 사전 대비태세를 갖추고 있다.

병종에 따른 비중과 장비의 구성으로 볼 때 일본의 군사적 능력은 공격적 목적보다 방어적 목적에 알맞게 형성되어 있는 것으로 평가될 수 있다. 미어셰이머는 병종을 중심으로 국가의 공격적 역량에 대한 구분을 시도하였는데, 그는 현대전에서도 승리에 가장 핵심적인 역할을 하는 병종이 육군이며 나머지 전력은 육군의 보조적인 역할을 한다고 설명한다. 따라서 미어셰이머는 육군을 가장 공격적인 군사력으로 평가한다. 해군과 공군이 해상봉쇄와 전략폭격을 통해 독립적으로 군사력을 행사하여도 영토에 대한 직접 점령을 실시할 수 있는 육군 없이 전쟁을 종결짓는 역할을 할 수 없기 때문이다.[28] 주변국의 전력 구성과 비교할 때 상대적으로 적은 육상 병력과 이지스 시스템 및 대잠 전력을 중심으로 구성된 방어형 해상 전력, 항공 전력의 제한적 폭격능력 등은 일본 방위력의 방어적 특성을 보여준다.[29]

---

28) Mearsheimer(2001), pp.83-128.
29) 본래 공중전용으로 설계된 기체인 F-15 전투기가 대규모 폭장능력을 갖추기 시작한

〈표 4-3〉 아시아·태평양 지역 주요 병력 현황

	육상 병력	해군	공군
극동 러시아	9만 명(15)	240척 55만t	570기
중국	160만 명(121)	950척 134만t	1,950기
북한	100만 명(27)	650척 10.6만t	620기
한국	56만 명(38) 해병대 2.5만 명(3)	190척 18.0만t	530기
	주한미군 1.7만 명(5)	·	60기
대만	20만 명(45) 해병대 1.5만 명	330척 20.7만t	530기
일본	14.3만 명(15)	149척 44.9만t	430기
	주일미군 1.9만 명(1)	·	140기
	미 제7함대	20척 33.6만t	60기(함재)

주: 주일·주한미군의 육상병력은 육군과 해병대 합산, 작전기는 해군 및 해병기체도 포함, ( )안
은 사단, 여단의 수로 북한은 사단만, 대만은 헌병대 포함. 미 제7함대는 일본에서 괌에 걸쳐
전개된 병력 포함
출처: 防衛省, 『平成22年 防衛白書』(2011)

〈표 4-4〉 일본·중국·대만의 4세대 전투기 보유 현황

	일본	중국	대만
제4세대 전투기	369	347	331
비고	F-15J/DJ : 203 F-4EJ : 90 F-2 A/B : 76	J-10 : 84 Su-27 : 166 Su-30 : 97	Mirage 2000 : 57 F-16 : 146 經國 : 128

출처: 송화섭, "일본의 군사전략과 군사력 증강 추세,"『JPI정책포럼』 2010-1호(제주: 제주평화연
구원, 2010), p.12

것은 개량형인 E형부터로, 일본의 주력 전투기인 F-15J/DJ는 C형을 바탕으로 한 공중
전 사양을 갖추고 있다. 즉, 일본의 F-15J/DJ 기체들은 적국의 요충지 및 종심에 폭격
을 가함으로써 공격을 실시하기 위한 용도로 사용하기에는 능력에 제한이 있는 방공
형 전투기에 해당한다. Dennis R. Jenkins, *McDonnell Douglas F-15 Eagle, Su-
preme Heavy-Weight Fighter* (Arlington: Aerofax, 1998), pp.35-36.

〈표 4-5〉 일본의 주요 해상 전력

분류	척수	비고		
구축함 및 호위함	52	이지스 구축함	6	
		헬기 구축함	4	(2척 추가 계획)
		유도미사일 구축함	2	
		구축함	34	(3척 추가 계획)
		경 프리깃	6	
잠수함	16	(4척 추가 계획)		
기타	81	초계정, 수송함 및 기타 소형함 등		
척수 총계	149			

출처: 防衛省(2011); GlobalSecurity.org, *Japan Military Guide*

종합적으로 볼 때 일본은 군사적으로는 방위력 중심으로 구성된 중급 국가이면서, 경제적으로는 여전히 지역적·세계적 강대국이라고 평가할 수 있다. 그러나 21세기 이후 지속되어 온 경제적 침체 상황과 증가하는 국가채무 압력으로 인해 일본의 상대적 국력은 점차 약화되었고, 경제성장률의 회복 기세가 뚜렷하지 않은 가운데 장기적인 전망 또한 불투명한 상태에 있다. 따라서 일본은 경제성장률의 향상과 재정 건전화를 통해 국력의 약화가 장기화되지 않도록 경제적 노력을 기울이는 동시에 21세기에 새롭게 대두되는 위협에 맞설 수 있는 안보적 능력을 갖춰야 하는 이중의 과제를 안고 있다. 위협에 대한 억지력을 확보하되 자원의 소비를 최소화해야만 하는 이러한 대내외적 상황은 일본에게 안보 위협에 대하여 최대한 비용 효율적인 전략을 선택할 수밖에 없는 동기를 부여한다.

2. 부상하는 중국의 위협

1) 21세기 중국의 성장

일본의 위협인식은 2000년 이후 경제적으로 급성장한 중국에게 집중되기 시작했다. 냉전 종식 이후 일본에게 처음 안보 위협의 대상으로 떠오른 것은 북한이었다. 1990년대 북한의 탄도미사일 실험은 일본으로 하여금 지역 내 불안요소에 대한 경각심을 고조시켰고, 일본인 납치 문제와 맞물리면서 북한 문제는 중요한 국내정치적 이슈로 떠올랐다.[30] 북한을 진원지로 하는 유사사태에 대한 우려를 바탕으로 미·일 양국은 일본 주변 위기 발생 시에 대한 대처를 포함한 '신가이드라인'에 합의하였고, 이를 계기로 일본은 「주변사태법」을 제정하여 유사시 자위대의 군사적 활동에 대한 법적 기반을 마련했다.[31] 또한 1998년 9월 미·일 양국은 전역미사일 방어체제(TMD: Theater Missile Defense) 공동기술연구에 합의하였다. 일본의 TMD 참여에는 같은 해 8월 북한의 대포동미사일 시험 발사로 인한 탄도미사일 발사 능력 확인이 결정적인 역할을 했다.[32]

그러나 2000년대 중국의 강대국화가 실체화되면서 일본의 초점은 점차 중국을 향하여 움직였다. 경제적으로 완전히 낙후된 북한과 달리 중국은 경제·군사 면에서 빠른 속도로 일본을 쫓아오고 있었다. 중국은 1978년 개혁·개방이 실시된 이래 지속된 고속성장의 결과 명목 GDP는 미 달러화 기준으로 1980년 2천억 달러 수준에서 2001년 1조 3천억 달러에 이르게 되었고, 2010년에는 5조 8천억 달러를 기록, 일본을 뛰어넘어 세계 2위의 경제 대국에 오르게 되었다.

중국의 경제적 성장은 곧 군사적 성장으로 이어졌다. 중국에 의해 공식적

30) 손열, "동맹과 공동체 사이의 일본: 21세기 권력이동과 재균형의 모색," 『일본연구논총』 제31호(2010), p.55.
31) 소토카 히데토시·혼다 마사루·미우라 도시아키, 진창수·김철수 역, 『미일동맹 안보와 밀약의 역사』(서울: 한울아카데미, 2005), pp.477-491.
32) 김성철, 『일본외교와 동북아』(서울: 한울아카데미, 2007), pp.151-152.

〈표 4-6〉 2001~2010 중국의 GDP 추이 및 세계 순위 변화

연도	2001	2002	2003	2004	2005	2006	2007	2008	2009	2010
GDP (10억US$)	1,325	1,454	1,641	1,932	2,257	2,713	3,494	4,520	4,991	5,927
순위	6	5	5	5	5	4	3	3	3	2

출처: World Bank, http://data.worldbank.org/indicator/NY.GDP.MKTP.CD(검색일: 2012년 3월 13일)

으로 발표되는 명목상의 국방 예산은 2005년부터 일본의 국방비를 추월하였다. 그리고 이와 같은 액수마저도 실제 국방비 지출을 축소시켜서 발표한 것이라는 의혹을 받고 있다. 미 국방부는 중국의 경제가 아직 계획경제를 완전히 탈피하지 못하였으며, 발표된 국방 예산이 지출 내역의 중요한 항목을 누락하고 있다는 점에서 불투명성이 존재한다고 지적한다.[33] 또한 중국 위안화의 실제 구매력을 반영하여 GDP를 평가할 경우(PPP: Purchasing Power Parity) GDP 수준이 대폭 상승한다는 점에서 실제 발표된 달러 기준 국방비의 실효 구매력 역시 명목에 비해 상승할 것으로 추측한다.[34]

미 국방부가 추정한 중국의 실제 국방비 규모는 중국 정부 발표 액수의 1.8배 수준에 달하는 것으로 잠정 평가되고 있다. 이에 따르면 중국의 국방비 지출은 이미 1990년대 말에 약 500억 달러 수준의 방위비를 지출하고 있던 일본의 지출 수준을 넘어선 것으로 평가된다.[35]

결과적으로 중국은 일본이 상대적 국력의 역전을 우려해야 하는 대상에서 격차 확대를 우려해야 하는 대상으로 성장했다. 달러화 기준으로 중국은

33) U.S. Department of Defense, *Annual Report to Congress: Military and Security Developments Involving the People's Republic of China*, August 2010, p.43, http://www.defense.gov/pubs/pdfs/2010_CMPR_Final.pdf(검색일: 2011년 5월 1일).
34) 2010년 중국의 명목 GDP는 5조 8,786억 달러인 반면 GDP PPP는 10조 848억 달러이다. World Bank, *World Development Indicators Database*, July 2011 참조.
35) U.S. Department of Defense(2010), p.42.

2002년 이후 매년 9%를 넘는 GDP 성장을 기록했으며, 당분간은 이 같은 성장세가 이어질 것으로 전망되고 있다. 반면에 2000년대 일본의 GDP 성장률은 1~2%대에 머물고 있으며 2009년에는 -6.3%를 기록했다. 따라서 경제적 격차는 더욱 벌어질 것이며, 중국의 군 현대화가 지속되는 한 이 같은 격차는 군사력의 차이로 전환될 가능성이 높다.

2) 중국 위협에 대한 제약요인

일본은 중국을 잠재적인 위협으로 인식하고 있으며 중국의 군사력이 강해질수록 중국에 대한 안보를 신경쓰지 않을 수 없게 된다. 그러나 탈고전적 현실주의 이론에 따르면 잠재적 적국의 군비증강이 위협으로 작용하는 수준은 기술적·지리적·경제적 요인에 따라 변화될 수 있다. 따라서 중국의 위협이 일본의 안보정책에 어떻게 영향을 줄 수 있는가를 이해하기 위해서는 상기 요인들이 중·일 간에 어떻게 작용하고 있는지를 살펴볼 필요가 있다.

(1) 기술적·지리적 조건

브룩스는 기술적 발전이 다음과 같은 네 가지 요소를 통해 분쟁 가능성에 영향을 미친다고 설명한다. 첫째, 기술적 발전은 공격과 방어 사이에 우위를 변화시킴으로써 공격을 더욱 쉽게 또는 더욱 어렵게 만들 수 있다. 또한 적국의 군사력을 공격적 군사력과 방어적 군사력으로 구분할 수 있게 함으로써 상대 국가의 군사력 증강이 갖는 의도를 보다 정확히 파악할 수 있게 한다. 둘째, 기술의 발전은 '상호작용의 능력'을 변화시켜서 상호작용의 규모와 속도, 거리와 신뢰성에 영향을 준다. 기술이 발전할수록 국가 간 의사전달의 투명성과 신뢰성이 증가할 수 있다. 셋째, 정찰능력의 발전으로 이는 적의 군사력을 보다 정확히 파악함은 물론 공격의 발생을 미리 감지하고 준비할 수 있도록 한다. 마지막으로 정복한 영토로부터 경제적 자원을 쉽게 추출할 수 있는가의 여부로서, 추출가능성이 높을수록 정복의 이득은 커진다.

이 같은 논의를 중국과 일본의 관계에 적용할 경우 일본에 대한 중국의 군사적 위협이 실체화될 가능성을 다음과 같이 평가할 수 있다. 중국과 일본은 모두 현대화된 군사 장비를 갖추고 있으며, 따라서 군사 기술적 수준에서 동등한 수준에 있는 것으로 평가된다. 중국의 계속되는 국방비 증액과 군 현대화 사업의 결과로 중·일 간 다소의 질적 격차는 멀지 않은 미래에 좁혀질 가능성이 높지만 지속적 현대화가 이루어져 온 일본의 방위력에 비교할 때 단기간 내에 확연한 기술적 우위를 담보하기는 쉽지 않다. 일본은 위성 및 조기경보기 등 발달된 정찰 및 통신 체계를 보유하고 있으며 이를 바탕으로 중국의 군사적 움직임을 사전에 파악하고 방어태세에 임할 수 있다. 따라서 기술적으로 중국이 일본에 대한 전면적 공격을 시작하기에 유리한 조건에 있다고 보기는 어렵다.

주력 군사력의 종류와 지리적 상관관계도 중국의 영향력 행사에 장애가 된다. 일본은 섬으로 이루어진 국가로 중국과는 바다로 격리되어 있다. 대륙 국가인 중국은 군사력의 큰 비중을 육상 전력에 의존하고 있으며, 일본에 대한 육상 전력의 규모상 우위를 활용하기 위해서는 대규모 상륙작전에 의존할 수밖에 없다는 전술적인 한계를 갖게 된다. 중국은 항공모함의 보유를 비롯한 해상 전력 및 미사일 전력의 강화를 통해 물리적 영향력의 투사범위를 확대시켜나가고 있지만 이 같은 변화가 일본에 대한 육상 전력의 행사를 뒷받침하기 위해서는 미·일 동맹의 해상 전력을 넘어서 제해권 및 제공권을 확보할 수 있는 수준까지 도달해야 한다. 이는 단기적으로 도달하기 어려운 목표이다.

중국은 인도, 러시아와 같은 다른 군사 대국들과 육로로 국경을 마주하고 있기 때문에 육상 전력을 소홀히 할 수가 없다. 또한 중국이 목표로 하는 장기적 경제성장을 달성하기 위해서는 무한정 군비를 증강시킬 수도 없다. 이는 중국의 해상 전력 강화에 대한 현실적 제약으로 작용한다. 반면에 모든 군사적 접촉이 해상에서 이루어질 수밖에 없는 일본은 해상 및 공중 전력을 우선적으로 추구하게 된다. 따라서 일본에 대한 중국의 군사적 위협은 도서 지역의 국지전을 수행하고 자원 수급의 문제에서 정치적 영향력을 행사하는 수준을 넘어서기 어려울 것이라는 평가를 내릴 수 있다.

(2) 경제적 조건

경제적 조건이 분쟁 발발 가능성에 주는 영향은 두 가지로 구분된다. 하나는 공격 국가가 갖는 불리함에 대한 것으로 국제경제적 압력으로 인해 독단적 외교정책의 경제적 기회비용이 커질수록 공격이 어려워진다. 나머지 하나는 공격 국가의 유리함에 대한 것으로, 경제적 수단을 통해 상대 국가에 비용 효율적으로 영향력을 행사할 수 있다면 굳이 희생을 감수하고 전쟁을 일으킬 필요성은 감소한다.[36]

이 가운데 중·일관계에서 두드러지는 것은 중국과 일본의 경제적 관계 변화이다. 2000년부터 중국은 일본의 수출시장 가운데에서 미국의 뒤를 이어 2위 시장으로 부상했으며 2009년부터는 일본의 최대 수출시장으로 자리 잡았다.[37] 2010년 중국의 대일본 수출이 전체 수출액의 7% 수준에 그치는 반면 일본의 대중국 수출은 전체 수출 대비 약 20%를 차지했다.[38] 이 같은 추세는 근본적으로 일본 경제 성장의 대중 의존이 심화되고 있으며 양국의 경제관계가 점차 비대칭적 상호의존으로 변화해 가고 있음을 의미한다.[39]

비대칭적 상호의존 관계는 중국의 대일 영향력 행사에 이중적 의미를 가진다. 먼저, 경제적 비대칭성을 바탕으로 중국은 양국의 외교 문제를 유리하게 이끌 수 있는 경제적 수단을 확보한다. 2010년 9월 센카쿠/댜오위다오 인근 해상에서 발생한 중국 어선과 자위대 함정 사이의 충돌 사건은 해결 과정에서 비대칭적 의존관계가 활용된 사례로 해석될 수 있다. 중국은 양국 간의 외교적 마찰을 대일 희토류 수출 금지를 통해 경제적 압력을 행사함으로써 일본의 양보를 얻어냈다. 일본은 수출의 주력인 첨단 산업 생산에 필요한 희토류 자원의 90%를 중국으로부터의 수입에 의존하는 상태였고 중국

---

36) Brooks(1997), p.456.

37) 財務省貿易統計, http://www.customs.go.jp/toukei/info/index.htm(검색일: 2011년 5월 1일).

38) 이하 자료를 바탕으로 직접 산출. 한국무역협회, 『무역통계』, http://stat.kita.net(검색일: 2011년 5월 1일).

39) 손열(2010), p.56.

은 일본의 지하자원 의존을 무기로 활용하여 외교적 영향력을 행사할 수
있었다. 해당 사건 이후 일본은 나포한 중국 어선을 석방하는 한편으로, 중
국에 절대적으로 의존하고 있던 희토류 수입 경로를 다변화시켜서 대중 의
존도를 낮추는 방안의 모색을 시작했다.[40]

탈고전적 현실주의는 국가가 군사력의 사용 이외에 타국에 영향력을 행
사할 수 있는 경제적 수단이 존재할 경우 이를 우선적으로 선택한다고 설명
한다. 군사력의 활용은 만약의 경우 큰 피해를 감수해야 하기 때문에 비용
효율적이지 못하며 대체 수단이 있을 경우 전략적 우선순위가 낮아진다. 따
라서 중·일 간 의존관계의 비대칭성은 전면전 발생 가능성을 완화시키는
기능을 할 수 있다. 지금까지 살펴 본 요인들을 종합하면 일본에 대한 중국
의 군사적 영향력 행사에는 기술적·지리적·경제적 요인들로 인해 제약이
있는 것으로 평가할 수 있다.

3. 미국의 세계전략과 미·일 동맹

1) 미국의 세계전략과 주일미군 재편

중국의 부상이 하나의 위협으로서 일본의 안보정책에 영향을 준다면, 미
국과의 동맹은 일본의 전략적 선택인 동시에 일본의 안보정책을 제약하는
요인으로 기능한다. 미국의 전략 변화와 그에 따른 동맹 간의 압력은 중국
으로부터의 위협만큼이나 전략 선택에 중요한 역할을 한다. 미·일 동맹은
일본이 미국에 안보를 의존하는 형태의 비대칭적 동맹이며 따라서 일본은
미국의 정책 변화와 요구에 대해 크게 영향을 받을 수밖에 없기 때문이다.
따라서 여기에서는 미국의 세계전략과 그에 따른 안보전략의 변화를 살피
고, 이와 같은 전략 변화가 일본의 전략 선택에 어떻게 영향을 미치는지 살
펴보고자 한다.

---

40) *The New York Times*, September 22, 2010.

2000년대 이후 국제정치 전반에 영향력을 행사하는 가장 강력한 국가로서 미국을 평가하는 데에는 큰 이견이 없다.[41] 2012년 현재에도 여전히 미국은 세계 최대의 단일국가 경제이며 최대의 군비를 지출하고 있다(〈표 4-7, 4-8〉 참조). 군비지출 규모는 전 세계 군사비의 45~50%에 달하며 이는 미국을 제외한 상위 10개국의 군비를 합한 것보다 큰 수치로서, 현존하는 어떠한 단일국가와의 충돌에서도 미국의 군사력에 절대 우위를 부여한다. 미국은 북대서양조약기구(NATO)를 비롯하여 세계 각지에 있는 과거 냉전기 자유진영 국가들과의 군사동맹을 이끄는 수장국인 동시에, 이 같은 군사

〈표 4-7〉 2006~2010 국내총생산(GDP) 상위 10개국

(10억US$, %는 2010년 연간 세계 총 GDP 대비)

국가	2006	2007	2008	2009	2010	2010 비중(%)
미국	13,399	14,062	14,369	14,119	14,658	23.3
중국	2,713	3,494	4,520	4,991	5,878	9.3
일본	4,363	4,378	4,880	5,033	5,459	8.7
독일	2,921	3,334	3,652	3,339	3,316	5.3
프랑스	2,270	2,599	2,865	2,656	2,583	4.1
영국	2,448	2,812	2,679	2,182	2,247	3.6
브라질	1,093	1,378	1,655	1,601	2,090	3.3
이탈리아	1,865	2,119	2,307	2,117	2,055	3.3
캐나다	1,279	1,424	1,499	1,336	1,574	2.5
인도	908	1,152	1,259	1,269	1,538	2.4

출처: IMF, *World Economic Outlook Database*, April 2011

---

41) William C. Wohlforth, "U. S. Strategy in a Unipolar World," in G. John Ikenberry (ed.), *America Unrivaled: The Future of the Balance of Power* (Ithaca: Cornell University, 2002); Fareed Zakaria, "The Future of American Power," *Foreign Affairs*, Vol.87, No.3(May/June 2008); Robert Kagan, "Power and Weakness," *Policy Review*, No.113(June/July 2002); G. John Ikenberry, "America's Imperial Ambition," *Foreign Affairs*, Vol.81, No.5(September/October 2002) 참조.

〈표 4-8〉 2006~2010 군사비 지출 상위 10개국

(백만US$)

국가	2006	2007	2008	2009	2010	2010 비중(%)
미국	561,555	576,294	618,940	668,604	687,105	44.1
중국	72,900	84,100	92,700	110,100	114,300	7.3
프랑스	63,059	63,272	62,642	66,869	61,285	3.9
영국	52,475	53,122	55,291	57,907	57,424	3.7
러시아	42,317	45,908	50,937	53,330	52,586	3.4
일본	51,616	50,905	50,221	51,008	51,420	3.3
독일	44,411	44,454	45,730	47,453	46,848	3.0
사우디아라비아	35,522	40,919	40,159	41,273	42,917	2.8
이탈리아	39,226	38,006	39,408	38,303	38,198	2.5
인도	28,365	28,765	32,106	35,819	34,816	2.2

출처: Stockholm International Peace Research Institute, *SIPRI Military Expenditure Database*

력을 바탕으로 세계의 요충지에 군사기지와 함대를 배치하여 소위 '글로벌 커먼즈(global commons)'라고 하는 공공의 공간을 통제하고, 각국에 안정적으로 경제활동을 할 수 있는 공공재적 안보를 공급하고 있다.[42] 또한 2008년 세계적인 금융위기의 여파 이후에도 기축통화 공급국의 지위를 유지하며, 세계 경제의 리더로서의 역할을 수행하고 있다.

21세기 미국은 탈냉전 이후 20년에 걸쳐 형성해 온 미국 중심의 국제질서를 더욱 견고하게 만드는 것에 그 목표를 두고 있다. 자유민주주의, 시장경제로 대표되는 미국적 가치를 수호하고 이에 위협이 되는 테러리즘 및 대량살상무기의 확산을 방지하고자 한다.[43] 특히 2001년 발생한 9·11 테러 사

---

42) Barry Posen, "Command of the Commons: The Foundation of U.S. Hegemony," *International Security*, Vol.28, No.1(Summer 2003).

43) 탈냉전 이후 미국의 국제질서 형성 노력에 대해서는 Richard N. Haass, "What to

건을 기점으로 테러리즘 위협이 본격화되면서 미국의 군사 전략은 '보이는 적'을 대상으로 하는 봉쇄 및 억제 능력의 목표에서 테러리즘과 같이 발생 예측과 억제가 어려운 비전통적 위협에 신속하게 대응할 수 있는 능력을 목표로 하게 되었다.[44] 이른바 위협본위에서 능력본위로의 전환으로 전 세계의 미군은 언제 어디서 발생할지 알 수 없는 위협에 대비하기 위해 기동 전개를 중시하는 배치태세로 이행하고 있다.

새로운 위협에 대한 대응 능력의 필요에 따라 수립된 계획이 '군사변환 (military transformation)'과 '미군 재배치 계획(GPR: Global Defense Posture Review)'이다. 미군은 군사변환을 통해 장소와 환경의 제약 없이 작전이 가능하도록 군 장비를 최첨단으로 혁신하고 기동성과 유연성을 확보할 수 있도록 모듈화를 진행한다. 그리고 미군 재배치 계획에 따라 과거 냉전기 다수 병력의 전방전개를 바탕으로 하는 전선형 배치에서 벗어나 병력을 주요 작전기지에 배치하고 위협이 발생한 지역에 효율적으로 투입하여 문제를 해결한다. 그리고 이 같은 계획의 결과 기존에 전개된 병력들은 일정 수준 감축되며 이를 통해 미국은 비용 효율성을 확보하게 된다.

그러나 군사적 재편의 한편으로는 기존 강대국들의 부상과 도전 가능성이 존재하며, 따라서 미국은 각 지역의 판도에 맞게 군사적 재편과 억지력의 유지를 동시에 충족시켜야 할 필요성을 갖게 된다. 이와 같은 이중의 부담을 해소하기 위해서 미국은 각 지역 동맹국들의 협력을 필요로 한다. 특히 기존의 동맹국들 가운데에서도 미국의 안보 지원에 의존하여 수동적인 역할

Do With American Primacy," *Foreign Affairs*, Vol.78, No.5(September/October 1999) 참고.

44) 미 국가안보 전략보고서(National Security Strategy) 참고. The White House, *National Security Strategy*, September 2002, http://georgewbush-whitehouse.archives.gov/nsc/nss/2002/(검색일: 2011년 5월 1일); The White House, *National Security Strategy*, March 2006, http://georgewbush-whitehouse.archives.gov/nsc/nss/2006/(검색일: 2011년 5월 1일); The White House, *National Security Strategy*, May 2010, http://www.whitehouse.gov/sites/default/files/rss_viewer/national_security_strategy.pdf(검색일: 2011년 5월 1일).

을 해 왔던 국가들을 중심으로 미국은 보다 적극적인 역할분담을 요구하고 있다. 미국은 동아시아 지역에서 중국의 부상으로 인한 패권침식을 우려하고 있으며, 따라서 이를 억제하기 위한 전략에 일본의 적극적 참여를 요구하고 있다. 그리고 이와 같은 미국의 요구는 일본의 전략 선택에 있어서 제약 요인으로 작용하게 된다.

2) 동맹 유지의 동기와 동맹에 따른 제약

기존의 신현실주의 이론에 따르면 국가는 잠재적 적국의 군사력에 맞서 자력에 의한 안보 구축이 어려울 때에 동맹을 선택한다. 자조체제이며 언제 공격당할지 모르는 국제체제 속에서 국가는 동맹국의 지원을 항상 신뢰할 수 없기 때문에 자력으로 위협에 대한 균형 달성이 가능하다면 국가는 이를 우선적으로 선택하게 된다. 따라서 동맹은 자력 균형이 불가능할 때 어쩔 수 없이 선택하게 되는 차선책이며, 이때 적국의 군사력은 동맹을 형성한 국가들이 서로 배신하지 않게 하는 억제요인으로 작용한다. 반면 탈고전적 현실주의의 설명에 따르면 국가는 자력 대처가 가능한 상황에서도 동맹을 통한 위협 대응을 자력 대응보다 선호하게 된다. 이는 동맹 형성이 자력 대응과 비슷하게 단기적 안보 효과를 얻으면서 동맹 상호간 비용 분담을 통해 자원의 소모를 절약할 수 있는 보다 비용 효율적인 방안이 되기 때문이다.

일본 경제의 향방과 별개로 일본의 경제 수준을 기준으로 볼 때, 여전히 일본은 중국의 군사력에 대하여 자력 균형을 형성할 수 있는 역량을 갖고 있다. 따라서 기존 신현실주의 시각에서 볼 때 일본에게는 동맹보다 자립에 더욱 강한 유인이 존재한다. 반면 탈고전적 현실주의 시각에서 볼 때 일본에게는 여전히 동맹에 대한 유인이 강하다. 그러나 실제 동맹 선택의 여부는 동맹에 따른 이익과 비용의 크기가 어떠한가에 따라서 달라진다. 즉, 일본에게 자립과 동맹은 비용 효율성에 따라 결정된다고 볼 수 있다.

일본이 미ᐧ일 동맹에 기대할 수 있는 이익이 일차적으로 중국의 위협에 대한 비용 분담에 있다면, 동맹으로 인한 비용은 동맹의 비대칭성에서 발생

한다. 미·일 동맹은 미국이 일본 안보의 후견인적 역할을 하는 비대칭동맹
의 형태를 유지하고 있으며, 이는 동맹 상호 간 영향력의 차이를 가져온다.
동맹 간에는 자국과 개연성이 낮은 상대의 위험에 개입하게 되는 연루
(entrapment)의 문제와 자국에 대한 위협 발생 시 동맹 상대방이 약속한
지원을 하지 않고 배신을 선택하는 방기(abandonment)의 문제가 존재하는
데, 양국의 의존관계가 비대칭적일 경우 동맹에 대해 상대적으로 더 의존적
인 국가는 덜 의존적인 국가에 비하여 동맹국의 배신에 대한 위험부담이
커진다. 따라서 동맹의 비대칭성은 안보의 피후견국으로 하여금 방기당하지
않기 위해서 후견국의 의사에 협조해야 하는 부담을 안게 하며, 이는 후견국
의 문제에 연루될 가능성을 증가시킨다. 그러므로 후견국은 피후견국의 행
위 결정에 더 많은 영향력을 행사할 수 있게 된다.[45]

　미·일 간 비대칭적 동맹관계는 일본에 대한 미국의 정책적 영향력을 강
화시키는 역할을 한다. 미국은 필요에 따라서 일본에 정책적 협조를 요구하
거나 더 큰 비용의 부담을 요구할 수 있다. 미국과 일본은 안보적·경제적으
로 이해관계를 같이 하고 있지만, 양국의 이해관계가 모두 일치하는 것은
아니며 또한 각 이해관계별 우선순위 또한 다를 수 있다는 점에서 정책적
협조는 그 자체로 일본에게 비용이 될 수 있다. 이하에서는 이 같은 비용
발생을 '자율성의 제약'과 '비용 및 역할 분담의 압력'으로 구분하여 설명하
고자 한다.

---

45) 동맹딜레마 및 비대칭동맹과 정책적 영향력에 관한 논의는 다음을 참조. Michael F.
Altfeld, "The Decision to Ally: A Theory and Test," *The Western Political
Quarterly*, Vol.37, No.4(December 1984); James D. Morrow, "Alliances and
Asymmetry: An Alternative to the Capability Aggregation Model of Alliances,"
American Journal of Political Science, Vol.35, No.4(November 1991); Glenn H.
Snyder, "The Security Dilemma in Alliance Politics," *World Politics*, Vol.36,
No.4(July 1984); 전재성, "동맹이론과 한국의 동맹정책,"『국방연구』제47권 2호
(2004); 장노순, "'교환동맹모델'의 교환성: 비대칭 한미안보동맹,"『국제정치논총』
제36집 1호(1996).

(1) 자율성 제약의 문제

주일미군에 대한 안보 의존에 의해 일본은 주일미군 재편에 맞추어 자국의 안보정책을 포함 전반적인 군사적 전략을 재편하게 된다. 이와 같은 재편과 조정 때마다 양국은 협상을 통해 합의를 도출해왔지만 기본적으로 전략의 방향성을 제시하는 역할은 주로 일본이 아닌 미국에게 있었다. 안보 제공자인 미국의 전략적 목표가 우선시되면서 안보 전략의 선택에 있어 일본의 자율성은 제약된다.

2010년 오키나와의 후텐마(普天間) 비행장 이전을 둘러싼 미·일 간의 마찰은 양국의 이해관계가 충돌했을 시에 미국의 전략목표가 우선시된 대표적인 사례로 볼 수 있다. 오키나와 현의 강한 반대와 일본 정부의 재협상 시도에도 불구하고 후텐마 비행장 이전은 2006년 미·일 간 합의했던 원안을 재확인한 것으로 마무리되었다. 이때 원안의 유지에 대한 가장 결정적인 근거는 주일미군의 전략 및 유사시 작전계획에서 오키나와의 지정학적 위치가 갖는 중요성이었다. 오키나와는 대만과 한반도 양쪽에 가장 빠른 시간 내에 병력을 투입할 수 있는 위치에 있으며, 미 대륙과의 사이에 별 다른 지형적 장애물이 없기 때문에 본토 또는 괌 기지에서 해상 및 공중으로 병력을 수송하기에 용이하다. 유사시 본토에서 오키나와로 증원되는 병력을 가데나(嘉手納) 공군 비행장 시설 하나로 감당할 수 없기 때문에 현 내에는 하나의 비행장이 더 필요하다는 것이 미국의 주장이었다.[46]

미국에 의한 제약은 일본의 정책 선택뿐만 아니라 장기적인 군사적 자율성에도 존재한다. 위에 언급한 바와 같이 오키나와를 위시한 일본의 지정학적 위치는 동아시아에 대한 미국의 영향력 행사에 있어서 매우 중요한 역할을 하며, 따라서 미국은 일본이 동맹에서 이탈하거나 미국의 영향력에서 벗어나지 않도록 포섭하고 견제할 필요성을 갖는다. 대표적으로 미국은 미·일 동맹의 재편에 따라 일본의 자위대가 주일미군과 군사적으로 일체화할 것을 요구하고 있다. 일본의 모든 군사적 계획은 미국의 지원을 가정한 상

---

46) 『東京新聞』, 2009年 11月 19日.

태에서 성립되며, 편제와 장비의 구성 또한 미국의 전략에 맞추어 편향적으로 발달하게 된다. 방위력의 재편 또한 군사적 역할뿐만 아니라 작전 및 지휘체계 수준에서 주일미군과의 통합을 지향하는 형태로 이루어진다. 따라서 일본은 미·일 동맹에 따라 군비를 지출하고 방위체계 및 장비를 계속 혁신시키는 과정을 거치면서도 국가로서 독립된 군사적 운용능력이 점차 하락하는 모순적 상황을 맞이할 수 있다. 또한 미국 스스로도 일본의 독단적 핵무기 개발을 억제하기 위해 노력하는 한편, F-22 같은 첨단 무기의 판매를 거부하고 있다. 일본이 미국의 영향력에서 벗어나 독자적 군사력으로 자리 잡는 것을 방지하기 위함이다.[47]

(2) 비용 및 책임 분담의 압력

미국은 냉전기부터 일본의 방위력 증강과 주일미군 주둔과 관련된 비용 분담의 증가를 요구해 왔다. 패전 직후와 달리 일본은 비용을 분담할 수 있는 충분한 역량을 갖고 있으며, 따라서 미국의 분담 요구는 합리적이다. 현재 일본은 미군 주둔의 대가로 ① 주일미군 사용 시설 및 구역에 대한 정비 비용, ② 주일미군 종업원의 인건비와 주일미군이 공적으로 사용하는 광열비, ③ 주일미군 훈련 이전비 등을 포함한 전체 주둔 비용의 75% 상당액을 분담하고 있다. 또한 주일미군의 재편에 따른 해병대의 괌 이전비용 102억 달러 가운데 59%에 달하는 약 61억 달러를 일본이 부담하도록 합의했다. 비록 2000년대 이후 일본의 부담액수가 점차 감소되는 추세에 있지만, 그럼에도 불구하고 일본의 부담 비중은 미국의 동맹국들 가운데 가장 높은 수준에서 유지되고 있다.[48]

---

47) Emma Chanlett-Avery and Mary Beth Nikitin, "Japan's Nuclear Future: Policy Debate, Prospects and U.S. Interests," *CRS Report for Congress*, February 19, 2009, http:/www.fas.org/sgp/crs/nuke/RL34487.pdf(검색일: 2011년 5월 1일); Emma Chanlett-Avery, William H. Cooper and Mark E. Manyin, "Japan-U.S. Relations: Issues for Congress," *CRS Report for Congress*, January 13, 2011, http://www.fas.org/sgp/crs/row/RL33436.pdf(검색일: 2011년 5월 1일).

48) 일본의 부담 비중 하락에는 크게 세 가지 요인이 존재한다. 첫째, 주일미군이 재편됨

〈표 4-9〉 일본의 미군 주둔 부담금 추이(2001~2010, 세출 기준)

(억 엔)

연도	2001	2002	2003	2004	2005	2006	2007	2008	2009	2010
금액	2,573	2,500	2,460	2,441	2,378	2,326	2,173	2,083	1,928	1,881

출처: 防衛省(2011)

일본에 대한 분담 요구는 비용뿐만 아니라 책임의 영역에서도 지속되어 왔다. 미국은 1990년 걸프전 때부터 일본의 지원 병력 파견을 요구해 왔다.[49] 일본은 이듬해인 1991년 4월 최초로 소해정 부대를 해외인 페르시아 만에 파견하였고, 이후 2001년에도 인도양에 자위대 급유정을 파견하여 연료와 식수 지원활동을 시작하였다. 2009년부터는 아덴만 해적 소탕 활동에 참가하였으며 2011년 6월부터 아프리카 북동부 지부티(Djibouti)에 해외 활동 거점을 개설하였다.[50] 이 같은 활동들은 미국의 세계전략과 직접적으로 관계가 있지만, 일본에게는 자국의 안보 확보에 비하여 상대적으로 우선순위가 낮은 문제에 해당한다. 그러나 일본의 입장에서는 미·일관계 악화에 따른 방기의 문제를 우려할 수밖에 없기 때문에 우선순위가 낮거나 직접적

에 따라 병력이 감축되면서 전체적인 주둔 비용이 감소했다. 둘째, 경제상황이 좋지 않은 일본의 요청에 따라 미군 기지의 광열비 및 수도료의 일본 부담 상한액을 낮추고 (감소된) 주택 쪽을 미국이 전부 부담하기로 합의하였다. 셋째, 2007년 이후 발생한 엔화 기준 부담금의 하락의 경우 엔화가치가 지속 상승하면서 발생한 양국의 환율차가 작용하였다. 한편 2011년 한국이 부담하는 방위비분담금은 8,125억 원으로 전체 주한미군 주둔비용의 42%를 차지한다. 『중앙일보』, 2012년 6월 14일.

49) 당시 일본은 헌법의 문제를 근거로 미국의 페르시아 만에 대한 소해정 및 급유정 파견 요청을 거절하고 대신 미국에 100억 달러 상당의 재정지원을 실시했다. 전쟁에 직접 위협을 받는 역내의 사우디아라비아와 쿠웨이트를 제외한 역외 국가들 가운데에서 최고액을 지원한 것이었음에도 인적 지원이 없었다는 점에서 그 가치를 인정받지 못하였다. 결국 전쟁이 끝난 뒤인 1991년 4월에서야 일본은 페르시아 만으로 소해정 부대를 파견했다. 이 같은 사건의 영향으로 일본은 이듬해 6월 '유엔 평화유지 활동에 대한 협력에 관한 법안(PKO 법안)'을 제정하게 된다. 소토카 히데토시 외 (2005), pp.367-410.

50) Emma Chanlett-Avery and Mary Beth Nikitin(2009), pp.5-6.

인 관계가 없는 영역에 대해서도 분담을 맡아야 하는 경우가 발생한다.

이상을 종합해 볼 때, 일본에게 미·일 동맹은 다음과 같은 장단점을 갖는다. 먼저 장점으로는 안보 비용의 감소가 존재한다. 미국은 일본 주변의 어떠한 국가들보다도 큰 군사적 역량을 갖고 있으며 유사시 미국의 지원이 확실함을 가정할 때 미국과의 동맹은 매우 비용 효율적인 선택이 될 수 있다. 비록 일본에 주둔하고 있는 미군은 규모 면에서 미국 군사력의 매우 적은 비중만을 차지하고 있다. 그러나 그 소수 전력의 주둔만으로 일본에 대한 공격 의도를 갖는 국가는 미국과의 전면전까지도 우려할 수밖에 없게 된다는 점에서 매우 큰 억지력을 제공한다.

그러나 단점으로는 일본의 정책적 자율성과 군사적 자율성이 장기적으로 계속 제약받는다는 것과, 유사시 미국의 지원을 어디까지 신뢰할 수 있는가의 문제가 있다. 그리고 미국의 책임 분담 요구의 증가에 따라 지속적으로 비용 효율성이 악화된다는 문제가 발생한다. 비용 효율성의 극대화를 위해서는 책임 분담을 최대한 회피해야 하지만, 미국의 분담 압력이 계속되는 한 일본이 분담을 회피할수록 미국의 약속 이행 가능성은 낮아지게 된다. 따라서 비용 효율성과 동맹의 신뢰성 사이에는 역관계가 형성된다. 따라서 21세기 일본 안보정책에 대한 분석은 '중국의 제한적 위협'과 '동맹 전략에 따르는 역기능'의 해결을 위해 일본이 어떠한 합리적 판단하에 정책을 선택하였는가에 초점을 맞출 필요가 있다.

V. 21세기 일본의 안보전략

1. 군사적 재편

1) 방위계획대강에 나타난 일본의 위협인식

앞에서 살펴본 바와 같이 중국의 주된 물리적 위협은 해상 국지전, 미사일 및 핵의 위협으로 압축되며, 따라서 일본의 안보정책은 이에 대한 유형별 대응의 방식으로 형성된다. 일본의 위협 인식은 2000년대 이후 두 차례에 걸친 '방위계획대강(防衛計画大綱)'의 개정에서 잘 드러나 있다.[51] 2004년의 신방위계획대강(이하 2004년 대강)은 크게 전통적 위협과 비전통적 위협의 두 가지 위협을 명시하고 있다. 먼저 비전통적 위협의 경우 국제 테러조직과 같은 비국가행위자, 대량살상무기와 탄도미사일의 확산을 지목하고 있다. 또한 2004년 대강은 "북한은 대량살상무기와 탄도미사일의 개발·배포 및 확산 등을 실시하고, 대규모 특수부대를 보유하고 있다"고 북한의 위협을 명시하고 있다. 그리고 중국의 핵미사일 전력과 해·공군력 현대화 추진 및 해양에서의 활동 범위의 확대가 위협이 되고 있음을 명시하고 있다.

---

51) 방위계획대강은 일본 방위의 기본적 방침과 안보전략의 변화를 가장 집약적으로 제시하고 있는 문서로, 최초 방위계획대강이 제정된 것은 1976년이며 이후 개정된 방위계획대강은 통칭 '신방위계획대강'으로 불린다. 2000년대 이후 일본은 2004년, 2010년 두 번의 방위계획대강을 발표하였으며, 방위계획대강의 추이는 일본이 어떠한 목표와 동기를 가지고 변화하는 안보환경의 득실을 판단하고 전략을 수립하게 되었는가를 분석할 수 있는 바탕이 된다. 防衛省, 『平成17年度以降に係る防衛計画の大綱について』(2004), http://www.mod.go.jp/j/approach/agenda/guideline/2005/taikou.html(검색일: 2011년 5월 1일); 防衛省, 『平成23年度以降に係る防衛計画の大綱について』(2010), http://www.mod.go.jp/j/approach/agenda/guideline/2011/taikou.html(검색일: 2011년 5월 1일); 首相官邸, 『平成8年度以降に係る防衛計画の大綱について』(1995), http://www.kantei.go.jp/jp/singi/ampobouei/sankou/951128taikou.html(검색일: 2011년 6월 11일); 内閣官房, 『昭和52年度以降に係る防衛計画の大綱について』(1976), http://www.cas.go.jp/jp/gaiyou/jimu/taikou/6_52boueikeikaku_taikou.pdf(검색일: 2011년 6월 11일).

〈표 4-10〉 방위계획대강의 시기별 위협 인식 및 안보 방침의 변화 추이

분류	1976년 대강	1995년 대강	2004년 대강	2010년 대강
전통적 위협 (강대국 위협)	• 소련: 위협	–	• 중국: 우려	• 중국: 위협
전면전 가능성	높음	낮음	낮음	낮음
비전통적 위협	–	• 대량살상무기 • 지역분쟁	• 북한 (미사일, 핵) • 테러리즘 • 대량살상무기	• 북한 (미사일, 핵) • 테러리즘 • 대량살상무기
안보 방침	전수방위	전수방위	실효적 대응	동적방위

출처: 内閣官房(1976); 首相官邸(1995); 防衛省(2004); 防衛省(2010)

2010년 대강에서는 2004년의 대강에 비하여 중국의 위협을 보다 직접적으로 제시하고 있다는 점에서 변화가 있었다. 2010년 대강에서 일본은 중국의 국방비 증가와 군사력의 광범위하고 급속한 현대화 및 원거리 투사 능력의 강화, 주변 해역에서의 활동 확대를 '지역 및 국제사회의 우려'로 지목하고 있다. 2004년 대강에서 중국에 대한 언급이 '동향을 주목할 필요'의 수준으로 기록된 것에 비교하여 2010년의 지목은 중국에 대한 일본의 보다 강화되고 직접적인 위협 인식을 보여주고 있다.

그러나 비전통적 위협 대응의 중요성과 전통적 위협으로서의 중국에 대한 위협을 높게 인식하는 반면, 2004년과 2010년 대강 모두 중국과의 전면전 발생 가능성은 낮게 평가하고 있다. 비전통적 위협은 발생하는 공격에만 대응하는 형태의 이전의 전수방위(專守防衛)체제로는 대응이 불가능하며, 이에 대응할 수 있는 새로운 형태의 방위력 및 방위체제를 요구한다. 전통적 위협의 경우 과거 냉전기와 같은 억지력이 요구되지만, 중국 위협의 경우 군사력이 점차 일본을 능가할 것으로 전망되고 있음에도 불구하고 전면전 발발 가능성은 낮은 것으로 평가된다. 역내 발생 가능한 사태의 유형 또한 탄도미사일 공격, 게릴라 및 특수 부대에 의한 공격, 도서 지역에 대한 침략,

주변 해상 공역의 경계 감시 및 영공 침범 대처와 무장 공작선 침투 등을 상정하고 있다.

중국에 대한 일본의 이 같은 위협 인식은 탈고전적 현실주의의 이론적 설명에 상당히 부합되는 것으로 보인다. 중국은 영토를 기반으로 이익을 추구하고 필요에 따라서 전면적 전쟁을 일으키는 전통적인 강대국으로서의 성격을 갖고 있지만, 일본은 중국으로부터의 위협을 전면전의 발생 가능성이 낮은 국지전에 편중된 형태의 위협으로 평가하고 있다. 바다로 격리된 일본을 공격하기 위한 수단이 제한적이라는 지리적인 측면과 실제로 중국이 일본을 전면적으로 공격하였을 때 얻을 수 있는 이익이 크지 않을 것이라는 비용 효율적 판단, 그리고 중국이 일본에게서 얻고자 하는 바가 정복과 복속이 아니라 힘을 바탕으로 한 외교적 영향력 행사와 이를 통한 국익의 추구에 있다고 하는 탈고전적 현실주의의 설명은 일본의 위협인식을 뒷받침한다. 따라서 일본의 전략적 대응 또한 해상 충돌에 대한 대처능력과 미사일 공격에 대한 방위를 중심으로 형성된다. 2010년 대강에서는 중국과의 분쟁 상태에 있는 센카쿠열도를 포함한 남서지역의 방위태세 충실화를 도모하고 도서지역의 대응능력 강화를 위해 공백지에 최소한의 부대를 새로 배치할 것을 명기하고 있다.

2) 동적방위전략(動的防衛戰略)의 추구

2004년 대강에서 일본은 변화하는 위협에 대비하기 위한 전략 목표로 실효적 대응능력의 확보를 제시하고 있으며 2010년 대강부터는 이를 본격적으로 '동적방위전략'의 개념으로 정의하고 있다. 동적방위전략은 전선 대치형의 억지 중심 방위전략과 달리 유사시 해당 지역에 투입하여 '대응'할 수 있는 전략으로서, 다양한 사태에서 효과를 발휘할 수 있는 범용성과 높은 기동성을 필요로 한다. 따라서 자위대는 이전보다 더욱 기동적인 형태의 강화를 지향하고 있으며 이를 통해 역내 유사시 바로 투입될 수 있는 민첩성을 확보하고자 한다. 탈고전적 현실주의의 이론적 측면에서 볼 때 동적방위전략의 추구는 비전통적 위협과 일본이 인식하고 있는 중국의 위협 모두에 동시 대응할 수 있는 합리적인 정책 선택이다. 중국으로부터의 위협이 전면 전을 상정하고 있지 않는 한 육상자위대 병력의 증강을 통한 규모 기반의 억지력 확보는 대응전략으로서 큰 의미가 없으며, 해상 및 도서 지역에서의 국지전이 예상되는 만큼 해상 및 제공 능력의 확보가 우선시될 수밖에 없기 때문이다.

방위계획대강에 드러난 일본의 군사력 변화 과정은 이 같은 필요성을 반영한다. 1995년 대강에서 2004년을 거쳐 2010년까지 이르는 병력 편성 계획의 주된 변화 추이를 보면, 가장 핵심이 되는 부분은 해상 전력의 강화이다.[52] 1995년과 비교할 때 2000년대의 방위계획대강에서 일본은 잠수함의 양적 증가와 더불어 호위함의 대형화를 중심으로 한 함정의 질적 개선을 꾸준한 목표로 삼고 있다. 그리고 중국의 가장 발달된 해양 전력인 잠수함 공격에 대응하기 위한 초계기의 확보를 중점적으로 추진하였음을 알 수 있다.[53]

일본의 비용 효율성 추구는 이와 같은 동적방위력 확보를 위한 정책 과정에서 가장 두드러지는 특징이다. 일본은 해상자위대 장비를 강화하는 한편으로 육상자위대의 기갑 병력을 감축한다. 전차와 화포는 1995년 대강의 각 900대에서 2004년 600대, 2010년 400대로 큰 폭으로 감축이 이루어지고 있다.[54] 이는 해상 전력의 강화로 인하여 증가하는 방위비용을 냉전형 억지 전력의 감축을 통해 해결하는 움직임이다. 중국의 위협에 대한 일본의 군사력 변화는 필요한 장비 보강의 한편으로 필요성이 낮아지는 전력의 감축이 동반되었다는 점에서 군사력의 '강화'가 아니라 '재편'으로 정의될 수 있다. 일본은 또한 방위비 가운데 군사력 증강을 위한 신규 장비 구입비중도 낮게 유지하고 있다.

〈표 4-11〉을 보면 2000년대 군사력 재편 과정 속에서도 전체 방위비 대

---

52) 防衛省(2004); 防衛省(2010).
53) 송화섭(2010), p.11.
54) 『朝日新聞』, 2010年 12月 17日.

〈표 4-11〉 일본의 방위비 대비 신규장비 구입비 비중(세출 기준)

(억 엔)

분류	2001	2002	2003	2004	2005	2006	2007	2008	2009	2010
총 방위비(A)	49,553	49,560	49,530	49,030	48,564	48,139	48,018	47,796	47,741	47,903
장비 구입비(B)	9,178	9,206	9,028	8,806	9,000	8,594	8,663	8,125	8,252	7,738
B/A(%)	18.5	18.6	18.2	18.0	18.5	17.9	18.0	17.0	17.3	16.2

출처: 防衛省(2011)

비 장비 구입비의 비중은 소폭이지만 전반적으로 하락세에 있음을 확인할 수 있으며, 연간 방위비 또한 지속적인 감소추세에 있음을 확인할 수 있다. 그러나 〈표 4-12〉에서 볼 수 있듯이 일본의 이와 같은 방위비 감축은 중국의 국방비가 지속적으로 증가하는 가운데 이루어졌다. 위협의 전체적인 규모 증가에도 불구하고 일본은 오히려 전체적인 규모의 감축을 실시해 왔다. 실질적으로 이는 일본의 방위력 소요가 중국의 전체적 군사력 규모에 대한 대응이 아니라 일본에 위협이 되는 특정 부문에 대하여 발생하기 때문이다. 따라서 일본은 중국의 전체적인 국방비 규모 변화에 똑같이 규모의 차원에서 민감하게 반응할 필요가 없다.

신현실주의 이론들의 입장에서 볼 때 이와 같은 일본의 방위비 추세는

〈표 4-12〉 2000년대 중국과 일본의 방위비 변화 추이

(백만US$)

연도	2001	2002	2003	2004	2005	2006	2007	2008	2009	2010
중국	27,413	31,642	34,771	40,015	46,288	56,663	71,475	91,658	111,778	123,333
일본	40,418	39,113	42,725	45,585	44,689	42,180	41,466	46,755	51,464	53,796

출처: Stockholm International Peace Research Institute, *SIPRI Military Expenditure Database*

이론이 설명하는 국가 행위를 역행하는 사례로 간주될 수 있다. 그러나 탈고전적 현실주의의 입장대로 일본이 비용 효율성을 우선시하는 국가임을 가정할 때, '해상 전력'이라고 하는 위협의 종류에 대한 일본의 맞춤형 군사 재편은 불필요한 군비 소모를 억제하는 가장 합리적인 선택이 될 수 있다. 이 같은 선택을 바탕으로 일본은 위협의 형태와 크기에 적합한 대응 능력을 확보하는 한편으로, 경제성장률의 하락과 국가채무의 상승이라는 압력 속에서 자원의 소비를 가능한 최소화하는 두 가지 목표를 추구한다.

2. 미사일 방어체제의 전력화

1) 미사일 방어체제의 도입과 전개

자위대 병력의 재편과 더불어 일본의 안보전략에서 중요한 역할을 차지하고 있는 것이 미사일 방어체제(MD)의 개발 및 배치 전략이다. 군사력의 형태에 따라 위협을 분류할 때 일본의 군사적 재편이 재래식 무기로부터의 안보 확보에 중점적인 역할을 하고 있다면, 미사일 방어체제의 배치는 탄도미사일 및 핵 위협으로부터의 자체적 방어 수단의 확보라는 점에서 중요성을 가진다.

후나바시 요이치(Funabashi Yoichi)는 미사일 방어와 관련하여 일본에 충격을 준 사건으로 세 가지를 꼽고 있다.[55] 첫째는 1995년 및 1996년 발생한 중국의 대만해협을 통과하는 미사일 발사 실험으로 이는 중국의 '비(非)선제공격 정책'에 대한 의구심을 불러일으키는 동시에 중국의 미사일 위협에 대한 일본의 우려를 고조시켰다. 둘째는 1998년 발생한 북한의 대포동 1호 시험 발사이다. 북한 미사일 프로그램의 갑작스럽고 일방적인 개진과 일본 상공을 통과하는 실험 내역은 일본으로 하여금 전역미사일 방어체제

---

55) Funabashi Yoichi, "Tokyo's Temperance," *The Washington Quarterly*, Vol. 23, No. 3(Summer 2000), pp. 135-144.

(TMD)를 도입하게 하는 직접적인 원인을 제공하였다. 셋째는 1998년 인도
와 파키스탄의 연이은 핵실험으로 이는 국제 핵확산금지 레짐의 근간을 흔
드는 사건이었다. 후나바시는 이 사건이 비핵화와 핵군축에 있어서 중요한
국제적 역할을 추구하는 일본에게 충격이자 국제 레짐에 대한 자신감이 붕
괴되는 경험이었다고 평가한다.

일본은 1998년 9월 미ㆍ일 안전보장협의위원회(SCC: Security Consultative
Committee)에서 미국과 TMD 공동기술연구에 합의하였고, 이지스함에서
요격미사일을 발사하는 해상배치형 전역방어시스템(Navy Theatre Wide
Defence)을 중심으로 참여를 시작했다. 일본은 군 현대화 사업의 일환으로
서 TMD의 타당성에 집중적 연구를 시작하여, 1999년에 9억 6천만 엔의
예산을 계상하였고 기술 연구에만 5년간 약 300억 엔 수준의 예산 투입을
예상하였다.56) 일본 정부는 탄도미사일 방어시스템이 순수한 방어적 조치로
서 일본의 전수방위 정책기조에 적합한 수단이라는 결론을 내리고 필요한
무기체계 확보를 추진하였다.

이 같은 목표에 따라 일본은 2001년부터 시작되는 5개년 중기방위력정비
계획에서 신형 이지스함 2척을 도입하고 패트리어트의 개량형인 PAC-3 미
사일 배치를 명시하면서 TMD의 전력화를 시작했다.57) 그리고 2004년 방위
대강에서부터는 미사일 방어체계를 독립적인 방위정책의 구성요소로 취급하
기 시작하여, 이지스함 4척, 항공경계관제부대로 7개 경계군과 4개 경계대,
그리고 지대공유도탄부대 총 3개 고사군의 전력화를 목표로 명기하였다.

기술적 측면에서 볼 때, 일본의 탄도미사일 방어체계는 일차적으로 관성
비행중인 미드코스 단계(상층부)에서는 이지스함의 해상배치형 체계로 대
응하고, 1차 대응의 실패 시 대기권 내에서 비행하는 종말 단계(하층부)에서
2차로 PAC-3 개량형 패트리어트를 발사하는 이중 체계로 구성되어 있다.58)

---

56) 김성철(2007), p.151.
57) 김성철(2007), p.159.
58) 남창희, "일본의 미사일 방어체계 정책적 함의,"『군사논단』제45호(2006), pp.65-66.

일본이 1차적으로 이지스함에서 대응하는 해상배치형 시스템을 채택한 배경은 시험결과 일본의 지형적 구조 내에서 가장 적은 수로 효과적인 대응이 가능한 체계로 판단되었기 때문이다. 육상배치형 하층부 요격체계가 100여 발 이상의 발사물을 필요로 하는 것과 달리 해상배치형 실험을 위해 배치된 4척의 선박은 적은 수로 일본 전역을 방어하는 결과를 보여주었다.59) 2004년 대강에서 4척의 이지스함을 기준으로 해상배치형 시스템을 도입한 데에는 이와 같은 경제적 배경이 존재한다.

〈표 4-13〉 2000년대 TMD 개발 및 전력화 과정

일시	경과
1999.8~2000.1	• 미·일 MD 연구개발을 위한 5개년 협정 체결 • 일본 중기방위력 정비계획: TMD구상 현실화
2001.6	• 미·일정상회담: TMD 구축 참여 유도 의사 표명 • 일 방위청 장관: TMD 보유 필수적 발언
2002.12	• SCC: 일본에 MD시스템 기술 이전 최종 합의
2003.5	• 2004년부터 매년 1,000억 엔 이상 TMD 구축에 투입
2003.12	• 2004 방위대강에 이지스함, PAC-3 도입 명시
2005.10~12	• 종합 미·일 안보협정: 일본에 X-밴드 레이더 설치 약속 • TMD용 개량 미사일 미·일 공동개발 각의 결정
2006.3~2008.3	• SM-3 성능실험 성공 • X-밴드 레이더 설치 • TMD 공동개발 무기공여 각서 체결 • PAC-3 실전배치 • 미·일 공동 TMD 훈련 • 이지스함 미사일 요격실험 성공
2010.12	• 2010 대강에 이지스함, 지대공유도미사일 추가 확보 명시

출처: 최종건·박창원, "방패와 창의 안보딜레마: 일본의 TMD구축과 중국의 대응 역학관계를 중심으로," 『한국과 국제정치』 제26권 3호(2010), p.57

---

59) 김성철(2007), pp.156-157.

이후 2006년에는 미국이 동북지방 아오모리현의 샤리키(車力) 기지에 X-밴드 레이더를 설치하고 일본과 데이터 공유를 시작하였으며, 일본은 2007년 12월에 해상배치형 SM-3를 이용하여 하와이에서 발사된 미사일을 요격하는 실험에 성공하였다. 그리고 2010년 대강에서 일본은 탄도미사일 방어를 핵심적 안보 기능으로 명기하며 이지스함을 총 6척, 지대공유도탄부대를 6개 고사군으로 확대할 계획을 수립하였다. 이는 TMD를 통한 방위태세를 더욱 강화하려는 움직임이다.

2) 미사일 방어체제 전력화의 함의

일반적으로 탄도미사일과 핵무기의 위협에 대응하기 위하여 국가들이 선택하는 수단은 똑같이 탄도미사일과 핵무기를 보유함으로써 상대방에게 보복의 두려움을 갖게 하는 '공포의 균형(balance of terror)'이다. 대표적으로 1960년대 미국과 소련의 '상호확증파괴전략(MAD: Mutual Assured Destruction)'을 바탕으로 한 핵보유 경쟁이 이에 해당하며, 미·소 사례에서도 나타났듯이 공포의 균형 전략은 국가 간 상호 핵 우위를 확보하기 위한 경쟁적 핵개발로 이어질 가능성을 갖고 있다.[60] 공포의 균형 전략은 상대 국가로 하여금 핵을 사용한 공격 자체를 꺼리게 만든다는 점에서 발사 후에 방어하는 사후적 방식에 비하여 안전보장 측면에서는 더욱 효과적일 수 있다.

그러나 일본은 이에 대한 방어전략으로 사전 예방적 조치인 탄도미사일 및 핵무기의 보유가 아니라 사후 조치적인 TMD 도입을 선택하였다. 탈고전적 현실주의에서는 일본이 이와 같은 전략을 선택한 원인을 크게 두 가지 행동 원리를 통해 설명할 수 있다. 첫째는 유형별 대응의 원리이다. 전술한 바와 같이 일본은 중국의 군사적 위협이 해상 국지전, 미사일, 핵무기와 같은 특정 유형을 중심으로 편중되어 있는 것으로 파악하고 있으며, 따라서 전면적 대응이 아니라 위협의 종류별 맞춤형 대응전략을 선택하는 것이 비

---

60) Keir A. Lieber and Daryl G. Press, "The Rise of U.S. Nuclear Primacy," *Foreign Affairs*, Vol.85, No.2(March/April 2006), pp.43-45.

용 효율적인 대응이 될 수 있다. TMD는 탄도미사일과 핵위협에 대한 맞춤형 대응전략이다.

둘째는 앞서 일본 정부가 TMD의 방어적 성격에 주목했다는 사실에서도 알 수 있듯 안보딜레마 회피의 국가 행동 원리로 설명될 수 있다. 중국의 탄도미사일과 핵 위협에 대응하기 위해서 일본이 미사일과 핵 보유를 선택하는 순간 중·일 간 핵 경쟁의 가능성은 물론, 한국, 대만 등의 주변 국가들이 연쇄적으로 핵 보유를 추진할 가능성이 매우 높아진다. 핵 경쟁과 연쇄적 핵 확산은 장기적으로 일본의 방위비를 계속 증가시킬 것이며, 동시에 핵무기로 인하여 역내 안보 불안정 상황은 지속되는 결과를 가져오게 된다. 또한 핵 확산을 억제하기 위해 노력하고 있는 미국과의 관계가 악화될 가능성이 매우 높다. 이는 자칫 동맹의 약화로 이어질 수 있으며 동맹의 약화는 곧 안보 비용의 증가로 직결된다. 그러므로 비용 효율성을 추구하는 국가임을 가정할 때 일본은 안보딜레마를 자극하지 않고 방어능력을 갖출 수 있는, 기술적 측면에서 방어적 수단으로 구분되는 형태의 방어수단 확보를 필요로 하게 된다. 일본의 TMD 전력화는 안보딜레마를 자극하지 않는 범주 내에서 방어적 군사력의 확보를 통해 사후 조치 능력의 확보를 도모하는 합리적 선택이 된다. 부족한 사전적 억지력은 미국의 핵우산에 의존함으로써 확보할 수 있다.

또한 전력화의 과정에서 볼 때 2011년의 추가적인 이지스함 확보 계획은 두 가지 측면에서 주목할 만한 의미를 갖는다고 할 수 있다. 우선, 개량된 이지스 시스템의 추가적인 도입은 일본의 미사일 방어망을 보다 두텁게 하여 신뢰도를 높인다는 의미를 갖는다. 탄도미사일의 요격이 기술적으로 매우 어려운 일인 만큼 조밀한 방공망 형성을 통해 기대효과를 향상시킬 필요는 분명히 있다. 추가적인 이지스 시스템 도입의 또 다른 의미는 해상자위대의 방어적 활동 범위가 넓어질 수 있다는 데에 있다. 이지스함 중심의 해상배치형 시스템의 특징은 필요에 따른 이동이 가능하다는 것으로, 지역 내 유사시 일본은 본토 방위를 위한 4척의 이지스함을 제외한 2척의 이지스함을 유사지역으로 파견하여 정찰위성 및 조기경보기의 지원을 받아 미사일

및 대공방어의 역할을 맡을 수 있다. 즉, 동적방위력의 강화와 일본의 역할 확대의 목적도 함께 갖는 것이다. 이미 일본은 2001년 이래 인도양 급유지원 활동에 기리시마(きりしま)함을 비롯한 이지스함들을 호위 역할로 동반 파견한 경험을 갖고 있다.[61]

3. 미·일 군사일체화와 역할 분담 증가

1) 군사일체화의 과정

탈고전적 현실주의 이론은 일본의 미·일 동맹 선택이 가진 합리적 측면을 비용 효율성을 통해 설명한다. 실제로 2000년대 일본이 연간 소모하는 방위비 가운데에서 주일미군의 주둔비용에 대한 분담 명목으로 직접 지출되는 경비는 전체 방위비용의 5%선에 머무르고 있다. 일본이 미국에 기대할 수 있는 전시 지원과 그를 바탕으로 한 평시의 억제효과를 고려할 때 주둔 비용의 부담은 동일한 수준의 전력을 일본 스스로 취득 및 운용하는 것보다 분명히 경제적이라고 볼 수 있다. 중국의 위협을 상대로 한 안보 확보에

〈표 4-14〉 방위비 대비 주일미군 경비부담금 비중(세출 기준)

(억 엔)

분류	2001	2002	2003	2004	2005	2006	2007	2008	2009	2010
총 방위비(A)	49,553	49,560	49,530	49,030	48,564	48,139	48,018	47,796	47,741	47,903
경비 부담금(B)	2,573	2,500	2,460	2,441	2,378	2,326	2,173	2,083	1,928	1,881
B/A(%)	5.2	5.0	5.0	5.0	4.9	4.8	4.5	4.4	4.0	3.9

출처: 防衛省(2011)

---

61) 『동아일보』, 2002년 12월 16일.

미치는 실질적 효용을 단순하게 방위비 지출을 기준으로 계산하여도, 중국의 국방비 추정치가 일본 방위비의 두 배, 또는 그 이상으로 평가받는 시점에서 전체 방위비의 4~5% 수준의 비용 지출로 인하여 억지 효과를 얻을 수 있다는 것은 미·일 동맹이 일본에게 충분한 비용 효율성을 갖고 있음을 보여준다(〈표 4-12, 4-14〉 참조).

그러나 이 같은 유인에 따라 동맹 전략을 선택한다고 하여도 동맹 내적으로 어떠한 정책을 선택하는가에 따라서 동맹의 결과는 달라질 수 있다. 동맹 자체가 가진 비용 분담의 장점과 별개로, 동맹 내적으로 비용을 어떻게 분담할 것인가의 문제는 비용 효율성과 관련된 또 다른 문제가 되기 때문이다. 전술한 바와 같이 미·일 동맹에는 일본에 대한 정책적 및 군사적 자율성의 제약, 미국의 책임 분담 요구에 따른 장기적 비용의 증가, 미국의 지원에 대한 신뢰성의 문제가 존재한다. 또한 위협에 대한 동맹 차원의 대응은 동맹 당사자들 간의 입장 조율 과정에서 걸리는 시간으로 인하여 독자적 대응보다 유사시의 대처가 신속하지 못하다는 문제도 갖고 있다.

기존의 신현실주의 이론들은 이 같은 문제를 동맹 자체가 갖는 신뢰성의 한계로 보았다. 이에 따르면, 이해관계가 달라질 경우 언제든 배신할 수 있는 것이 동맹이며 따라서 동맹은 그 자체를 강요하는 외부적 위협이 계속되지 않는 한 장기적으로 유지될 수 없는 관계가 된다. 자조체제 속에서 배신의 가능성이 존재하는 한 국가에게 최선의 선택은 자력 대응이며, 동맹은 단기적인 방안에 불과하다. 그러나 미·일 동맹이 가진 문제를 해결하기 위해 일본이 선택한 전략은 자력 대응이 아닌 동맹의 강화에 있다. 2004년, 2010년 방위계획대강 모두에서 일본은 미·일 동맹의 유지와 심화를 일본 안보의 필수적인 요소로 명기하였다. 실제로 일본은 미국의 군사 재편에 대한 적극적 협력을 바탕으로 미·일 간 군사일체화 전략을 추진해 왔다.

미국에 대한 일본의 군사적 일체화 과정은 다음과 같다. 2002년 12월 시작된 미·일 안전보장협의위원회(SCC)에서 미·일 양국은 가시화되는 안보 문제들에 대한 해결 노력과 그에 따른 군사적 재편 및 시설 사용 등에 대한 광범위한 협력을 도모하였다. 이는 군사변환과 재배치의 목표 달성에 있어서 동맹 네트워크의 협력을 중요시 여긴 미국이 일본과 안보전략의 공유를 시도한 것으로 볼 수 있다. 양국은 국제테러리즘과 대량살상무기의 확산 위협에 따라 방위태세를 재검토할 필요성에 합의하였다.[62] 협상 초기 일본은 억지력의 유지, 비용부담의 경감이라는 소극적인 형태로 협력의 필요성을 이해하고 있었으나 중국의 부상에 대한 위협인식이 뚜렷해지면서 보다 적극적인 태도로 전환하게 되었다. 이후 2005년 10월 워싱턴에서 열린 SCC 회의에서의 합의를 바탕으로, 미·일 양국은 '미·일 동맹: 미래를 위한 변혁과 재편'이라는 문서를 발표한다. 문서의 골자는 전·평시 목표의 공유와 작전의 통합성 및 상호운용성의 강화, 즉 '일체화'에 있다.[63] 양국의 일체화 내용은 상호 운용성을 강화시키기 위한 정기적인 협의, 자위대와 주일미군의 기지 및 시설에 대한 공동 사용, 작전계획 및 상호협력계획의 공동 수립 및 조정, 정보 공유와 합동 훈련 등으로 이루어져 있다. 또한 주변사태에 대한 대응과 함께 국제 안전보장 환경의 개선을 공동의 목표로 하고 있다.[64] 이를 바탕으로 양국은 아래와 같은 주일미군의 재편 계획을 시행 중에 있다.

① 미 해병대: 제3 해병 기동사령부를 괌으로 이전하여 오키나와 주둔 해병대 병력을 감축한다. 약 8,000명에 이르는 미 해병대와 9,000여 명의 그 가족들을 괌으로 이전시킨다. 후텐마 비행장을 반환하고 캠프 슈와브(Camp Schwab)에 대체시설을 건설한다.

② 미 육군: 미 워싱턴에 있는 육군 제1군단사령부를 개편한 통합작전사령부를 2008년까지 카나가와(神奈川) 현의 자마 캠프로 이전한다. 또한 전투지휘훈련센터와 지원시설을 건설한다. 이후 육상자위대 즉응집단사령부를 2012년까지 자마 캠프로 이전시킨다.

---

62) 손열(2010), pp.60-61.
63) 남창희, "주일미군 재배치와 일본의 대미 동맹관리 정책," 『국제관계연구』 제13권 1호(2008), pp.21-23.
64) 윤덕민·박철희, 『한미동맹과 미일동맹 조정과정 비교 연구』(서울: 한국전략문제연구소, 2007), pp.64-65.

③ 미 공군: 2010년까지 요코타(橫田) 기지에 미·일 공동통합운용조정
  소를 설치하여 방공 및 미사일방어에 대한 조정기능을 한다. 항공
  자위대 총사령부를 요코타 기지로 이전하고 미 제5공군사령부와 같
  이 설치하여 미·일 연대를 강화한다.
④ 미 해군: 필요 시설이 완성되고 관제공역이 정해진 다음 2014년까
  지 항공모함 비행단을 재배치한다.
⑤ 기타: 샤리키 항공자위대 기지에 X-밴드 레이더를 설치하여 탄도미
  사일 방어 능력을 향상시키며 일본 정부와 자료를 공유한다. 2007
  년부터 미·일 간 합동 훈련에 대한 연간계획을 작성한다.[65]

통합작전사령부와 자위대 즉응집단사령부의 이전으로 자마 캠프는 향후
동아시아 지역의 유사시 동맹의 대응과 미·일 간 국제 활동을 지휘하는 합
동작전사령부의 역할을 하게 된다. 비록 미·일 양국의 군사적 지휘체계는
각국이 자국의 군대를 지휘하도록 분리되어 있지만, 실질적으로 이 같은 형
태의 협력체계 강화는 지휘구조 일체화의 효과를 갖는다. 이와 같은 재편과
정이 완료되고 나면 일본은 미국 세계전략의 아시아-중동지역을 담당하는
허브로서 기능하게 되며, 자위대는 유사시 작전 수준에서 미국과 함께 움직
이게 됨은 물론 향후 미국의 각종 작전활동에 능동적으로 참여하게 된다.
  이에 맞추어 일본은 다음과 같은 자위대의 구조적 개편을 추진하고 있다.
먼저 육상자위대는 즉응성이 높은 부대를 지역별로 배치하고 핵, 생화학 무
기에 대한 대처 역량을 확보하며 PKO, 테러방지 등 국제 활동을 목적으로
하는 전문부대를 확보한다. 해상자위대는 호위함 부대의 편성을 보다 유연
한 형태로 전환하고, 임무의 확대 및 장기화에 대응할 수 있도록 한다. 항공
자위대는 탄도미사일 및 순항미사일 공격에 대응할 수 있는 방공체계를 구
축하고 작전용 항공기 운용의 효율화를 달성한다. 조직 측면에서도 현재의

---

65) 김진기, "주일 미군 재배치의 배경과 전략적 의도: 미·일 양국의 국방정책 지침서를
   중심으로,"『한국동북아논총』제42집(2007), pp.112-113.

3개 자위대가 개별적으로 움직이게 되는 병렬적 구조를 개편하여 보다 유기적이고 효과적인 임무 수행이 가능하도록 지휘 통제 구조의 일원화를 추진한다.[66)

또한 자위대의 활동 영역에 있어서도 확대를 도모한다. 2004년 대강부터는 일본의 안보정책 목표에 '본토방위'와 더불어 '국제 안전보장 환경의 개선'을 명시하고 있다. 국제공헌 임무는 국토방위와 동격의 본 임무로 승격된다. 활동지역은 '역내'의 개념에 해당하는 동아시아 지역을 넘어서, 일본의 에너지 루트이자 해상 교통로가 되는 중동에서 동아시아에 이르는 지역을 제시하고 있다. 일본의 이해관계가 얽혀 있는 지역의 안보문제에 대한 보다 적극적인 참여 의사의 표현으로 볼 수 있다.

2) 동맹 역기능의 해소

이 같은 재편과정을 통하여 미·일 간 군사일체화가 진전될수록 일본의 군사적 자율성에 대한 제약은 커질 수밖에 없다. 그러나 일본은 군사일체화에 적극 참여함으로써 다음과 같은 효과를 기대할 수 있다.

첫째, 군사일체화를 통해 일본은 미국의 방기 가능성을 낮추는 효과를 얻을 수 있다. 일체화가 하나의 구조로서 안정화되면 주일미군 또한 자위대와 마찬가지로 단독적 작전 수행에 제약을 받게 된다. 주일미군의 작전과 편성 역시 자위대의 지원을 전제로 하게 되기 때문이다. 이는 곧 자위대에 대한 주일미군의 의존도 증가를 의미한다. 일본은 늘어나는 자위대의 역할 만큼 유사시 미국의 지원에 대한 높은 신뢰성을 기대할 수 있게 된다.

둘째, 작전 및 훈련의 일체화를 통해 양국은 유사시 신속성의 문제를 해결할 수 있다. 가능한 유사사태에 대한 대응 방침을 평시에 예상하고 합동훈련을 반복함으로써 예상되는 사태 발생 시 양국은 여타의 조정 과정 없이 일차적으로 평시 훈련한 계획에 따라 작전을 수행할 수 있게 된다. 이는

---

66) 윤덕민·박철희(2007), pp.55-56; 한국전략문제연구소, 『일본의 신방위계획대강평가』
　　(서울: 한국전략문제연구소, 2005), pp.4-5.

동맹의 실효성을 높이는 결과를 가져온다. 즉, 일본은 동맹정책을 통해 비용 효율성을 추구하는 동시에 군사일체화를 통해 군사 행동의 자율성을 희생하는 대가로 동맹을 통해 얻어지는 안전보장의 효과를 증대시켜 왔다.

셋째, 군사일체화에 따른 역할 분담의 증가를 통해 일본은 미국으로부터 더 많은 이익을 공여 받을 수 있다. 미국은 군사적 배치 태세의 재편 과정에서 이후 국제 안보 유지를 위한 미국의 활동에 대하여 동맹국에 부담 분담(burden sharing)을 요구하는 한편으로는 그에 따른 권한 분담(power sharing)을 약속함으로써 동맹국의 적극적인 참여를 유도하였다. 실제로 일본은 미군 재배치 계획에 대한 협력과 조정의 과정에서 적극적인 자세를 취해 왔으며, 양국의 공동 작전이 증가할수록 일본은 더 많은 권한 분담을 기대할 수 있게 된다.[67] 또한 분담의 증가는 장기적으로 동맹관계의 비대칭성을 완화시키는 역할을 할 수 있다. 동맹 내에서 일본의 역할 비중이 증가할수록 미·일 동맹의 비대칭성은 감소하며 미국의 대일 의존도 또한 증가한다. 2009년 민주당 정권의 '긴밀하고 대등한 미·일관계' 공약 역시 "미국의 역할을 분담하면서 일본의 책임을 적극적으로 다 하는" 가운데에서 달성할 것임을 명시하고 있다.[68] 이와 같이 일본은 미·일 동맹에 대한 적극적 참여를 통해 지역 내 위협으로부터의 안전보장을 강화하고, 다른 한편으로 활동영역의 확대 및 패권국 미국과의 파트너십 강화를 바탕으로 국제적 지위와 영향력 확대를 도모한다.

탈고전적 현실주의 시각에서 볼 때 일본의 미·일 간 군사일체화 전략은 동맹관계에서 발생하는 부담 분담의 비용을 줄이려 하기보다 이를 적극적으로 수용하고 역할을 확대함으로써 동맹으로부터 얻어지는 이익을 확대하고 동맹의 결점을 보완하는 전략적 선택으로 설명된다. 이론적으로는 미국에 대한 전적인 의존과 책임전가가 가장 비용 효율적인 방안이 될 수 있지만,

---

67) 김순태·문정인·김기정, "한국과 일본의 대미 동맹정책 비교연구: 미국의 군사전환전략을 중심으로," 『국제정치논총』 제49집 4호(2009), pp.69-70.
68) 民主黨, 『Manifesto 2009』, http://www.dpj.or.jp/policy/manifesto(검색일: 2011년 5월 1일).

전술한 바와 같이 방기 및 동맹관계 악화의 우려로 인하여 일본으로서 미국
이 동맹을 통해 요구하는 역할 및 비용 분담을 회피하는 데에 한계가 있다
는 점을 고려하면, 현실적으로 이와 같은 적극적인 동맹 참여가 가장 합리적
인 선택이 될 수 있다.

VI. 맺는말

이 장에서는 탈고전적 현실주의 이론을 바탕으로 21세기 이후 10년 동안
일본 안보정책을 설명하였다. 탈고전적 현실주의 이론은 국가의 안보정책
선택에 있어서 가장 중요한 원리로 '비용 효율성'을 강조한다. 국가에게 있
어서 단기적 안보의 필요성은 생존을 위한 선결적 조건이지만 군사비에 대
한 지출은 자원 소모적이기 때문에 필요 이상의 군사력 증강은 국가의 장기
적인 목표 달성에 장애가 될 수 있다. 또한 항상 최악의 상황을 가정하는
기존의 신현실주의 이론들과 달리 탈고전적 현실주의는 국가의 위협 판단이
잠재적 적국과의 기술적·지리적·경제적 조건 여하에 따라서 달라진다고
가정한다. 따라서 국가가 필요로 하는 안보의 수위는 조건에 따라 가변적일
수 있고, 국가는 안보전략의 선택을 필요한 안보 수준에 맞추되 가능한 정책
가운데에서 가장 '비용 효율적'인 방법을 선택한다.

이 같은 논리에 따라 탈고전적 현실주의는 비용이라는 경제적 개념을 통
하여 국가의 행위를 합리적으로 설명한다. 또한 비용 계산이 가능한 범주
내에서는 계량적 방법을 통해 국가의 행위 판단을 검증하고 미래의 선택을
예측할 수 있게 한다. 따라서 탈고전적 현실주의는 통합된 국제 시장과 발
달된 기술 속에서 교역과 다양한 생산수단을 통하여 경제적 이익을 추구하
는 현대 국제사회 속에서의 국가 행위를 설명하는 데 유용한 수단이 될 수
있다.

탈고전적 현실주의가 설명하는 국가의 '안보비용 억제 노력'과 '장기적인 경제적 목표 추구'는 방위비 지출을 억제하고, 군사력의 자체적 증강이 아닌 동맹정책을 통하여 안보 확보와 국제적 지위 향상을 도모하고 있는 21세기 일본의 모습과 겹쳐진다. 탈고전적 현실주의 시각을 바탕으로 볼 때 일본에 대한 중국의 위협은 ① 기술적 대등성과 방어 우위, ② 바다를 통한 격리와 그에 따른 투사 능력의 제한, ③ 경제적 대체 수단의 존재로 인하여 제한된다.

일본은 2004년, 2010년의 방위계획대강에서 중국의 군사력을 가장 중요한 위협으로 간주하면서도, 영토분쟁으로 인한 국지적 충돌의 발생 가능성은 높지만 전면전의 발생 가능성은 낮은 것으로 평가하고 있다. 따라서 중국의 위협에 대한 일본의 대응 또한 전체 군사적 규모에 대한 민감한 반응보다 예상되는 특정한 형태의 위협에 대한 대응 능력을 확보하는 데 초점을 맞추고 있다. 그리고 예상을 벗어나는 만약의 사태에 대해서는 미국과의 동맹강화를 통해 대비하고 있다. 탈고전적 현실주의는 이와 같은 일본의 전략 선택을 비용 효율성의 관점에서 설명한다. 중국의 위협이 특정한 규모, 특정한 형태로 제한된다면 일본으로서도 굳이 예상되는 범위 이상의 위협에 대한 대비를 위해 큰 경제적 부담을 짊어지려 하지 않을 것이라고 보는 것이다.

따라서 일본은 예상되는 위협에 선택적으로 대비하며, 그 이상의 위협에 대한 안보는 미·일 동맹에 의존한다. 21세기 일본이 실행해 온 동적방위력 중심의 군사적 재편과 미사일 방어체제의 전력화, 미·일 간 군사적 일체화는 이와 같은 분석을 뒷받침하는 사례가 될 수 있다. 동맹 내 역할 분담의 증가 또한 현재 발생하는 비용으로만 간주하는 것이 아니라 이를 통해 더 큰 이익을 추구하는 투자적인 측면에서 합리성이 있는 것으로 평가하였다. 결론적으로 일본의 안보정책이 가진 '제한'이 비용 효율성이라는 합리적 목표에 부합되며 이 같은 합리성이 패전국이자 전범국에 대한 국내외적 제약에 따른 특수성 못지않게 일본 안보정책 판단에 있어서 중요한 역할을 하였음을 보여준다.

■ 참고문헌 ■

김기정·천자현. 2009. "중국 자원외교의 다자주의와 양자주의: 중앙아시아 및 아프리카에 대한 중국 자원외교 비교."『국제지역연구』제13권 1호.

김성철. 2007.『일본외교와 동북아』. 서울: 한울아카데미.

김순태·문정인·김기정. 2009. "한국과 일본의 대미 동맹정책 비교연구: 미국의 군사전환전략을 중심으로."『국제정치논총』제49집 4호.

김진기. 2007. "주일 미군 재배치의 배경과 전략적 의도: 미·일 양국의 국방정책 지침서를 중심으로."『한국동북아논총』제42집.

남궁영. 2007. "에너지 안보: 중국의 전략에 대한 분석."『국제정치연구』제10집 1호.

남창희. 2006. "일본의 미사일 방어체계 정책적 함의."『군사논단』제45호.

_____. 2008. "주일미군 재배치와 일본의 대미 동맹관리 정책."『국제관계연구』제13권 1호.

박영호. 2006.『2006년 QDR의 특징 분석과 한반도 안보에 주는 시사점』. 서울: 통일연구원.

소에야 요시히데. 박철희·윤수경·이나올 역. 2006.『일본의 미들 파워 외교: 전후(戰後) 일본의 선택과 구상』. 서울: 도서출판 오름.

소토카 히데토시·혼다 마사루·미우라 도시아키. 진창수·김철수 역. 2005.『미일동맹 안보와 밀약의 역사』. 서울: 한울아카데미.

손 열. 2010. "동맹과 공동체 사이의 일본: 21세기 권력이동과 재균형의 모색."『일본연구논총』제31호.

손기섭. 2010. "고이즈미 내각기의 중·일 '72년 체제'의 갈등과 전환."『국제정치논총』제45집 4호.

송화섭. 2010. "일본의 군사전략과 군사력 증강 추세."『JPI정책포럼』2010-1호. 제주: 제주평화연구원.

윤덕민·박철희. 2007.『한미동맹과 미일동맹 조정과정 비교 연구』. 서울: 한국전략문제연구소.

이기완. 2007. "일본 국내정치의 동학과 미일안보체제."『국제지역연구』제11권 2호.

장노순. 1996. "'교환동맹모델'의 교환성: 비대칭 한미안보동맹."『국제정치논총』제 36집 1호.

전재성. 2004. "동맹이론과 한국의 동맹정책."『국방연구』제47권 2호(2004).

전진호. 2010. "하토야마 민주당 정부의 대미 외교안보정책: 자립과 동맹의 딜레마." 『일본연구논총』제32호.

최종건·박창원. "방패와 창의 안보딜레마: 일본의 TMD구축과 중국의 대응 역학관 계를 중심으로."『한국과 국제정치』제26권 3호.

한국무역협회.『무역통계』. http://stat.kita.net(검색일: 2011년 5월 1일).

한국전략문제연구소. 2005.『일본의 신방위계획대강 평가』. 서울: 한국전략문제연구소.

Altfeld, Michael F. 1984. "The Decision to Ally: A Theory and Test." *The Western Political Quarterly* 37(4), December.

Berger, Thomas U. 1993. "From Sword to Chrysanthemum: Japan's Culture of Anti-Militarism." *International Security* 17(4), Spring.

British Petroleum. 2011. *Statistical Review of World Energy*. June. http://www.bp.com/statisticalreview(검색일: 2011년 6월 10일).

Brooks, Stephen G. 1997. "Dueling Realisms." *International Organizations* 51(3), Summer.

Calder, Kent E. 1988. "Japanese Foreign Economic Policy Formation: Explaining the Reactive State." *World Politics* 40(4), July.

Chai, Sun-Ki. 1997. "Entrenching the Yoshida Defense Doctrine: Three Techniques for Institutionalization." *International Organization* 51(3), Summer.

Chanlett-Avery, Emma, and Mary Beth Nikitin. 2009. "Japan's Nuclear Future: Policy Debate, Prospects and U.S. Interests." *CRS Report for Congress*. February 19. http://www.fas.org/sgp/crs/nuke/RL34487.pdf(검색일: 2011 년 5월 1일).

Chanlett-Avery, Emma, William H. Cooper, and Mark E. Manyin. 2011. "Japan-U.S. Relations: Issues for Congress." *CRS Report for Congress*. January 13. http://www.fas.org/sgp/crs/row/RL33436.pdf(검색일: 2011년 5월 1일).

Congressional Research Service. 2009. *Japan's Nuclear Future: Policy Debate, Prospects and U.S. Interests*. February. http://www.fas.org/sgp/crs/nuke/RL34487.pdf(검색일: 2011년 5월 1일).

_____. 2011. *Japan-U.S. Relations: Issues for Congress*. January. http://www. fas.org/sgp/crs/row/RL33436.pdf(검색일: 2011년 5월 1일).

Cowhey, Peter F. 1993. "Domestic Institutions and the Credibility of International Commitments: Japan and the United States." *International Organization* 47(2), Spring.

Funabashi, Yoichi. 2000. "Tokyo's Temperance." *The Washington Quarterly* 23(3), Summer.

Gilpin, Robert. 1981. *War and Change in World Politics*. Cambridge: Cambridge University Press.

GlobalSecurity.org. *Japan Military Guide*. http://www.globalsecurity.org/military/ world/japan/ship.htm(검색일: 2011년 5월 1일).

Haass, Richard N. 1999. "What to Do With American Primacy." *Foreign Affairs* 78(5), September/October.

Hook, Glenn D. 1988. "The Erosion of Anti-Militaristic Principles in Contemporary Japan." *Journal of Peace Research* 25(4), December.

Ikenberry, G. John. 2002. "America's Imperial Ambition." *Foreign Affairs* 81(5), September/October.

IMF. 2011. *World Economic Outlook Database*. April. http://www.imf.org/ex ternal/pubs/ft/weo/2011/01/weodata/weoselgr.aspx(검색일: 2011년 5월 1일).

Jenkins, Dennis R. 1998. *McDonnell Douglas F-15 Eagle, Supreme Heavy-Weight Fighter*. Arlington: Aerofax.

Jervis, Robert. 1978. "Cooperation Under the Security Dilemma." *World Politics* 30(2), January.

Kagan, Robert. 2002. "Power and Weakness." *Policy Review*, No.113, June/ July.

Kahn, Herman. 1970. *The Emerging Japanese Superstate: Challenge and Response*. Englewood Cliffs: Prentice Hall.

Katzenstein, Peter J., and Nobuo Okawara. 1993. "Japan's National Security: Structures, Norms, Policies." *International Security* 17(4), Spring.

Kawasaki, Tsuyoshi. 2001. "Postclassical Realism and Japanese Security Policy." *The Pacific Review* 14(2).

Lieber, Keir A., and Daryl G. Press. 2006. "The Rise of U.S. Nuclear Primacy."

Foreign Affairs 85(2), March/April.

Lind, Jennifer M. 2004. "Pacifism or Passing the Buck? Testing Theories of Japanese Security Policy." *International Security* 29(1), Summer.

Mearsheimer, John J. 2001. *The Tragedy of Great Power Politics*. New York: W.W. Norton & Company.

Miyashita, Akitoshi. 2007. "Where Do Norms Come from? Foundations of Japan's Postwar Pacifism." *International Relations of Asia-Pacific* 7.

Morrow, James D. 1991. "Alliances and Asymmetry: An Alternative to the Capability Aggregation Model of Alliances." *American Journal of Political Science* 35(4), November.

New York Times. September 22, 2010.

OECD. 2010. *Country Statistical Profile: Japan*. May 27. http://www.oecd-ilibr ary.org/economics/country-statistical-profile-japan_20752288-table-jpn (검색일: 2011년 5월 1일).

Posen, Barry. 2003. "Command of the Commons: The Foundation of U.S. Hegemony." *International Security* 28(1), Summer.

SIPRI. *SIPRI Military Expenditure Database*. http://milexdata.sipri.org(검색일: 2011년 5월 1일).

Snyder, Glenn H. 1984. "The Security Dilemma in Alliance Politics," *World Politics* 36(4), July.

The White House. 2002. National Security Strategy of the United States of America. September. http://georgewbush-whitehouse.archives.gov/nsc/ nss/2002/(검색일: 2011년 5월 1일).

_____. 2006. *National Security Strategy of the United States of America*. March. http://georgewbush-whitehouse.archives.gov/nsc/nss/2006/(검색일: 2011년 5월 1일).

_____. 2010. *National Security Strategy of the United States of America*. May. http://www.whitehouse.gov/sites/default/files/rss_viewer/national_sec urity_strategy.pdf(검색일: 2011년 5월 1일).

U.S. Department of Defense. 2010. *Annual Report to Congress: Military and Security Developments Involving the People's Republic of China*. August. http://www.defense.gov/pubs/pdfs/2010_CMPR_Final.pdf(검색일: 2011년 5월 1일).

Waltz, Kenneth N. 1959. *Man, the State, and War: A Theoretical Analysis*. New York: Columbia University Press.

_____. 1979. *Theory of International Politics*. Reading: Addison-Wesley.

_____. 1988. "The Origins of War in Neorealist Theory." *The Journal of Interdisciplinary History* 18(4), Spring.

_____. 1993. "The Emerging Structure of International Politics." *International Security* 18(2), Autumn.

_____. 2000. "Structural Realism after the Cold War." *International Security* 25(1), Summer.

Wendt, Alexander. 1992. "Anarchy is What States Make of It: the social construction of power politics." *International Organization* 46(2), Spring.

_____. 1995. "Constructing International Politics." *International Security* 20(1), Summer.

Wohlforth, William C. 2002. "U.S. Strategy in a Unipolar World." In G John Ikenberry (ed.). *America Unrivaled: The Future of the Balance of Power*. Ithaca: Cornell University.

World Bank. http://data.worldbank.org/indicator/NY.GDP.MKTP.KD.ZG(검색일: 2011년 5월 1일).

Zakaria, Fareed. 2008. "The Future of American Power." *Foreign Affairs* 87(3), May/June.

Zewig, David, and Bi Fianhai. 2005. "China's Global Hunt for Energy." *Foreign Affairs* 84(5), September/October.

内閣官房. 1976. 『昭和52年度以降に係る防衛計画の大綱について』(http://www.cas.go.jp/jp/gaiyou/jimu/taikou/6_52boueikeikaku_taikou.pdf).

民主党. 2009. 『Manifesto 2009』(http://www.dpj.or.jp/policy/manifesto).

防衛省. 2004. 『平成17年度以降に係る防衛計画の大綱について』(http://www.mod.go.jp/j/approach/agenda/guideline/2005/taikou.html).

_____. 2010. 『平成23年度以降に係る防衛計画の大綱について』(http://www.mod.go.jp/j/ap proach/agenda/guideline/2011/taikou.html).

_____. 2011. 『平成22年防衛白書』(http://www.clearing.mod.go.jp/hakusho_data/2010/2010/index.html).

首相官邸. 1995. 『平成8年度以降に係る防衛計画の大綱について』(http://www.kantei.

go.jp/jp/singi/ampobouei/sankou/951128taikou.html).

財務省貿易統計. http://www.customs.go.jp/toukei/info/index.htm(검색일: 2011
년 5월 1일).

[부록 4-1] 군사비 지출 상위 15개국(1996~2014)

(백만US$)

국가	1996	1998	2000	2002	2004	2006	2008	2010	2012	2014	2014 세계대비 비중(%)	2014 GDP 대비 비중(%)
미국	271,417(1)	274,278	301,697	356,720	464,676	527,660	621,131	698,180	684,780	609,914	34.3	3.5
중국	15,023(9)	18,094	22,190	31,642	40,015	56,663	91,658	123,333	169,604	216,371	12.2	2.1
러시아	15,826(8)	7,956	9,228	13,944	20,955	34,518	56,184	58,720	81,079	84,462	4.8	4.5
사우디아라비아	13,340(11)	20,862	19,964	18,502	20,910	29,581	38,223	45,245	56,498	80,762	4.5	10.4
프랑스	46,403(2)	40,041	33,814	36,404	53,007	54,516	66,009	61,782	60,035	62,289	3.5	2.2
영국	34,491(5)	36,866	35,255	39,660	53,970	57,483	65,619	58,083	58,496	60,482	3.4	2.2
인도	9,905(12)	11,921	14,288	14,750	20,239	23,952	33,002	46,090	47,217	49,968	2.8	2.4
독일	38,990(4)	33,146	28,150	29,333	38,008	38,092	48,081	46,256	46,471	46,455	2.6	1.2
일본	42,550(3)	36,600	45,976	39,113	45,585	42,180	46,755	53,796	60,010	45,776	2.6	1.0
한국	16,409(7)	10,458	13,801	14,102	17,830	25,177	26,072	27,573	31,661	36,677	2.1	2.6
브라질	14,073(10)	14,357	11,344	9,665	9,780	16,405	24,453	34,003	33,987	31,744	1.8	1.4
이탈리아	23,442(6)	23,478	22,411	24,363	34,116	33,408	41,244	36,032	33,733	30,909	1.7	1.5
호주	8,203(13)	7,108	7,274	7,947	11,995	14,240	18,633	23,218	26,217	25,411	1.4	1.8
아랍에미리트	n.a.	4,010	5,876	5,354	6,817	7,165	11,572	17,505	19,024	22,755	1.3	5.1
터키	7,512(14)	8,781	9,994	9,050	10,921	13,124	16,914	17,749	17,810	22,618	1.3	2.2

출처: Stockholm International Peace Research Institute, SIPRI Military Expenditure Database

[부록 4-2] 미·중·일 군사비 지출(1996~2014)

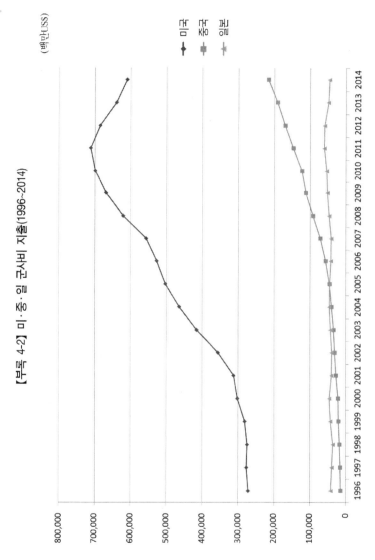

(백만US$)

미국
중국
일본

800,000
700,000
600,000
500,000
400,000
300,000
200,000
100,000
0

1996 1997 1998 1999 2000 2001 2002 2003 2004 2005 2006 2007 2008 2009 2010 2011 2012 2013 2014

출처: Stockholm International Peace Research Institute, *SIPRI Military Expenditure Database*

제5장

센카쿠제도를 둘러싼 중·일 간 분쟁의 함의:
공격적 현실주의 시각*

I. 머리말

21세기 들어와서 중국은 경제적·군사적으로 급속히 부상하고 있다. 중·일관계도 크게 변화하면서 점점 더 복잡함을 증가시키고 있다. 최근에는 중국과 일본 간 잠재적 영유권 분쟁이 가시화되고 있다. 센카쿠제도(尖閣諸島)/댜오위댜오(釣魚島)(센카쿠제도의 명칭 사용은 일본이 실효적 지배를 하고 있다는 점에서 이하에서는 센카쿠제도로 표기함)를 둘러싼 영유권 문제는 2차 세계대전 전후 처리과정에서 비롯된 것이지만, 1990년대 이전까지는 외교적으로 첨예한 갈등 사안으로 등장하지는 않았다. 그러나 중국의 경제적 부상과 더불어 국력 투사가 강화되면서 남중국해 및 동중국해에서의

---

* 이 글은 남궁영·김원규, "센카쿠제도를 둘러싼 중·일 간 분쟁의 함의: 공격적 현실주의적 접근," 『세계지역연구논총』 제31집 1호(2013)를 수정·보완한 것이다.

영유권 분쟁이 본격적으로 표면화되기 시작했다. 지난 2010년 9월 일본은
센카쿠제도 근해에서 해상보안청 순시선을 들이받고 달아난 혐의로 구속한
중국인 선장을 아무런 처벌도 하지 못하고 석방한 적이 있다. 중국이 일본
IT 제조업계의 필수 원자재인 희토류 대일 수출 중단과 도요타자동차 등
중국 내 일본 기업의 불법 활동에 대한 조사라는 경제적 보복카드를 들고
나왔기 때문이다. 이에 반하여 2012년 8월 센카쿠제도 영유권 갈등이 재현
되면서 일본은 2년 전과는 달리 센카쿠제도에 대한 국유화 조치 등 보다
적극적인 대응방식을 취하였다. 중국은 이에 대응하여 공격적 태세를 표면
화하는 등 과거와는 다른 대외정책의 일단을 보이고 있다. 2013년 1월에는
중국 군함이 일본 자위대의 헬기와 호위함에 사격 관제용 레이더를 직접
조준하고 나섰다.

중국의 후진타오(胡錦濤) 국가주석은 2012년 5월 '미·중 전략 경제 대화'
에서 양국 간 '신형대국관계' 구성이 새로운 질서의 핵심이라고 발언한 바
있다. 후진타오의 발언은 중국 외교정책의 변화를 의미하는 것으로서, 중국
이 급속한 경제성장을 바탕으로 본격적인 동아시아 지역질서의 재편 의도를
보이는 것으로 평가된다.[1] 이는 중국이 도광양회(韜光養晦)의 수준을 넘어,
갈등과 대립상황을 피하지 않는 유소작위(有所作爲) 외교를 적극적으로 전
개하는 것으로 받아들여지고 있다.[2] 이와 같이 중국이 적극적 대응방식을
내보인 배경에는 2000년대 이후 미국과 중국의 상대적 국력 평가 변화에
대한 인식이 자리하고 있다.[3]

---

1) 프랜시스 후쿠야마(Francis Fukuyama)는 "다음 세대까지도 세계정치에서 최우선 문
제는 중국의 부상이다. 중국은 2009년 이래 외교정책이 바뀌었다. 센카쿠제도를 둘러
싼 분쟁도 아시아에서 중국의 패권적 역할을 인정해달라는 중국의 요구와 관련 있다"
고 강조했다. 『중앙SUNDAY』, 2013년 4월 14일.
2) 도광양회(韜光養晦)는 '칼날의 빛을 칼집에 감추고 힘을 기르며 때를 기다리다'라는 뜻
으로 1980년대 중국의 대외정책을 일컫는 용어이며, 유소작위(有所作爲)는 '적극적으
로 참여해서 하고 싶은 대로 한다'는 뜻을 내포하고 있다.
3) 미·중의 국력 역전과 관련하여 이코노미스트는 경제적으로 '중국이 미국을 넘어서는
날'을 2018년으로, 컨설팅업체인 프라이스워터 하우스는 2025년, 골드만 삭스는 2027

미국은 부시(George W. Bush) 행정부 이후 10여 년에 걸친 '테러와의 전쟁'을 수행해 오면서 동아시아 지역 안보개입에 상대적으로 소홀했으며, 2008년 금융위기로 인해 경제적 능력이 크게 위축되었다는 평가가 지배적이다. 이에 반해 중국은 1978년 이래 고도성장을 지속해, 2010년 국내총생산(GDP: Gross Domestic Product) 규모에서 일본을 추월하여 세계 2위의 경제대국 지위에 오름으로써 G2의 위상을 확보하는 데 이르렀다. 나아가 중국은 막강한 경제력을 바탕으로 해양에서의 영향력 증대를 본격화하는 등 종합국력의 확대를 도모하고 있으며, 이를 뒷받침하기 위해 보다 적극적인 대외정책을 추진하고 있다.

이 글은 중국과 일본이 센카쿠제도 영유권 갈등에서 유연한 태도를 견지하였던 과거와는 달리 왜 상대국가를 자극할 수 있는 강경수를 취한 것인가? 그 배경에는 중국의 부상에 따른 동아시아 역학구도의 변화 속에서 미·중·일 간 국가이익의 충돌에 의한 불신과 위협의 증대라는 보다 거시적인 배경 요인이 작용하고 있는 것은 아닌가?에 대한 질문에 대답하는 것을 목적으로 하고 있다.[4] 이러한 강대국 간 첨예한 영유권을 둘러싼 갈등 상황은 국제정치이론 분야에서 현실주의적 시각에 주목하게 한다. 특히 중국의 공세적 행보와 이에 대한 미국의 대응은 공격적 현실주의(offensive realism)에 의한 해석 가능성을 시사하는 것이다.[5] 따라서 이 글은 센카쿠제도 영유권 분쟁을 중국과 미·일 3국이 공격적 현실주의가 제시하는 원리에 따라 행동하고 있는 대표적인 사례로 상정한다. 이에 따라 센카쿠제도 영유권

년으로 각각 전망하고 있다. 김열수, "미국의 신국방전략과 한국의 대비 전략,"『국가 전략』 18권 2호(2012), p.180에서 재인용.

4) '중국위협론'에 대해서는 Herbert Yee and Ian Storey (eds.), *The China Threat: Perceptions, Myths, and Reality* (London: Routledge Curzon, 2002); 남궁영·양일국, "중국의 부상을 보는 두 시각: 현상유지국인가, 도전국인가?"『21세기정치학회보』 제22집 2호(2012) 참조.

5) 설인효·이택선, "미어셰이머의 공격적 현실주의 이론과 21세기 동북아 국제질서: 방어, 공격적 현실주의 논쟁과 공격적 현실주의 재평가,"『분쟁해결연구』 10권 2호(2012), pp.125-126.

분쟁을 중심으로 미국과 일본, 중국의 대외전략 성격을 규명하고자 한다. 센카쿠제도 영유권 분쟁을 둘러싼 미국과 일본, 중국 간 외교 갈등의 성격이 공격적 현실주의 측면에서 설명될 수 있다고 보고, 미어셰이머(John J. Mearsheimer)의 이론적 가정에 입각하여 다음과 같은 기본 가설을 통해 검토하고자 한다.

첫째, 센카쿠제도 영유권 분쟁은 중국이 동아시아에서 지역적 패권(regional hegemony)을 확보하기 위한 시도로 이해될 수 있다. 둘째, 중국은 지역패권 확보를 위해 분쟁 상대국인 일본에 경제적·군사적으로 압박을 가하며 위협할 것이다. 셋째, 일본은 중국의 공갈(blackmail)에 직접적으로 대응하기보다는 미국과의 군사동맹관계의 틀을 활용하는 간접적 대응방식을 선택할 것이다. 넷째, 이 지역에서 세력균형(balance of power)을 바라는 미국은 중국이 동아시아 지역의 패권국으로 부상하는 것을 억제하기 위해 센카쿠제도 영유권 문제에 대해 역외균형자(offshore balancer)의 입장에서 중국을 견제할 것이다.

II. 공격적 현실주의의 특징

기본적으로 현실주의 이론들은 국가의 행동양식과 그 성격을 규명하는데 집중해 왔다. 이점에 있어 국가가 합리적 행위자인가 그렇지 않은가의 문제는 대단히 중요한 의미를 갖는다. 국가는 직면한 위협과 자신의 생존을 위해서 행동을 취하게 될 것인데, 이는 국가가 어떠한 종류의 행위자인가에 따라 크게 그 내용이 달라질 수 있기 때문이다. 현실주의 이론들은 국가의 행위를 설명하고자 하면서, 이러한 국가중심성과 합리성에 바탕을 두고 있다. 미어셰이머는 현실주의를 세 가지ー고전적 현실주의, 방어적 현실주의, 공격적 현실주의ー로 분류하고, 그 기준을 '왜 국가들이 힘을 추구하는가',

'국가들은 얼마나 많은 힘을 가지려 하는가?'라는 본질적인 문제에 대한 대답으로 삼았다.[6]

공격적 현실주의는 구조적 현실주의 부류에 속하지만,[7] 국가들이 얼마나 많은 힘을 가지려 하는가에 대한 설명에서 월츠(Kenneth N. Waltz)의 이론(방어적 현실주의)과 구별되는 특징을 가진다. 월츠는 국가가 국제체제 속에서 자신의 지위를 유지하는 일에 가장 큰 관심을 두고 있다고 본다. 한국가가 공격적인 행동을 할 경우, 잠재적 피해국들은 서로 연대하여 이에 대항하여 균형을 유지하려 한다는 것이다. 아울러 강대국의 지나친 힘의 축적은 다른 국가들의 연대적 대항의 결과를 불러오게 되므로 일정 수준 힘을 보유한 강대국은 더 이상 힘을 추구하지 않고 자제하게 된다고 보았다.[8] 즉, 월츠의 방어적 현실주의는 '안보의 극대화'를 궁극적인 목적으로 하는 강대국들은 국력의 확장을 추구하기보다 현재의 세력균형 상태를 유지하기 위해 노력한다고 보는 것이다.

반면, 미어셰이머는 중앙권위체가 없는 무정부 상태의 국제체제에서 안보딜레마(security dilemma) 상황을 해소하는 유일한 방법은 패권국이 되는 것이라고 이해하고 있다. 따라서 국가는 상대적인 힘의 최대화를 위해 지속적인 노력을 멈추지 않는다고 본다.[9] 국가들은 동일하게 '생존의 극대화'를 추구하는 무정부적 국제체제하에서 언제나 자신에게 유리한 쪽으로 세력균형의 변경을 추구하기 때문이다.

---

6) John J. Mearsheimer, *The Tragedy of Great Power Politics* (New York: W. W. Norton & Company, 2001), pp.12-13, 18-21.
7) 구조적 현실주의는 국가의 행동을 설명하기 위해 국가 자체를 볼 것이 아니라 국가가 처해 있는 환경, 즉 구조를 보아야 한다고 주장한다. 국제정치 현상은 국제정치를 구성하고 있는 단위들의 내부적 속성과 의도만으로 분석하기 어렵고, 국가들의 행동은 무정부 상태의 국제환경에 더욱 큰 영향을 받게 된다고 보고 있다. 이는 국가들이 '국제정치의 구조' 또는 '힘의 배분'에서 어디에 위치하고 있는가를 통해 이해되어야 한다는 것이다.
8) Kenneth N. Waltz, *Theory of International Politics* (Reading: Addison-Wesley Publishing Company, 1979), pp.126-127.
9) Mearsheimer(2001), pp.33-36.

〈표 5-1〉 주요 현실주의 이론 비교

구분	고전적 현실주의	구조적 현실주의	
		방어적 현실주의	공격적 현실주의
왜 국가들이 힘을 추구하는가?	국가들에 내재하는 권력추구 본능	중앙권위체가 없는 국제체제의 구조	중앙권위체가 없는 국제체제의 구조
국가들은 얼마만큼의 힘을 원하는가?	획득할 수 있는 모든 힘. 국가들은 상대적으로 힘을 극대화하려 하며, 패권적 지위가 궁극적 목표	현 상태보다 약간 더 강한 국력. 국가들은 세력균형의 유지를 목표	획득할 수 있는 모든 힘. 국가들은 상대적으로 힘을 극대화하려 하며, 패권적 지위가 궁극적 목표
안보딜레마에 관한 입장	–	무분별한 힘의 증강은 국가 안보에 역효과 (안보딜레마)를 가져올 수 있으므로 자제	안보딜레마 상황을 타개하기 위해 상대적인 힘의 우월상태가 되면 공격적인 행동도 가능

출처: Mearsheimer(2001), p.22 재구성

　월츠는 양극체제에서는 또 다른 제3세력이 등장하기 어렵다는 가정에 따라, 양 강대국의 지위가 지속적으로 유지됨으로써 양극체제가 다극체제보다 안정적이라고 보았다.[10] 나아가 미어셰이머는 체제를 구성하는 강대국들이 갖는 힘의 격차에 따라 다극체제를 다시 '균형적 다극체제(balanced multi-polarity)'와 '불균형적 다극체제(unbalanced multipolarity)'로 구분하였다. 즉 같은 다극체제라 할지라도 그 안정성에는 차이가 있다는 것이다.[11]
　균형적 다극체제와 불균형적 다극체제는 체제를 구성하고 있는 강대국 중 '잠재적 패권국(potential hegemon)'이 존재하는지 여부에 따라 구분된

10) Kenneth N. Waltz, "The Origins of War in Neorealist Theory," *Journal of Inter-disciplinary History*, Vol.18, No.4(Spring 1988), pp.615-628.

11) Mearsheimer(2001), p.335. 자유주의에서는 다극체제가 더 안정적인 체제라고 주장하는 입장도 있다. Charles W. Kegley, Jr. and Gregory A. Raymond, *A Multipolar Peace? Great-Power Politics in the Twenty-First Century* (New York: St. Martin's Press, 1994) 참조.

다. 잠재적 패권국이란 "현실적 군사력이 막강할 뿐 아니라 국력의 잠재적 요인(경제력과 인구)도 풍부하기 때문에, 자신이 속한 지역에서 다른 강대국들을 통제하고 지배할 수 있는 국가"라고 미어셰이머는 정의한다.[12] 잠재적 패권국은 엄청난 군사력을 보유하고 있어 세력균형의 현상유지에 만족하지 않고, 더 많은 힘을 확보하고자 적극적으로 지역 패권을 추구하는 존재로서 공격적 현실주의 이론에 가장 부합하는 국가이다. 따라서 이러한 국가가 존재하는 국제체제는 그 안정성에 영향을 받을 수밖에 없다. 그러므로 미어셰이머는 잠재적 패권국이 존재하지 않는 다극체제를 '균형적 다극체제'라 하고, 잠재적 패권국이 존재하는 다극체제를 '불균형적 다극체제'로 구분한다. 이에 따라 국제체제의 불안정성이 양극체제, 균형적 다극체제, 불균형적 다극체제순으로 높아진다고 하였다. 요컨대 국제체제에 따라서 그 체제에 속한 국가들이 느끼는 두려움에 대한 크기가 다르고, 이는 전쟁의 원인일 수 있음을 설명하고 있는 것이다.

공격적 현실주의 이론은 국가는 '권력 의지(will to power)'를 갖고 있으며, 권력에 대하여 끊임없이 욕망을 추구한다고 본다. 안전보장을 위해서 국가는 상대적 국력의 최대화를 추구한다고 강조한다. 그러므로 국가의 궁극적인 목표는 국제체제에서 패권국이 되는 것이다. 국제체제하에서 한 국가가 안보불안에서 자유로워질 수 있는 방법은 세계 어떤 국가보다도 강한 국력을 보유하는 것이다. 왜냐하면 공격적 현실주의에서 가정하는 국가는 자조(self-help)의 세계에서 서로를 두려워하기 때문이다. 국가는 세력균형을 자국에 유리하게 변화시킬 기회를 지속적으로 찾게 된다는 것도 이와 같은 연장선상에서 이해될 수 있다. 이처럼 끊임없는 힘의 추구는 강대국들이 세계적 힘의 분포 상황을 자신에게 유리한 상황으로 변화시킬 수 있는 기회를 지속적으로 추구하는 경향을 갖게 하는 것이다.

하지만 현실적으로 세계적 패권국(global hegemon)이 되는 것은 해양이라는 지리적 장애요인 때문에 불가능하다고 지적한다.[13] 전쟁에서 궁극적

---

12) Mearsheimer(2001), pp.44-45.

으로 승리하기 위해서는 육군에 의한 영토 지배가 반드시 필요함을 논증한다. 따라서 미어셰이머는 강대국의 현실적인 목표는 자신만이 '유일한 지역 패권국'이 되는 것이라 주장한다. 강대국들은 먼저 자신이 속한 지역에서 패권적 지위에 오르고자 하며 일단 지역 패권국이 된 후에는 다른 지역에서 세력균형 상황이 유지되도록 개입한다. 다른 지역에서의 패권국 등장을 막으려는 역외균형(offshore balancing)을 추진한다는 것이다.[14] 다른 지역에서 패권국이 등장할 경우, 자신이 속한 지역의 다른 국가와 연합하여 자신에게 도전해 올 수 있기 때문이다. 미어셰이머는 강대국이 패권적 지위를 얻기 위해 공세적으로 경쟁함으로써 공격적 현실주의를 취하게 되는 이유로 다음과 같은 다섯 가지 가정을 들고 있다.[15]

> 첫째, 국제체제란 무정부 상태에 있으며 법과 행동규범을 수립, 집행할 수 있는 세계정부가 없으므로 개별 국가가 자체적으로 각자의 안보와 이익을 확보해야 한다.
> 둘째, 강대국들은 필연적으로 어느 정도의 공격적 군사력을 보유하고 있다.
> 셋째, 국가들은 상대국가의 의도를 정확히 판단하는 것이 불가능하다.
> 넷째, 강대국의 가장 중요한 목표는 생존이다. 특히 자국의 영토보전과 자주성을 추구한다.
> 다섯째, 강대국은 합리적 행위자이다.

---

13) 미어셰이머는 상대방 강대국을 제압하고 패권을 차지하기 위해서는 육군력을 이용한 힘의 투사능력이 요구되는데, 바다를 건너 병력을 자유로이 배치시키는 것은 현대의 기술력으로는 어렵다고 설명한다. 또한 잘 방어된 적 강대국의 해안선에 상륙시키는 것이 어려울 뿐더러, 설사 상륙에 성공한다 치더라도, 병력 수와 화력, 후속 지원 등에서 상륙국은 절대적인 열세에 놓일 수밖에 없음을 지적한다. Mearsheimer(2001), pp.83-84.

14) Mearsheimer(2001), pp.41-42.

15) Mearsheimer(2001), pp.30-31.

미어셰이머는 이러한 다섯 가지 가정을 기반으로 강대국들은 상대국가에 대해 공세적으로 생각하고 행동하도록 하는 강력한 동기가 창출된다고 주장한다.[16] 스스로 생존을 지켜야 하는 '자조(self-help)'의 상황에서 강대국들은 서로 그 의도를 알 수 없고, 공격적 능력을 보유하고 있는 다른 국가들에 대해 '불안(fear)'해 할 수밖에 없다. 그 결과 국가는 자신의 힘을 증대시키려 노력할 뿐 아니라 잠재적 경쟁국에게 피해를 입혀 힘을 감소시킴으로써 자신의 '힘을 최대화(power maximization)'시키고자 한다. 즉 강대국은 공격적으로 행동한다는 것이다. 공격적 행동의 실행여부는 합리적 계산을 통해서 결정된다. 힘의 분배에 의해 형성된 국제체제의 구조하에서 국가는 상대국과의 힘의 우열(優劣)에 따라 공격적인 행동을 할 수도, 방어적인 행동을 할 수도 있다. 이것이 바로 공격적 현실주의에서 체제(구조)를 중요시하는 이유이다.

III. 센카쿠제도 영유권 분쟁의 배경과 요인

1. 분쟁의 개요 및 역사

센카쿠제도는 동중국해 남서부에 존재하는 섬들로서, 사람이 거주하지 않는 5개 섬과 3개 암초로 이루어져 있다. 이 제도(諸島)는 대만으로부터 북쪽으로 약 170km, 일본의 오키나와 본도(本島)로부터 서쪽으로 약 410km, 중국대륙으로부터 330km 떨어진 곳에 위치한다. 총면적은 여의도의 2/3도 안 되는 6.32km²로 섬 전체가 산림으로 둘러싸인 무인도이다. 일본은 이 중에 우오츠리시마(魚釣島)와 키타코지마(北小島), 미나미코지마(南小島)를

---

16) Mearsheimer(2001), pp.31-32.

2012년 9월에 국유화했다. 센카쿠제도가 어느 나라 영토인가에 관한 문제는 동아시아 역사에 대한 다중적 해석을 함축하고 있다. 센카쿠제도를 둘러싼 갈등은 1971년 '오키나와 반환협정'을 근거로 미국이 일본에게 센카쿠제도의 행정관할권을 넘기면서 시작되었다. 센카쿠제도는 1895년 청·일전쟁에서 승리한 일본이 시모노세키조약을 통해 청나라로부터 할양받아 오키나와에 편입시켰다.[17] 일본은 2차 세계대전 종전 후, '강점한 영토를 돌려주어야 한다'는 포츠담선언을 받아들였다. 그러나 1951년 미국과 체결한 샌프란시스코 평화조약 제2조 (b)'일본은 대만과 펑후제도(澎湖諸島)에 대한 모든 권리, 근원 및 청구권을 포기한다'에서 센카쿠제도가 포함되지 않은 것과, 제3조 '일본은 북위 29도 이남의 난세이제도(南西諸島) ― 류큐제도(琉球諸島) 포함 ― 에 대하여 미국이 유일한 행정권한을 갖는 유엔의 신탁통치하에 두게 하는 미국의 어떠한 제안에도 동의한다'에서 센카쿠제도를 일본의 영토에 포함시킴으로써 논란의 불씨가 되었다.

중·일 양국 간 영유권분쟁은 1968년 아시아·극동 경제위원회의 주도로 진행된 아시아 근해지역 광물자원 공동탐사 조정위원회의 조사결과가 공표되면서 본격화되었다.[18] 이 조사는 센카쿠제도 주변 해저의 석유와 천연가스 부존여부와 경제적 가치를 확인하였고, 결과적으로 중·일 간 실제적인 영토분쟁을 촉발하는 계기가 되었다. 그 후 1971년 6월 미국과 일본 사이에 조인된 오키나와 반환협정에 기초하여 1972년 5월 센카쿠제도의 관할권도 오키나와의 일부라는 이유로 일본에 반환되었다는 것이 일본 정부의 센카쿠제도 영유권에 대한 주장이다.

사실 중국은 1970~80년대 센카쿠제도에 대해 그다지 관심을 기울일 수 없는 상황이었다.[19] 여기에는 두 가지 요인이 작용했다. 하나는 냉전이라는

---

17) 배진수, "동북아시아 지역에서의 해양영토 분쟁의 배경 및 현황," 이춘근 편, 『동아시아 해양 분쟁과 해군력 증강현황』(서울: 한국해양전략연구소, 1998), p.49.

18) 김흥규, "중·일간 센카쿠열도 분쟁과 중국의 대외정책," 성균관대학교 동아시아지역연구소, 『동아시아 브리프』 5권 4호(2010), p.19.

19) 1978년 「중일평화우호조약」 비준서 교환을 위해 일본에 온 덩샤오핑 당시 부수상은

양극체제의 한 축인 소련이 중국과 국경을 맞대고 있다는 국제정치체제의 구조적 요인이다. 소련의 위협에 직면하여 일본과의 공동 협력체제를 유지할 필요가 있었다. 또 다른 이유는 일본에 영유권을 주장하고 강력한 정책을 취할만한 힘이 없었다는 것이다. 당시 중국은 현재와 같은 강력한 군사력도 경제력도 갖고 있지 못한 상황이었다.

1990년대 들어와서 냉전체제가 붕괴되면서 양국 간 협력체제는 이완되었고, 센카쿠제도를 둘러싼 중·일 간 분쟁은 점차 가열되었다. 특히 유엔이 200해리 배타적 경제수역(EEZ: Exclusive Economic Zone)을 인정하는 해양법을 적용하면서 세계적으로 해양·해저자원에 대한 관심이 높아졌다. 중국은 1992년 「영해 및 접속수역법」을 제정하여 센카쿠제도를 자국의 영토로 명시하며 쟁점화시켰다. 1996년 양국이 모두 유엔해양법 협약을 비준하면서 센카쿠제도가 위치한 동중국해의 배타적 경제수역 획정문제를 놓고 지속적으로 대립하게 된다. 특히 2010년 센카쿠제도 근처에서 발생한 선박 충돌과 2012년 일본의 센카쿠제도 국유화 사건으로 인해 양국 간에는 전례 없는 긴장감이 조성되었다.

2. 분쟁의 주요 요인

센카쿠제도와 그 주변 수역은 일본에게 안보전략적 측면에서 매우 중요한 의미를 가진다. 부존자원이 거의 없는 일본으로서는 전적으로 해외에서 에너지자원을 들여오는 입장이기 때문에 해상교통로 보호에 대한 중요성이 크다. 이 해역은 '페르시아 → 인도양 → 말라카 해협 → 동중국해 → 일본 열도'로 이어지는 일본 해상교통로(SLOC: Sea Lines of Communication)의

센카쿠제도 영토 문제를 다음 세대의 문제로 미뤄두자는 제안을 했고, 일본 정부도 그것을 진지하게 받아들여 중국을 자극하지 않도록 유의했다. 현상유지(판단보류)에 대한 중·일 양국 간 암묵의 이해가 성립됐던 것이다.

요지에 속한다. 또한 일본은 수출주도형 경제시스템을 갖고 있다. 매년 6억 톤에 달하는 각종 자원을 세계 각국으로부터 수입하고, 이를 바탕으로 약 1억 톤 정도의 완제품을 수출하고 있다. 이러한 일본의 수출입 물동량 대부분은 동남아항로, 북미항로, 유럽항로, 중동항로 등을 거쳐 수송되고 있는데, 동남아항로는 일본 수출입 화물 50% 이상이 수송되는 항로이다.[20] 일본은 중국이 동중국해와 남중국해의 해저자원을 둘러싸고 패권을 차지하려 할 것으로 판단하고 이 해역에서 자원 개발 문제와 영토분쟁뿐만 아니라 해상교통로가 위협받을 것을 우려한다.[21]

일본은 석유와 천연가스를 포함해서 에너지자원을 연간 약 2억 1,000만 톤을 수입에 의존하고 있는데, 그중 약 90%가 중동에서 이 항로를 통해 수입되고 있다.[22] 석유의 가격과 질을 고려한다면 공급지는 중동에 집중될 수밖에 없다. 따라서 이 항로는 원유 수입수송로의 안정성 확보라는 의미에서 일본 국가안보에 지대한 영향을 주는 중요한 곳이다. 일본이 1980년대 초 해상교통로 방위구상을 준비하면서 동경만에서 바시(Bashi)해협(대만과 필리핀 사이)까지의 남서항로대와 동경만에서 마리아나제도 방향으로 남동항로대를 설정, 1,000해리까지는 자체 방위하고 그 이원지점, 즉 말라카해협까지의 해역에 대해서는 미국에 방위를 의존하는 정책을 마련했던 것도 동중국해가 해상교통로의 요충지이기 때문이다.[23]

해상교통로의 보호는 대외무역의 급속한 발전을 이룩하고 있는 중국에게도 시급한 국가적 과제로 부상하고 있다. 해상교통로는 중국 대외무역의 85% 이상을 담당하고 있다. 과거 중국은 연간 1억 4,000만 톤의 석유를 생

20) 김국군, "중·일 댜오위댜오/센카쿠열도 분쟁의 쟁점에 관한 연구: 영유권, 에너지, 전략, 민족정서적인 측면에서"(석사학위논문, 국방대 안전보장대학원, 2006), p.57.
21) 김경민, "일·중 관계와 동북아 안보: 예상되는 지역분쟁을 중심으로,"『전략연구』9호(한국전략문제연구소, 1997), p.148.
22) 에바타 켄스케(江畑謙介), 김주환 역,『2015년 세계의 분쟁예측』(서울: 황금알, 2001), pp.211-213.
23) 김경민(1997), p.149.

산하는 세계 5위의 원유생산국으로 자체 생산량에 의존하였으나, 지속되는 경제의 급성장에 따른 에너지 수요의 급증으로 인해 1994년부터 원유를 수입하게 되었다.[24]

이후 중국의 석유 수요는 점점 수입에 의존하게 되었다. 중국의 석유소비량은 2001년에는 485.9만 톤이었던 것이 2011년에는 975.1만 톤까지 증가했다. 이는 전 세계 소비량의 11.4%를 차지하는 수준으로 미국의 20.5%에 이어 두 번째, 일본의 5%보다 두 배 이상 많은 양이다.[25] 중국은 2009년 사우디아라비아로부터 80.6만 톤, 이란으로부터 47.4만 톤, 이라크로부터 14.4만 톤, 쿠웨이트로부터 14.6만 톤을 수입하였다. 중동지역으로부터 수입한 석유는 총 398.9만 톤으로, 전체 원유수입의 약 1/2을 차지한다.[26] 현재 중국의 경제 중심은 동해 연안에 집중되어 있어서 동해 연안과 말라카해협을 잇는 해상교통로를 보호하는 일은 경제발전과 직결된다.[27] 중국의 동해 연안도시를 출발하여 동남아나 중동·유럽으로 갈 경우 이용할 수 있는 항로는 두 가지가 있다. 대만과 필리핀 사이의 바시해협을 거쳐 서사군도와 남사군도 사이를 통과, 말라카해협을 경유하여 인도양으로 나가는 항로와 바시해협을 거쳐 남사군도와 보르네오섬을 지나 말라카해협을 통과하는 항로가 가장 많이 이용되고 있다.[28] 이처럼 중국의 동해 연안도시에서 말라카해협 쪽으로 나가기 위해서는 반드시 동중국해를 거쳐 남중국해를 지

---

24) 중국의 에너지 안보와 상황에 대해서는 남궁영, 『국제정치경제 패러다임과 동아시아 지역질서』(서울: 도서출판 오름, 2011), pp.199-243 참조.

25) British Petroleum, *Statistical Review of World Energy*, June 2012, p.9.

26) 일본은 2009년 사우디아라비아로부터 112.1만 톤, 이란으로부터 41.1만 톤, 이라크로부터 5.7만 톤, 쿠웨이트로부터 34만 톤의 원유를 수입했다. 중동지역으로부터의 원유수입은 총 361.3만 톤으로 전체 원유수입의 약 82%에 달하고 있다. 일본과 중국의 중동지역 원유수입량은 중국의 『환구시보』, 2010년 1월 19일자 인터넷판 기사에서 참조. http://finance.qq.com/a/20100119/004444.htm(검색일: 2012년 11월 3일).

27) 말라카해협은 길이 800km, 최소 폭 2.4km로 연간 운행 선박 수 5만여 척, 그리고 세계 원유 수송량의 50%가 통과하는 국제적인 해협이다. 동북아의 주요 국가들(한국, 일본, 중국)의 원유 수요량의 약 90%가 통과하고 있다.

28) 유철종, 『동아시아 국제관계와 영토분쟁』(서울: 삼우사, 2006), p.371.

〈그림 5-1〉 동중국해·남중국해의 주요 해상교통로

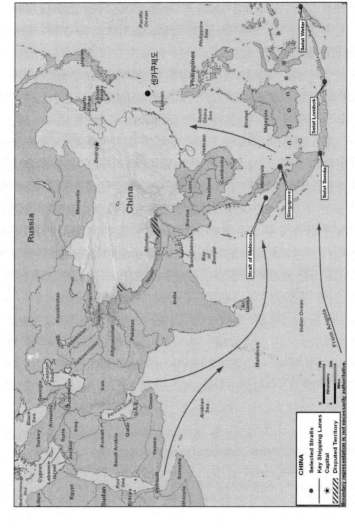

출처: U.S. Department of Defense, Annual Report to Congress: Military Power of the People's Republic of China, March 2009, p.4

나가게 되어 있다. 동중국해가 동북아와 동남아, 그리고 유럽, 아프리카를 연결하는 해상교통로의 요충이므로 동중국해를 제어할 수 있는 전략도서로 서 센카쿠제도는 매우 귀중한 전진기지라 할 수 있다.

해양이 물자수송의 중요한 통로가 되고 또한 해양을 통한 국가 간 교역이 증대되고 있는 만큼, 오늘날 어떠한 국가도 해상으로부터 공급되는 물자 없이는 지속적인 경제생활의 영위와 산업발전을 이룩할 수 없다. 특히 해상운송을 통해 공급되는 원유 또는 원자재의 공급이 차단될 경우, 그 해당 국가는 막대한 경제적 타격을 입게 되며 이는 곧 국가안보와 직결된다. 센카쿠제도는 중동과 동아시아를 잇는 해상교통로의 한 가운데 위치해 일본과 중국 모두에게 중요한 요충지로서 가치가 높다고 할 수 있다. 또한 이 해역은 일본의 국가안보는 물론, 아시아·태평양 지역의 안정이라는 관점에서도 매우 중요하다. 센카쿠제도가 포함되어 있는 이 해역이 어느 나라 영토에 속하는가에 따라 일본과 중국, 두 나라 해상 영토 경계선에 커다란 차이를 가져온다.

일본에게 센카쿠제도는 지정학적으로 대만 및 중국의 주요 남부지역을 봉쇄할 수 있는 전략적인 위치에 놓여 있다. 센카쿠제도는 지리상 중국과 가까운 위치에 있어 중국의 남하정책을 견제할 수 있는 가장 좋은 장소이기 때문이다. 센카쿠제도는 류큐제도의 하나로서, 그 중심에는 오키나와가 있다. 오키나와의 반경 2,000km 원안에는 한반도, 대만, 필리핀 그리고 남중국해 등 분쟁 발발이 우려되는 지역이 있다. 미군이 아시아 지역으로 전개하는데 하와이 다음으로 중요한 전진기지로 삼고 있는 괌(Guam)도 오키나와로부터 2,000km 정도 떨어져 있다. 2,000km라는 거리는 속도 15노트의 선박으로 3일 만에 도달할 수 있는 거리다. 오키나와에서 한반도까지는 하루 반, 필리핀의 마닐라항까지는 3일, 남중국해의 중부까지도 3일 만에 도착할 수 있다.

에바타 켄스케(江畑謙介)는 동아시아 중앙에서 이보다 더 적당한 전략적 중계지점을 찾을 수 없다고 주장한다.[29] 만약 미군이 오키나와에 주둔하지 않고 있다면, 현재 주둔병력 미 해병대 1만 8,000명과 그 장비를 가장 가까운 하와이 기지에서 수송한다 하더라도, 항공기로 9시간, 이에 동원되는 대형수송기만 해도 총 5,000기를 필요로 하게 될 것이라고 계산한다. 이는 동아시아에서 비상사태 발생시, 초기 대응조치가 상당히 늦어질 수 있어 오키나와가 지니는 전략적 가치의 중요성을 잘 보여주고 있다.

미국과 일본은 동북아지역에서 군사전략적 협력을 위한 조치로서 1997년 '미·일 신방위협력지침(guideline)'을 마련했다. 미·일 간 협력사항을 보면 '평상시 협력', '일본이 무력침략을 당했을 경우의 대처방법', '일본 주변지역 사태에 대한 협력'이라는 데 합의했다.30) 본 방위협력지침의 핵심은 한마디로 '유사(有事)개념의 중심이동'이라 할 수 있다. 과거 지침이 일본이 무력공격을 받을 경우에 대비한 미·일 협력 방안이었다면, 새 지침은 일본 주변 유사시를 주 대상으로 상정한 것이다. 이는 결국 유사시 미국과 일본 자위대가 공동작전을 펼치는 중심 무대가 한반도 및 대만해협 등 주변지역으로 옮겨졌음을 의미한다.31) 이는 향후 중국 위협에 대한 사전조치로 해석될 수 있다. 중국이 남하정책 혹은 대만 무력통일을 추진하게 된다면, 이를 견제·억제하기 위해서는 지리적 위치상 센카쿠제도가 가장 좋은 군사전략적 거점이 된다는 것이다.

중국 입장에서는 센카쿠제도가 이러한 지역안보의 커다란 틀에서 어떠한 이유로 중요한 위치를 차지하는가? 이에 대해 중국인의 시각에서 바라본 판(Pan Zhongi)은 "센카쿠제도 문제는 단순히 일차원적인 영토분쟁이 아니며 중국과 일본의 해양 국경과 주변 국가와의 관계, 양 국가의 국내정치와 외교 정책과도 연결되는 복합적인 문제"라고 주장한다. 또한 "두 나라 간의 문제가 너무나도 복잡해서 하나의 해결책으로 귀결되기는 어렵고 안보와 경제와 정치적인 의도가 혼재하는 문제이며 해결되기 매우 어려울 것"이라고 예상한다.32) 그리고 센카쿠제도는 중국에게 태평양 진출을 가능하게 해주는 전

---

29) 에바타 켄스케(江畑謙介), 김주환 역(2001), pp.193-195.
30) 김영춘, 『중국의 부상에 대한 일본의 인식과 군사력 강화』(서울: 통일연구원, 2004), p.31.
31) 김영춘(2004), p.21.

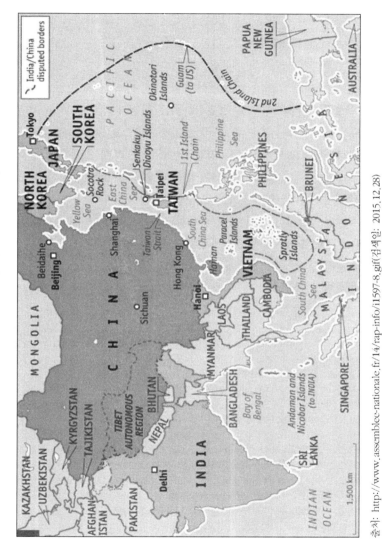

〈그림 5-2〉 중국의 도련선(Chain of Islands)

출처: http://www.assemblee-nationale.fr/14/rap-info/i1597-8.gif(검색일: 2015.12.28)

32) Pan Zhongi, "Sino-Japanese Dispute over the Diaoyu/Senkaku Islands: The Pending Controversy from the Chinese Perspective," *Journal of Chinese Political Science*, Vol.12, No.1(March 2007), p.87.

진기지라는 것이다. 중국은 새로운 현대전 조건하의 적극적 방위전략이란
개념을 세우면서 2010년까지 일본 열도에서부터 필리핀 군도까지를 묶는
제1방위선[33] 안에 중국의 이권을 확보할 수 있는 전력을 보유하고자 국방
력을 정비하였다.[34] 또한 2025년까지 하와이 서측의 제2방위선 내에서 이
권을 확보하기 위한 전력을 보유한다는 방위전략 목표를 수립하였다.[35]

타카이 미츠오(高井三郎)는 중국이 센카쿠제도 일대를 장악할 경우 아시
아·태평양 전략체계에 상당한 영향을 미칠 것이라고 지적한다. 중국이 이
해역 일대를 장악하면 제1방위선이 대륙의 외연에서 500km 이상 동·남쪽
으로 내려와 중국의 연안 방위가 유리해지며, 동남아시아나 태평양 진출에
매우 유리한 조건을 갖게 된다고 분석하였다.[36] 오키나와 밑에 위치한 센카
쿠제도는 일본의 군사동향을 주시할 수 있으며, 동중국해에서 해양우세권을
확보할 수 있는 전략적 위치에 자리 잡고 있다. 이런 이유로 일본과의 불가
피한 충돌에도 불구하고 이 섬을 자국령으로 규정한 중국의 태도는 군사력
의 대외투사를 본격화하고 있음을 방증하는 것이라 할 수 있다.[37]

---

33) 1988년 중국의 해군사령관 류화칭(劉華淸) 상장은 중국 해군의 장기발전계획으로서
소위 3개 도련선(島鏈線: chain of islands) 개념 — 본 논문에서는 '방위선'으로 표시
하였음 — 을 발표하였다. 즉, 중국 해군은 2010년까지 일본 오키나와~대만~필리핀~
남중국해 말라카해협에 이르는 제1방위선에서, 2025년까지 알류샨열도 서측~사이
판~괌~파푸아 뉴기니아 동단(東端)에 이르는 제2방위선, 그리고 2050년까지 북으로
는 알류샨 열도로부터 남으로는 남극까지 망라하는 제3방위선의 개념을 설립, 대양해
군으로서 확고한 위상을 확립하는 것이 목표이다. 정호섭(2011), pp.9-10.

34) US. Department of Defense, *Annual Report to Congress: Military and Security
Developments Involving the People's Republic of China*, August 2010.

35) 에바타 켄스케(江畑謙介), 김주환 역(2001), p.157. 저자는 태평양전쟁 직전에 일본이
미국을 상대로 한 전략과 흡사한 구상이라는 점에 주목하고 있다.

36) 高井三郎, "自衛隊, 尖閣諸島の防衛計畫,"『軍事硏究』(1997年 11月号), p.114.

37) 김종두, "댜오위다오/센카쿠열도 분쟁원인에 관한 연구," 한국해양전략연구소,『STRATEGY
21』2호(가을·겨울호, 1998), pp.52-53.

IV. 동아시아 국제체제와 미·중·일의 대응전략

1. 동아시아 지역의 국제정세

1) 부상(浮上)하는 중국

미어셰이머는 그의 저서 *The Tragedy of Great Power Politics*에서 동북아지역에는 아직까지 잠재적 패권국이 등장하지 않았다고 보았다. 그러나 이와 같은 판단의 근거는 이미 10년도 넘은 2001년의 국제정세를 바탕으로 하고 있는 것이다. 현재 중국에 대한 미국의 대응행위 및 중국이 지니고 있는 잠재력을 고려한다면, 중국의 지위에 대한 평가는 다를 수 있다. 중국이 잠재적 패권국인지의 여부는 그 자체가 동아시아 지역에 대한 공격적 현실주의의 다양한 함의를 살펴보기 위해 중요한 논의가 될 것이다.

'잠재적 패권국'이라 불리기 위해서는 대규모의 군사력과 막강한 잠재력을 바탕으로 지역의 다른 국가들과 현격한 힘의 격차를 보일 수 있어야 한다. 이와 같은 기준을 제시하면서 미어셰이머는 중국은 아직 동북아의 잠재적 패권국이 아니라고 보았는데, 그 이유는 일본과의 큰 경제적 격차를 들었다.[38] 일본과의 경제력 격차를 동북아에서 잠재적 패권국의 가능성에 영향을 미치는 중요한 변수로 보고 있는 것이다. 양국 간 확연한 경제력의 차이를 근거로 중국을 잠재적 패권국이 아니라고 상정했던 미어셰이머의 주장은 2001년의 상황을 잘 반영한 결과라고 볼 수 있다. 그러나 2012년 현재의 상황은 많이 달라졌다. 2010년 이후, 중국은 일본의 경제력을 추월하여 세계 2위의 경제대국 수준에 이르렀다.

중국의 평화로운 부상은 가능할 것인가? 공격적 현실주의 이론에 근거하

---

38) Mearsheimer(2001), p.383. 미어셰이머가 *The Tragedy of Great Power Politics* 집필을 시작한 2000년의 통계에 따르면, 일본의 국민총생산(GNP)은 4조 7,000억 달러로, 1조 2,000억 달러인 중국의 3.9배에 달하며, 1인당 국민소득은 중국의 40배에 달했다(〈표 5-2〉 참조).

면 중국의 평화로운 부상은 불가능하다. 미어셰이머는 중국이 현재와 같은 기록적인 경제성장을 향후에도 지속한다면 경제적 부를 군사력으로 전용할 것이고, 이에 따라 미국과 중국은 강도 높은 패권경쟁을 벌일 개연성이 높다고 지적한다.[39] 중국의 대외정책 기조가 덩샤오핑 시대의 도광양회(韜光養晦)에서 유소작위(有所作爲)로, 이것이 다시 화평굴기(和平崛起)[40]를 거쳐, 돌돌핍인(咄咄逼人)[41]으로까지 바뀌는 형태를 예상하는 것도 어려운 일은 아닐 것이다.

2000년대 중반 이래, 중국의 경제적 부상과 영향력 증대는 미국과 일본을 비롯한 역내 유관국가들에게 소위 '중국위협론'을 확산시켰다. 미국 행정부 내에서는 중국이 장기적으로 유일 초강대국으로서의 미국에 대한 주요한 위협이 될 것이라는 강력한 시각이 존재해 왔다. 냉전의 종식 이후 출현한 단극체제가 다극체제로 되돌아간다면, 중국이 가장 가능성 있는 변화의 원동력이 될 것이라고 보았다. 미국은 2002년 「국가안보전략서」에서 '현재 미국의 군사력을 견줄 수 있는 어떤 세력도 없고, 앞으로도 허용하지 않겠다는 점'을 분명히 했는데, 이것은 중국 등의 국가를 겨냥한 정책으로 평가된다.[42]

반면, 위와 같은 시각에 대조적인 주장들이 힘을 얻는 시기도 있었다.

---

39) John J. Mearsheimer, "China's Unpeaceful Rise," *Current History*, Vol.105, No. 690(April 2006), p.160. 미국 조지아공과대학교 왕 페이링 교수는 중국은 "미국의 지위에 도전하는 라이벌이 되어 미국의 힘과 리더십에 저항하고(resisting), 그것을 축소시키고(reducing), 종국에는 그것을 대체할(replacing) 수밖에 없는 운명에 있다"고 강조하고 "이런 일들이 처음에는 동아시아에서 벌어지지만 점차 시간과 공간을 초월하여 전 세계로 확대되어 나갈 것"이라고 주장한다. 왕페이링, "중국의 대미국 전략: 저항, 감소, 대체," 배정호·구재회 편, 『중국의 국내정치 및 대외정책과 주요 국가들의 대중국 전략』(서울: 통일연구원, 2012), p.147.

40) 2003년 중국공산당의 이론가인 정비젠(鄭必堅) 중국인민대학 교수가 '평화롭게 국제사회의 강대국으로 부상한다'는 전략을 제시하여 후진타오(胡錦濤) 주석이 추진했다.

41) '기세등등하게 상대를 압박한다'는 뜻으로 경제력 성장을 바탕으로 중국의 주권 수호를 더욱 강력하게 내세운 외교정책을 빗대어 하는 말로서 중국의 공식적인 대외정책은 아니다.

42) The White House, *The National Security Strategy of the United States of America*, September 2002, p.13.

2000년대 중반까지 미·중관계는 간헐적인 갈등에도 불구하고 양국 사이의 현격한 국력 차이와 '조화세계(調和世界)', '화평발전(和平發展)' 등 평화적 국제관계를 내세우는 중국의 행보에 의해 미국 중심의 안정적 질서가 지속 되었고, 이에 따라 강대국 사이의 안정적이고 평화적인 국제관계의 지속을 주장하는 의견들이 제기되었다. 존스턴(Alastair Iain Johnston)은 중국이 경제 발전과 미국과의 관계를 고려할 때, 현상을 타파하는 국가가 되기보다 는 현상을 유지하는 국가로 남을 것이라고 주장한다.[43] 또한 중국의 부상이 그 이웃이나 유럽을 포함한 세계 다른 지역 대부분에서 위협적으로 보이지 않는다는 주장도 있었다. 정비젠(Zheng Bijian)은 유엔과 WTO 등 국제안 보 레짐과 경제기구에서 중국이 중요한 역할을 함으로써 중국의 부상은 국 제사회에 기여하는 방향으로 진행될 것이라고 주장한다.[44] 중국의 시장경 제 채택, 세계경제에의 편입, 그리고 많은 국제기구와의 협력 등을 고려할 때 부상하는 중국이 미국에게는 주된 경쟁의 대상이 되지만, 다른 강대국 상당수 혹은 모두에게는 미국 일극주의에 대한 견제로서 인식될 수 있다는 것이다.[45]

2008년 국제금융위기로 미국의 리더십이 결정적인 타격을 입은 후 중국 의 부상은 본격적으로 가시화되었다. '세계의 공장'으로서 중국 경제가 갖고 있는 성장 잠재력과 광대한 영토, 그리고 인구 등의 요소는 향후 멀지 않은 미래에 미국과 중국의 국력 격차가 상당히 좁혀질 것이라는 전망을 가능하 게 했다.[46] 중국의 강대국으로서 위상이 본격적으로 드러나게 됨에 따라 중국 부상에 따른 국제관계 구조 변화에 대한 관심이 다시금 제기되었다.

---

43) Alastair Iain Johnston, "Is China a Status Quo Power?" *International Security*, Vol. 27, No. 4(Spring 2003), pp. 5-56.

44) Bijian Zheng, "China's Peaceful Rise to Great-Power Status," *Foreign Affairs*, Vol. 84, No. 5(September/October 2005), pp. 18-24.

45) 배리 부잔·레네 한센 공저, 신욱희 외 역, 『국제안보론』(서울: 을유문화사, 2010), p. 408.

46) 박창권, "미중관계의 변화전망과 한국의 대외 안보협력 방향," 『국방정책연구』 제26 권 2호(2010), p. 97.

물론 강대국 간 국력의 균형 변화는 단기간에 이루어지는 것은 아니라는 점을 고려할 때, 앞으로도 상당 기간 동안 양국은 협력과 갈등을 반복할 가능성이 크다. 따라서 미국과 중국의 관계는 장기적인 안목을 갖고 전망해 볼 필요가 있는 것이며, 양국관계 변화의 실체와 본질에 대해 정확한 진단이 요구되는 이유가 여기에 있다.[47]

2) 안보협력 강화하는 일본

일본은 1940년대 제정된 평화헌법의 전쟁·군대·교전권 조항에 묶여 군사적 활동에 관한 한 자율성이 제한되어 적어도 법률적으로는 정상국가의 행동양식을 전개할 수 없었다. 실질적으로 일본의 대외 군사 활동이 확대될 수 있는 계기는 탈냉전과 함께 도래했다. 1990년 걸프전에서 비전투 부문 참여와 경제지원을 필두로, 일본 국내에서는 「유엔 PKO(Peace Keeping Operations) 활동 협력법」이 마련되었다. 탈냉전시대에 적합한 새로운 미·일 군사협력체제를 구축하기 위해 1996년 '미·일 안보공동선언'을 발표하였고, 1997년 '미·일 방위협력지침'을 개정하면서, 일본의 군사전략은 '전수'에서 '전방위' 개념으로 전환되었다.[48] 일본은 1999년 「주변사태법」 등을 마련하여 미·일 방위협력 태세의 정비를 진행했다. 이후 「테러대책 특별조치법」과 유사 관련 3대 입법(무력공격사태 대처법, 자위대법의 개정, 국가안보회의 설치법) 등의 법안이 마련된 상태이다. 현재는 이런 실제적 변화양상들을 법률적·공식적으로 정비하기 위한 평화헌법 개정 작업이 가까이 다가오고 있다.

---

47) Michael D. Swaine, *America's Challenge: Engaging a Rising China in the Twenty-First Century* (Washington, D.C.: Carnegie Endowment for International Peace, 2011); Kenneth Lieberthal and Wang Jisi, "Addressing US-China Strategic Distrust," Brookings, John L. Thornton China Center, Monograph Series, No.4(March 2012); Susan R. Shirk, *China: Fragile Superpower* (New York: Oxford University Press, 2007) 참조.
48) 이정훈, "미·일 방위협력지침과 동북아의 새로운 안보질서," 『전략연구』 22호(한국전략문제연구소, 1998), pp.36-37.

이러한 국방력 향상을 위한 법적 근거 마련과 함께, 독자적인 방위력 증진을 추진하고 있는 모습은 일본의 『방위대강(防衛大綱)』에 잘 나타나고 있다.49) 가장 최근에 나온 대강은 2010년 12월에 책정된 『2011년도 이후에 관한 방위계획의 대강』이다.50) 이것은 '1976년 대강' 이후 1995년, 2004년에 이어 3번째로 일본 방위성에서 편찬한 방위대강, 이른바 '2010년 대강'으로서 이를 토대로 지난 방위대강들과 비교해보면, 국방력 향상의 노력들을 엿볼 수 있다.

방위력 강화에 대한 의지는 주변 정세의 변화에 대한 인식에서 비롯된다고 할 수 있다. 일본 주변 지역의 안보환경 변화에 주목, 특히 중국의 영향력 증가를 주요 위협요소로 상정하고 있다. '2010년 대강'의 안보환경 인식을 보면 상호의존 관계의 증대에 따라, 주요국 간 전면전쟁의 개연성은 감소되었지만, 다른 한편으로 한 국가에서 발생한 혼란이나 안전보장상의 영향이 즉시 세계에 파급될 수 있는 위험이 높아졌다고 분석하고 있다. 또한 미국은 계속해서 세계의 평화와 안정에 가장 큰 역할을 하고 있으나, 중국·인도·러시아 등의 국력 증대와 더불어 미국의 영향력이 상대적으로 약화되고 있어 글로벌한 세력균형에 변화가 일어나고 있다고 하였다.51) 주요 국가들의 대규모 분쟁 가능성은 감소되었으나, 일본 주변의 센카쿠제도나 동중국해 가스전 개발 문제 등과 같이 국가 간 소규모 대립이 존재하고 있다는 점과 중국의 대두에 따른 미국의 상대적 영향력 저하라는 점이 이러한 분석을 도출하게 했다.52)

---

49) 정식명칭은 『방위계획대강(防衛計畫の大綱)』으로, 안보의 기본방침, 방위력의 의의와 역할, 또는 이러한 것에 기반한 자위대의 구체적인 체제, 주요 장비 정비목표의 수준 등, 향후 방위력의 기본 지침을 나타내고 있다. 방위대강은 일본식 연호 사용법에 따라 '07대강(平成7年, 1995)', '16대강(平成16年, 2004)'이라고 불리지만, 이 글에서는 편의상 서기 표기법에 따라, '1995년 대강', '2004년 대강'으로 표기하도록 한다.

50) 防衛省, 『平成23年度以降に係る防衛計畫の大綱』(2010.12).

51) 防衛省(2010), p.4.

52) 田村尙也, "「新防衛大綱」動的防衛力構築: 仮想敵は北朝鮮·中國·ロシア," 『軍事研究』 2011年 3月号(東京: ジャパン·ミリタリー·レビュー, 2011), p.29.

일본은 이러한 인식을 바탕으로 자국의 국방력 효율성을 향상시키기 위한 청사진을 제시하고 있다. 그 첫 번째가 '동적 방위력'으로의 변화이다. 이것은 변화하는 안보환경에 대비해서 군비확장으로 대응하는 것이 아니라, 재정상의 제약을 의식해서 '선택과 집중'을 함으로써 효율을 높이는 전략적 개념이다.[53] 기존의 기반적 방위력이 군사력의 규모, 존재 자체에 중점을 두었다면, 동적 방위력은 다각화되고 급변하는 국제정세에 맞춰 운용성과 기동성에 초점을 둔 것이다. 이것은 억지력의 신뢰성을 높이며, 그에 필요한 즉흥성과 융통성을 높여 실효성 있는 억지력을 보유하는 것으로 해석할 수 있다.[54] 또한 기존 지역방어의 성격을 보였던 육상자위대의 전력을 과감히 줄이고, 기동방어능력을 가진 해상·항공자위대의 신속대응능력을 강화하며, 탄도미사일과 특수전력을 보강하기로 하였다.[55] 육해공 자위대를 통합지휘하는 통합막료감부(統合幕僚監部)의 정보수집과 합동작전 능력을 강화해 질적인 전력증강을 이루어 동적 방위력을 보강, 각종 안보위기에 대처하는 태세를 만들겠다는 것이다.[56]

두 번째 일본은 안보환경을 개선하는 노력의 일환으로 '다층적 안보협력'의 중요성을 명시하고 있다. 2010년 대강에서는 잠재적 위협요인에 대처하기 위해서 일본의 자구노력, 동맹국과 협력, 국제사회의 다층적 안보협력을 중요시하였다.[57] 일본의 자구노력으로는 상술한 바와 같이 동적 방위력으로의 전환 등 여러 방위력의 정비를 들 수 있고, 동맹국과의 협력은 미국과의 안보동맹 강화를 의미한다.

일본은 민주당 정권 등장 이후 오키나와 후텐마(普天間) 미군기지 이전

---

53) 마츠다 야스히로, 배정호·구재회 편, "일본의 대중국 전략에 대한 이해"(2012), p.363.
54) 송화섭, "일본 방위계획 대강 개정과 함의," 『주간국방논단』 제1343호(국방연구원, 2011), p.4.
55) 防衛省(2010), p.21.
56) 防衛省(2010), p.19.
57) 防衛省(2010), p.12.

문제에서 볼 수 있었던 것처럼, 대미 대등관계 구축을 위한 정책을 펼침으로써 미국과 마찰을 일으켜 미·일 안보동맹을 약화시켰다는 우려가 제기되었다.58) 이러한 우려를 반영하여 2010년 대강은 미국과의 동맹이 일본 안보를 위해 필수적임을 명기하고 있다.59) 민주당 정권이 정권 초기에 가졌던 미일 동맹에 대한 이상주의적 접근에서 2010년 대강의 공표를 계기로 보다 현실주의적 방향으로 선회한 것이다.60) 다시 말해, 이와 같은 입장 변화는 지역질서의 안정이나 글로벌 공공재의 제공이라는 관점에서 볼 때, 여전히 미국이 가장 큰 역할을 하고 있는 국가라는 인식에서 미·일 안보동맹의 강화 의지를 내보인 것이다.

국제사회의 다층적 안보협력 부분에 있어서도 몇 가지 특징을 찾아볼 수 있다. 그것은 바로 한국, 호주, 동남아 국가들, 그리고 인도를 직접적으로 언급하고 양자 간 혹은 미국을 포함한 다자 간 협력 강화 필요성을 제시하고 있는 것이다.61) 국제평화 유지를 위한 안보협력 부분에 동맹국인 미국 이외에 한국, 호주 등의 국가들을 직접 거론한 것은 처음 있는 일이다. 이는 일본이 적극적으로 국제사회의 안보 유지에 힘쓰겠다는 의지의 표현으로서 아시아·태평양 국가들과 협력을 강화하여 중국 견제의 수단으로 활용할 것이라는 것을 예측하게 한다.62)

3) 아시아로의 귀환, 미국

미국이 동아시아 지역에 영향력과 이해관계를 가질 수 있었던 자원은 시장 및 금융의 형태로 제공되는 경제성장의 기회와 양자동맹 및 군사기지로

58) 권태환, "일·중 영유권 갈등과 전망: 尖閣열도를 중심으로,"『한일군사문화 연구』11집(한일군사문화학회, 2011), p.52.
59) 防衛省(2010), p.14.
60) 박영준, "일본 〈방위계획대강 2010〉과 한국안보정책에의 시사점,"『EAI 논평』제16호(동아시아연구원, 2010), p.3.
61) 防衛省(2010), p.15.
62) 田村尚也(2011), p.35.

제공되는 안보였다. 오바마(Barack H. Obama) 행정부는 아시아·태평양 지역을 미국 안보에 큰 영향을 미치는 중요한 지역으로 자리매김하고 있다. 이 지역의 민주주의와 인권존중 의식 정착, 무역과 투자의 확대, 군사적 존재 유지 등 정치·경제·군사적 측면에서 전략적 관여를 강화하고 있다. 이러한 자세는 정권 출범 당시부터 일관되게 주장해 왔지만, 2011년 이라크 주둔 미군의 철수와 아프가니스탄에서 미군의 역할 축소가 진행되는 가운데, 미국의 아시아로의 복귀가 본격적으로 두각을 드러내고 있다.[63] 일례로 지속적으로 감소하던 주일미군은 2007년(3만 3,164명) 이후 2011년 3만 6,708명으로 다시 증가하는 경향을 보이고 있다.[64]

실질적인 병력 증가뿐만 아니라, 미국의 아시아로의 관심은 정치적 의지 표명에서도 확인할 수 있다. 힐러리 클린턴(Hillary R. Clinton) 미 국무장관은 2011년 11월 '미국의 태평양 세기(America's Pacific Century)'라는 제목의 연설을 통해 미국의 대 아·태 지역전략의 핵심을 다음과 같이 밝혔다. "미래의 정세는 아프가니스탄이나 이라크가 아니라 아시아 지역에서 판가름 날 것이다. 그리고 미국은 이러한 움직임의 중심에 서 있을 것이다. 따라서 미국의 향후 10년간 국정운영 중 가장 중요한 과업은 아시아·태평양 지역에 막강한 외교적·경제적·전략적 및 기타 투자를 집중시키는 일일 것이다."[65]

오바마 대통령의 행보에서도 역시 미국의 아시아·태평양 지역으로의 복귀를 발견할 수 있다. 2011년 11월 하와이에서 열린 아·태경제협력체(APEC) 회의를 주재하고, 인도네시아 발리에서 개최된 제5차 동아시아정상회의(EAS: East Asia Summit)에 미국 역사상 처음으로 참석하여 '아시아로의

---

63) 미국은 2011년 말 이라크로부터 대부분의 병력을 철수하였고, 2012년 아프가니스탄으로부터 주요병력을, 그리고 2014년까지 대부분의 병력을 철수할 계획을 세웠다.

64) U.S. Department of Defense, "Active Duty Military Personnel Strengths by Regional Area and by Country," http://siadapp.dmdc.osd.mil/personnel/MILITARY/miltop.htm(검색일: 2012년 11월 4일).

65) Hillary Clinton, "America's Pacific Century," *Foreign Policy* (November 2011), pp.56-57.

귀환'을 선언했다. 특히 동월 호주를 방문한 오바마 대통령은 미국의 군사적 최우선 순위는 아시아·태평양 지역으로서, 2,500명의 해병대 병력을 호주 북부 다윈(Darwin)에 배치시키기로 한 구체적인 계획을 발표했다.[66] 또한 동아시아정상회담에서 베트남, 필리핀 등 동남아시아 국가들과 연대하여 중국의 반대를 무릅쓰고 남중국해 영토 문제에 대해 적극적으로 개입했다. 이러한 오바마 대통령의 정치적 행보는 아·태 지역으로 군사적 개입을 강화함으로써 중국의 팽창 견제와 역내 안전보장자로서의 존재감을 보이려는 의도로 해석할 수 있다.[67]

한편 오바마 행정부는 심각한 재정적자로 인해 국방비 감소가 예상되는 가운데, 이 지역에서 미국의 약속에 영향을 미치는 것이 아니냐는 우려에 대해서도 이를 불식시키고자 노력하고 있다. 호주와의 연례 장관급 회의에 참석한 힐러리 장관은 기자회견에서 "미국은 국내의 재정절벽(fiscal cliff) 문제와 중동 위기에도 불구하고 아·태 지역으로 무게중심을 옮기는 정책에 대한 준비를 완료했다"며, 시간이 걸리겠지만 아시아로의 귀환정책을 위한 재조정은 현실이라고 언급했다.[68]

오바마 행정부 아시아·태평양정책의 구체적인 특징은 ① 일본을 비롯한 동맹국과 관계 강화, ② 동남아 국가와 인도를 포함한 파트너 국가와 관계 강화, ③ 동남아시아국가연합(ASEAN) 등 지역적 틀 참여 확대를 동시 병행적으로 추진하는 중층적인 지역적 참여의 확대·강화를 추구하고 있다는 점이다.[69] 미국의 '재균형 정책'은 우방국과 협력 증진을 통해 중국의 영향력 강화에 정면으로 대응하겠다는 의지를 드러낸 것으로 분석된다. 미국 내에서도 중국의 평화적 부상과 미·중의 협력을 기대하는 목소리는 최근 들어 현격히 줄어들고 있다.[70] 이러한 상황에서 미국은 동맹관계를 핵심으로 한

66) 마이클 체이스, 배정호·구재회 편, "미국의 대중국 전략"(2012), pp.331-332.
67) 김기석·최운도, "미국의 귀환과 동아시아 지역협력 아키텍쳐: 동아시아 지역주의 협력의 G2화?" 서강대학교 동아연구소, 『동아연구』 62권(2012), pp.135-136.
68) 이제교, "클린턴 '피봇 투 아시아'정책 가속화," 『문화일보』, 2012년 11월 14일.
69) 防衛省, 『東アジア全力開館』(東京: 防衛研究所, 2012), p.201.

중층적인 네트워크를 구축·유지함으로써 다양한 안보상의 과제에 대한 대응능력의 향상을 도모하고자 한다. 이는 자국의 부담을 경감시키면서도 이 지역에 대한 장기적인 참여를 계속할 수 있는 합리적이고 효율적인 방안이 될 것이기 때문이다.

중국의 부상은 의도적이든 그렇지 않든 간에 미국의 동아시아에서의 입지를 좁게 만들고, 미국은 이를 상쇄하려는 대응 조치를 취하게 됨으로써 앞으로 중국과 갈등은 불가피해 보인다.71) 재임에 성공한 오바마 2기 행정부도 중국과의 동반자 관계를 유지하되 필요할 경우 대립을 피하지 않을 것으로 예상된다.72)

2. 미국, 일본, 중국의 국력 비교

지금까지 공격적 현실주의에 입각하여 힘(power)의 분배 즉, 국가 간 힘의 관계의 중요성을 강조해왔다. 힘을 분명하게 정의하는 일은 국가의 행동을 이해하는 데 도움을 제공하며, 힘이 무엇인지를 더욱 잘 이해함으로써 국가 간 경쟁의 본질에 대한 이해를 증진시킬 수 있다.73) 그러나 국가의 힘, 국력을 정확히 측정한다는 것은 여간 힘든 일이 아니다. 이러한 어려움 속에서도 한 가지 다행스러운 것은, 비록 국력의 정확한 측정은 쉽지 않은

70) Aaron L. Friedberg, *A Contest for Supremacy: China, America and the Struggle for Mastery in Asia* (New York: Norton, 2011); James Mann, *The China Fantasy: How are Leaders Explain Away Chinese Repression* (New York: Viking Adult, 2007) 참조.
71) 오바마 대통령은 2012년 제3차 선거대담에서 "중국은 적(an adversary)이기도 하고, (국제규범을 준수한다면) 국제공동체의 잠재적 동반자(a potential partner)이기도 하다"고 언급했다. Kim Hyun-wook, "Prospects for President Obama's Second-Term Foreign Policy," *IFANS BRIEF* 37(2012), p.1.
72) 오바마 대통령이 재선 직후 첫 해외 순방지로 중국의 전통적 우방국인 미얀마를 방문한 점은, 미국의 대중 견제전략이 본격적으로 시작되었다는 것을 의미한다.
73) Mearsheimer(2001), pp.12-13.

일이지만, 국력의 요소가 무엇이며, 그중에서 가장 중요한 것이 무엇인지에
대해서는 학자들 사이에 대체로 합의가 이뤄져 있다는 점이다.

미어셰이머는 "힘이란 국가가 보유한 특정한 물질적 능력에 기반을 두는
것"이라고 정의한 가운데, 국가의 힘을 군사력과 잠재력으로 구분한다.[74]
잠재적 힘이란, 군사력을 건설하는 데 쓰이게 될 사회경제적 요소들을 가리
킨다. 잠재력은 대체로 국가의 부와 인구의 규모에 의존한다. 군사력을 건
설하고 전쟁을 치르기 위해 돈과 기술, 그리고 사람을 필요로 하며, 국가의
잠재력은 도전국과 경쟁할 때 동원할 수 있는 잠재적 힘인 것이다. 군사력
은 대체로 육군의 규모와 역량, 그리고 이를 지원하는 공군력과 해군력에
근거를 두고 있다. 이러한 맥락에서 국제정치에서 국가의 힘은 궁극적으로
자국의 군사력이 상대방의 군사력에 어떤 대응 능력을 지니는지와 결부되는
것이다.[75] 이러한 미어셰이머의 국력에 관한 정의를 바탕으로 미국, 일본,
그리고 중국 사이의 힘의 분포를 살펴보기로 한다.

1) 경제력 비교

중국이 향후 동아시아 지역에서 패권국으로 자리 잡게 될 것이라는 예측
은 무엇보다 중국의 경제적 약진에서 비롯한다. 경제적 성장에 주력하기보
다는 사실상 군사력만으로 세계 패권을 추구하던 소련의 붕괴는 경제력이
뒷받침되지 않는 패권이란 현실적으로 불가능하다는 것을 증명하는 좋은 역
사적 사례가 되고 있다. 따라서 패권과 관련하여 논의할 때, 경제적 분야에
일차적으로 초점이 맞추어지는 것은 당연한 것이다. 특히 중국의 경우는 양
적인 측면에서 유례없는 고도의 성장을 이루었다. 또한 중국이 지역적 패권
국으로 등장할 것인가의 논의를 위해서는 보다 심도있는 분석이 필요하다.
이러한 점에서, 중국의 패권국 가능성 논의에서 빼놓을 수 없는 문제는 바로
가장 중요한 변수인 중국경제의 엄청난 규모(economy scales)일 것이다.[76]

---

74) Mearsheimer(2001), p.55.
75) Mearsheimer(2001), pp.55-57.

이는 중국의 부상을 가장 잘 보여주는 현상이기 때문이다.

중국 경제성장의 원동력 중 하나로 전 인류의 약 5분의 1을 차지하는 13억 인구를 들 수 있다. 역사상 13억의 균일한 단일시장이 존재한 바 없다는 사실을 통해 수요 측면의 규모를 짐작할 수 있다. 또한 거의 무한하다고 여겨지는 노동력은 공급 측면에서도 그 예를 찾아보기 힘들다. 국내총생산 지표상으로 중국은 2010년 일본을 따라잡으며 세계 2위의 경제대국 반열에 올라섰다. 중국의 지난 10여 년간 GDP 성장률은 연평균 10%를 상회하는 가시적인 성과를 나타내고 있다. 2011년 중국의 GDP는 7조 3,185억 달러로 집계되는데, 1년 전의 5조 9,305억 달러보다도 1조 달러 이상 상승한 것이다(〈표 5-2〉 참조).

경제 규모가 커지고 지속적으로 성장한다는 것은 잉여자금의 증가를 의미한다. 중국 경우에도 마찬가지로 적용되는데, 세계 1위의 외환과 금보유국이라는 사실은 이를 뒷받침해 준다. 미국 중앙정보국(CIA) 통계에 따르면, 2011년 기준으로 중국은 3조 2,130억 달러 상당의 외환을 보유하고 있는 것으로 조사되었다. 2위인 일본의 1조 2,960억 달러보다 무려 2조 달러 가까이 많은 금액이다. 중국은 2008년 이후 계속해서 1위 자리를 지키고 있다. 당시 보유액은 2조 1,000억 달러로, 일본의 총액을 거의 2배 상회하는 수치였다.[77] 이는 3년 사이에 1조 달러 이상 증가한 것으로서 이 엄청난 자금은 투자, 대출 혹은 다른 형태로 운영될 것이므로 중국의 경제적 팽창과 다량의 자본이 세계 금융시장에 영향을 줄 것임을 짐작하게 한다.

한 개인의 수입이 증가하면 저축을 하거나, 다른 곳에 투자를 하는 것과 같이 국가도 늘어난 국가 수입을 다른 곳에 활용함으로써 국력을 더욱 증대시키려 한다. 전술한 바와 같이 중국의 경제성장은 많은 양의 여유자금을

---

76) 김기수, "21세기 세계패권의 향방: 미국과 중국의 경제 역학관계를 중심으로," 한국해양전략연구소, 『STRATEGY 21』 23호(2009), p.168.

77) U.S. Central Intelligence Agency, *The World Factbook*, http://www.cia.gov/library/publications/the-world-factbook/rankorder/2188rank.html(검색일: 2012년 11월 25일).

〈표 5-2〉 미·중·일 3국의 GDP, 1인당 GDP, 경제성장률 변화(2000~2011)

GDP (Current$, billion)	2000	2001	2002	2003	2004	2005	2006	2007	2008	2009	2010	2011
미국	9,898.8	10,233.9	10,590.2	11,089.3	11,797.8	12,564.3	13,314.5	13,961.8	14,219.3	13,898.3	14,419.4	14,991.3
중국	1,198.4	1,324.8	1,453.8	1,640.9	1,931.6	2,256.9	2,712.9	3,494.0	4,521.8	4,991.2	5,930.5	7,318.5
일본	4,731.2	4,159.9	3,980.8	4,302.9	4,655.8	4,571.9	4,356.8	4,356.3	4,849.2	5,035.1	5,488.4	5,867.1

GDP per capita (Current$)	2000	2001	2002	2003	2004	2005	2006	2007	2008	2009	2010	2011
미국	35,082	35,912	36,819	38,225	40,292	42,516	44,623	46,349	46,760	45,305	46,612	48,112
중국	949	1,042	1,135	1,274	1,490	1,731	2,069	2,651	3,414	3,749	4,433	5,445
일본	37,292	32,716	31,236	33,691	36,442	35,781	34,102	34,095	37,972	39,473	43,063	45,903

GDP growth(%)	2000	2001	2002	2003	2004	2005	2006	2007	2008	2009	2010	2011
미국	4.17	1.09	1.83	2.55	3.48	3.08	2.66	1.91	-0.36	-3.53	3.02	1.70
중국	8.40	8.30	9.10	10.00	10.10	11.30	12.70	14.20	9.60	9.20	10.40	9.30
일본	2.26	0.36	0.29	1.69	2.36	1.30	1.69	2.19	-1.04	-5.53	4.44	-0.70

출처: World Bank, http://data.worldbank.org/indicator 자료를 재구성

발생시켰다. 특히 국가 주도의 경제운영체제를 갖고 있는 중국은 더욱 많은 양의 자금 비축을 가능하게 한다. 이것이 바로 미어셰이머가 강조하는 '동원 가능한 부(mobilizable wealth)'에 해당한다.[78] 동원 가능한 부는 일반적인 부의 총량보다 더 중요하다. 이는 국가가 얼마나 부유하냐의 여부보다 국부의 얼마나 많은 부분이 국방을 위해 쓰여질 수 있느냐가 더 중요하기 때문이다. 이렇게 증가한 잉여 자금을 바탕으로 중국은 자국의 경제적 부를 지키기 위해 안보에 더욱 신경쓸 것이다.

일본은 GDP 기준으로 미국, 중국에 이은 3위의 경제대국이지만, 국부의 많은 부분을 국방력에 투입하고 있지 않다. 일본은 기본적으로 자국의 안보를 미국에게 맡기고 경제에 집중하는 이른바 '요시다 노선'을 유지해왔기 때문이다.[79] 일본은 GDP의 1% 정도로 제한한 금액을 국방비로 쓰고 있다. 만약 이러한 제약요소가 제거된다면 일본은 더욱 많은 금액을 자국의 안보를 위해 활용할 수 있을 것이다.

2) 군사력 비교

국방비의 총규모는 군사력 비교의 필수적 지표이다. 2001년부터 2011년까지 10여 년간 중국의 국방비는 거의 매년 10% 정도의 증가추세를 보이고 있다. 이는 중국이 국방력 건설에 지속적으로 매진하고 있다는 사실을 단적으로 입증한다. 중국은 2011년 국방예산을 2010년에 비해 12.7% 증액시킨 917억 달러라고 발표하였는데, 이는 중국 한 해 재정 지출의 6% 규모이다.[80] 게다가 중국이 공식적으로 발표하는 국방비는 실질적인 국방비보다 적은 것으로 평가된다. 이는 중국이 공식적으로 발표하는 국방예산에 무기

---

78) '동원 가능한 부'란 국가가 군사력을 건설하는 데 직접 사용할 수 있는 경제적 자원을 의미한다. Mearsheimer(2001), p.62.

79) 요시다 노선에 입각한 일본의 안보정책에 대해서는 남궁영·김준영, "탈고전적 현실주의 시각에서 본 21세기 일본의 안보정책,"『세계지역연구논총』제30집 1호(2012), pp.89-163 참조.

80) 中国网络电视(CCTV&CNTV), "今年中国国防费预算占全国财政比重下降," http://military.cntv.cn/20110305/105105.shtml(검색일: 2012년 11월 20일).

구매, 군사 연구개발비와 여러 가지 종류의 인건비 등 많은 부분을 제외하고 있기 때문이다. 따라서 미국 국방부가 발표한「중국 군사력 평가보고서」에 따르면 실제 중국의 국방비는 발표된 국방비보다 2배 이상일 것으로 추정되고 있다.[81]

스톡홀름 국제평화연구소(SIPRI: Stockholm International Peace Research Institute) 통계에 따르면 2011년 중국 국방비는 1,293억 달러로, 이는 세계에서 미국의 뒤를 이어 2위에 해당되며, 역내에서는 일본의 545억 달러, 한국 282억 달러를 압도하는 수준이다. 그러나 미국의 군사비지출은 6,896억 달러로 중국에 비해 5배 이상 차이가 날 정도로 월등히 많다는 것을 확인할 수 있다(〈표 5-3〉 참조). 더구나 영국 국제전략문제연구소(IISS: International Institute for Strategic Studies)의 2011년 보고서에 따르면 미국의 국방비는 7,395억 달러로서 전 세계 국방비 총액의 43%로, 중국 국방비(898억 달러)의 8배를 상회하는 것으로 나타나 미국의 군사적 패권구도를 확인할 수 있다.[82]

〈표 5-3〉 미·중·일 국방비 추세 비교(2001~2011)

(billionUS$)

	2001	2002	2003	2004	2005	2006	2007	2008	2009	2010	2011
미국	385.1	432.5	492.2	536.6	562.0	570.8	585.7	629.1	679.6	698.3	689.6
중국	41.1	47.8	52.0	57.5	64.7	76.1	87.7	96.7	116.7	121.1	129.3
일본	55.4	55.9	56.1	55.5	55.3	54.6	53.9	53.1	54.3	54.6	54.5

출처: SIPRI, http://www.sipri.org/databases/milex(검색일: 2013년 3월 21일)

---

81) U.S. Department of Defense(2010), pp.1-74. 〈표 5-3〉의 SIPRI 분석은 중국 정부 발표의 1.4배이다.

82) 영국 국제전략문제연구소(IISS), "Comparative Defence Statistics-Defence Budgets and Expenditures," http://www.iiss.org/publications/military-balance/the-military-balance-2012/press-statement/figure-comparative-defence-statistics(검색일: 2012년 10월 19일).

〈표 5-4〉를 보면 미국의 군사력은 병력수를 제외하고는 중국에 비해 압도적인 것으로 나타난다. 전술한 바와 같이 경제력에서의 차이가 군사력에서도 나타난다는 사실을 입증해 준다. 중국은 스텔스 전투기, 항공모함을 각각 1대씩 갖고 있는 것을 확인할 수 있는데, 이것의 의미는 최근에 막 개발을 완료했다는 것이다. 2012년 스텔스 기능을 가진 전투기를 중국이 생산해냈다고 발표하였으나, 그 성능은 검증되지 않은 것으로 알려져 있다. 항공모함의 경우는 2012년 11월 실제로 항모전투기 이착륙 훈련 모습을 언론을 통해 보도하면서, 이제 막 실전배치가 가능해진 상태이다. 중국이 미국보다 보유 대수가 많은 것은 재래식 잠수함뿐이다. 핵잠수함과 재래식 잠수함은 탑재할 수 있는 미사일의 종류부터 다르다.

또한 〈표 5-4〉에서 볼 수 있듯이 일본은 공중 조기경보기가 중국보다 많

〈표 5-4〉 미·중·일 군사력 비교

	미국	중국	일본
병력	1,580,255	2,285,000	151,063
현대식 전투기	3,695	307	291
스텔스 전투기	139	1	0
폭격기	155	132	0
해병대	198,513	10,000	0
공중조기경보기	104	8	17
항공모함	11	1	0
핵잠수함	54	6	0
재래식 잠수함	0	51	16
전차	6,242	2,400	600
핵무기	7,700	240	0

출처: IISS, *The Military Balance 2011* (2011); 해상 전력(항공모함, 핵잠수함, 재래식 잠수함)은 일본 『防衛年鑑』(2012); Global Security, http://www.globalsecurity.org/military/world/ssn.htm(검색일: 2013년 3월 21일); 핵무기는 *SIPRI Yearbook 2012* (2012)를 토대로 재구성

은 것으로 나타난다. 이는 일본의 군사체제가 공격보다는 방어에 집중되어 있다는 것을 알 수 있게 한다. 공중 조기경보기는 상공에서 적기나 잠수함 등을 탐지하는 순수한 방어적 항공기이다. 최근 20여년간 중국이 연간 10%를 상회하는 국방예산을 증가하는 반면, 미국은 2012년 1월 새로운 국방전략지침(DSG: Defense Strategic Guidance)에 명시한 것처럼, 향후 10년간 약 4,879억 달러의 국방비 삭감 계획을 발표했다.83) 이에 따라 양국 간 실제 국방예산 차이는 향후 줄어들 것으로 보인다. 그럼에도 불구하고, 군장비, 핵무기 등 종합적인 군사력 비교표를 보면 이와 같은 미국 군사력의 상대적 우위는 한동안 유지될 것으로 보인다.

3) 미·중·일 3국 간 힘의 배분 구조

중국의 경제성장이 꾸준히 이어갈 수 있을 것인가에 대한 향후 전망은 비관적인 것만은 아니다. 중국공산당 제17기 중앙위원회 제5차 전원회의(17기 5중전회)는 2011년부터 5년간 중국 경제의 방향성과 주요 과제를 담은 '12.5규획(規劃)'의 개요를 발표했다.84) 이 규획의 핵심 기조는 양적 성장에서 질적 성장을 바탕으로 한 균형발전으로 전환, 외수에서 내수로 전환, 권역별 개발계획의 본격 추진 등이다. 이러한 노력은 중국 정부가 성장과정에서 발생하는 부정적 요인에 대해 적극적으로 대처하겠다는 의지를 표명한 것으로 볼 수 있다. 중국의 경제성장에 대한 긍정적 예측이 더욱 힘을 얻을 수 있는 이유이다.85) 미국 카네기재단의 연구결과에 따르면 중국은 2032년에 미국의 경제 규모를 능가할 수 있을 것으로 예측했다.86)

중국의 가시적인 경제성과는 앞에서 살펴본 바와 같이 세계 최대의 외환

---

83) 김열수(2012), p.175.

84) 한강우, "中, 다시 韓·日 경제 열공," 『문화일보』, 2011년 3월 7일.

85) 박민형, "중국의 부상과 한국의 군사적 대응," 『국제정치논총』 제52집 1호(2012), p.91.

86) Uri Dadush and Bennett Stancil, *The World Order in 2050* (Washington, D.C.: Carnegie Endowment for International Peace, 2010).

보유국이라는 사실이다. 중국은 외환보유고의 70%가량을 달러 자산으로 운용하고 있으며, 이 중 36%가량을 미국 국채에 투자하고 있다.[87] 이러한 외환 보유가 가능했던 원인으로는 해외직접투자(FDI: Foreign Direct Investment)와 무역수지 흑자를 들 수 있다. 중국의 수출액은 매년 지속적으로 증가하고 있는 추세이다. 미국과의 통상관계의 경우, 중국의 대미 수출의 존도가 18% 내외를 기록하며, 중국의 일방적인 흑자로 점철되어 왔다.[88]

2011년도 미국의 대중국 무역적자는 2,954억 달러로서 미국의 10대 무역적자국 합계인 6,600억 달러의 44.7%에 달하는 수치이다. 중국은 이러한 무역흑자로 생긴 자금을 다시 미국의 자산에 투자하고 있다. 2008년 8월 기준, 중국 외국 자산의 공식·비공식 미국자산 비율이 64%를 차지하고 있는 사실은 중국이 미국 자산의 투자에 얼마나 많은 관심을 갖고 있는지를 보여준다.[89] 이상의 분석을 보면 외견상으로는 미국이 중국의 자금에 상당히 의존되어 있는 것처럼 보인다. 하지만 중국의 입장에서 보면 꼭 그렇지만은 않다. 미국 경제를 우려하는 시각이 존재하지만, 나이(Joseph S. Nye)는 최근 거론되는 미국의 상대적 쇠퇴는 잘못 평가된 것이라고 주장한다.[90] 그는 중국의 부상과 미국의 상대적 쇠퇴가 일어나고 있는 것은 사실이나, 미국의 상대적 쇠퇴는 1950년대 말, 1970년대, 1980년대에도 거론되었고, 미국은 곧 이를 극복하였던 경험이 있다고 지적한다.

〈표 5-2〉를 통해 알 수 있는 것처럼, 2000년에는 미국의 GDP가 중국 GDP보다 8배 이상 많았고, 가장 최근인 2011년 수치도 2배 이상 높은 것으로 나타났다. 2009년 미국의 GDP는 13조 8,983억 달러로 전년 대비 3.5%

87) 곽경탁, "중국의 외환보유고 운용정책 변화 가능성 점검," 산은경제연구소, 『KDBRI 이슈분석』 2월(2009), pp.3-5.
88) KITA, 『주요 무역동향지표』(서울: 한국무역협회 국제무역연구원, 2012), pp.83-113.
89) Setser Brad, "China: Creditor to the Rich," *China Security*, Vol.4, No.4(Autumn 2008), p.20.
90) Joseph S. Nye, Jr., "The Future of American Power: Dominance and Decline in Perspective," *Foreign Affairs*, Vol.89, No.6(November/December 2010), pp. 2-12.

정도 하락하기는 했지만, 이후 2~3%의 성장세를 보이고 있다. 1인당 GDP
와 1인당 구매력 기준(PPP: Purchasing Power Parity) GDP를 보면 미국과
중국의 경제적 차이는 더욱 확연하게 나타나는 것을 발견할 수 있다. 2011
년 미국의 1인당 구매력 기준 GDP는 4만 8,328달러로, 중국의 8,387달러
에 비하면 거의 6배에 달하는 차이를 보이고 있다.[91] 1인당 구매력 기준
GDP 지표는 소비시장으로서의 매력을 보여주는 수치라 할 수 있다. 중국의
경제력을 나타내는 각종 지표의 수치가 높게 나타나지만, 판매시장으로서
매력은 여전히 미국과 일본만큼은 못하다. 시장으로서의 매력 부족은 각 국
가의 소비성향에서도 나타난다. 중국의 소비성향은 다른 국가와 비교하여
상당히 낮은 수준일 뿐 아니라 지속적으로 감소하는 추세로 소득증가가 소
비증가에 미치지 못하는 상황이다. 2010년 통계자료를 보면 중국의 소비성향
은 63.9%로 미국 96.9%, 일본 90.0%에 훨씬 못 미치는 상황이다.[92] 이것
은 중국의 소득증가가 소비증가에 미치지 못하는 상황을 나타내는 것이며,
중국 경제가 지니는 시장으로서의 매력이 여전히 미국, 일본에 비해 낮음을
재차 확인할 수 있다. 미국과 일본이 수출시장으로서 매력이 있다는 점은
중국에게도 마찬가지이다.

2011년도 중국의 무역의존도는 50.2%로, 중국은 GDP의 절반가량이 무
역흑자에 의존하고 있는 수출중심형 국가이다.[93] 이러한 중국의 최대 수출
시장은 바로 미국이다. 중국의 경제성장이 지속되려면 미국이 계속 수입을
확대해야만 하는 것이다. 만약 반대로 미국이 무역적자를 이유로 보호주의
로 회기할 경우, 그 파급효과가 중국경제에 미치는 영향은 지대할 것이다.
그러므로 미국이 수입을 지속하기 위해서는 중국과의 무역에서 발생한 적자
가 메워져야만 하고, 바로 그 핵심 역할 수행으로서 중국이 미국 자산에 투

91) IMF, *World Economic Outlook Database*, October 2012.
92) 이성호 외, 『연구보고서: 중국의 시장·기술·산업의 잠재력 평가 및 발전 전망』(서울: 삼성경제연구소, 2011), pp.78-79. 소비성향의 산출방식은 소비지출을 가처분소득으로 나눈 것이다.
93) KITA(2012), p.133.

자하고 있는 것이다. 이러한 자금의 순환현상을 통해 볼 때, 미국 경기의 부양은 곧 중국의 이해와도 직결되어 있다는 것을 알 수 있다. 따라서 중국의 대미 수출의존도가 낮아지지 않는 한, 중국의 미국에 대한 경제적 우위는 쉽지 않을 것으로 예상할 수 있다.

또한 세계 기축통화가 미국 달러라는 사실은 미국 경제력의 강력함을 보여준다. 중국이 보유한 대규모 미국 금융자산은 달러화로 표시되어 있는 반면, 미국이 갖고 있는 외국 자산의 약 70% 정도는 외국환으로 되어 있다.[94] 이러한 상황에서 달러가 평가절하되는 경우 미국 금융자산의 가치는 낮아지는 반면 외국자산의 가치는 상대적으로 상승하게 된다. 즉, 미국은 이득을 취하는 대신, 중국은 손해를 입게 되는 것이다. 이상의 논의에서 알 수 있는 바와 같이, 중국 경제력 상승이 미국을 압도할 수 있는 정도의 수준은 아니며, 가까운 미래에 그러한 현상이 발생되리라고 예견하기도 어려워 보인다. 중국의 무역의존도가 높고, 미국이 엄청난 적자폭을 감수하면서도 중국 수출을 받아주는 이상 오히려 주도권은 미국에 있다고 볼 수 있다. 또한 2011년 기준 명목상 GDP로만 해도 중국의 2배, 1인당 구매력 기준 GDP는 6배, 1인당 GDP는 9배가량 앞서 있다는 사실은 아직도 미국 경제력이 우세함을 보여준다.

나이는 최근 미국과 중국의 경쟁에서도 미국은 여러 면에서 앞서 있는데, 특히 경제·군사·보편적 사상과 가치관, 사회·문화·첨단기술의 영향력과 잠재력 등에서 중국을 앞서고 있다고 분석하였다. 이처럼 미국 경제가 건재함에도 불구하고, 미국 경제의 쇠퇴와 중국 경제의 부상에 대한 맹목적인 믿음은 미국과 중국 양국 간의 외교전략 수립에 큰 실수를 만들어 낼 수 있음을 경고한다.[95] 중국의 맹추격이 있기는 하나, 2012년 현재 경제 1위 대국은 미국이라는 점은 그 자체로 많은 이점을 가지고 있다. 세계경제 문

94) Ronald I. Mckinnon, "The International Dollar Standard and the Sustainability of the U.S. Current Account Deficit," *Brookings Papers on Economic Activity*, Vol. 2001, No. 1(2001), p.228.

95) Nye(2010), pp.11-12.

제에 더 많은 영향력을 행사하며, 군사적 안보를 확충하는 데 도움을 준다. 미국 달러의 기축통화로서의 위력은 쉽게 떨어지지 않을 것이며, 이러한 사실이 변하지 않는 한 미국의 경제력 우위는 지속될 것이다.

군사력 면에서는 어떠한가? 결론부터 말하자면 여전히 미국이 군사력 측면에서도 우세한 것으로 나타났다. 전술한 바와 같이 중국은 경제력 성장을 바탕으로 군사력 증강에도 많은 공을 들이고 있다. 2010년『중국 국방백서』에서는 현 시기를 전략적 기회의 시기로 간주하며, 다극화의 새로운 국제질서 속에서 중국의 핵심적 역할 인식을 강조하고 있으며 강대국으로서 대외적 자신감을 표출하고 있다.[96] 이러한 강대국으로서 역할을 공고히 하기 위해 중국은 군사력의 최신화에 주력하여 과학화, 선진화, 현대화된 군사력 건설에 힘을 쏟고 있다. 중국의 군사적 변환은 병력 집약형 군 구조에서 기술 집약형 군 구조로 발전해나가고 있다. 이미 1980년대 중반 이래 2차례에 걸쳐 150만의 병력을 감축하였고, 2005년 20만의 추가 감축을 완료하였으며 2015년까지 30만을 추가로 감축할 계획을 가지고 있다.[97] 병력 감축에 따른 전력은 최신의 무기체제로 충분히 만회하고 있는데, 최근 수년간 중국은 핵잠수함, 장거리 전략무기, 항공모함 등 전략차원의 핵심 무기체계를 확보하려는 노력을 기하고 있으며 구체적인 성과를 거두고 있기도 하다. 즉, 중국은 경제 건설과 군사력 건설 간의 조화를 추진하면서 강대국의 국제적 위상에 걸맞은 군사력을 갖추고자 군의 현대화와 정예화를 동시에 수행하고 있다고 할 수 있다.

중국은 1949년 건국 이후 지속된 군사력 건설 노력으로 인해 2005년이 되는 시점에서는 거의 모든 종류의 무기를 자체 생산할 수 있는 방위산업 능력을 갖추게 되었다. 특히 핵잠수함, 상업용 인공위성, 탄도미사일과 같은 일부 분야는 국제적 수준의 기술을 보유하게 되었다.[98] 군사기술의 혁신을

---

96) 中華人民共和國國務院新聞辨公室, 『2010年中國的國防』(北京: 人民出版社, 2011).

97) 박민형(2012), p.93.

98) 김태호, "21世紀 中·日 關係: 現況과 展望," 이홍표 편, 『21世紀 中·日 關係와 東아시아 安保』(서울: 한국해양전략연구소, 2006), p.226.

통해서 종합국력을 배양하기 위한 첨단 군사력 증강에 역점을 두면서 군의
현대화를 점진적으로 추진해오고 있다. 21세기 경제력 증대에 걸맞은 국방
력 강화와 과학기술 발전을 중요한 국가 목표로 정하고 과기강군(科技强軍)
의 슬로건을 내세워 강한 군대건설을 추진해 오고 있다.[99] 특히 2004년『국
방백서』에서 처음으로 해양 이익을 지키기 위해 해양에서의 군사 활동을
더욱 강화하겠다는 의지를 표명하고 해군 능력을 향상시키기 위해 지속적으
로 노력하고 있다.[100]

그러나 이러한 중국의 군사력 강화 노력에도 불구하고, 아직까지 미국 군
사력에 못 미치는 것으로 판단된다. 이러한 판단에 대한 근거로는 두 가지
를 제시할 수 있는데, 첫째 군장비의 양적 우세를 들 수 있다. 앞서 미·일·
중 3국의 군사력 비교를 통해서도 알 수 있듯이, 중국은 미국에 비해 병력부
문을 제외하고는 모든 면에서 양적 열세이다. 중국이 군비를 계속해서 증가
시키고 있지만, 이는 여전히 미국 국방비 지출의 20% 미만인 것으로 나타났
다. 따라서 중국이 현재 미국 수준의 군사력을 갖추기 위해서는 더 많은
비용을 군사비로 할애해야 한다는 결과를 도출할 수 있다.

둘째, 미군 장비의 질적 우세이다. 미군의 양적 우세가 전적으로 미국의
군사력이 강하다는 것과 직결되지는 않는다. 2006년 모의 공중전 훈련에서
미국의 F-22 랩터 12대가 F-15 등 전투기 108대를 격추시켰다는 사실은 수
적 우세를 무색하게 한 예이다.[101] 전투기와 잠수함 대수가 많다고 해서
군사력이 더 뛰어나다고만은 볼 수 없는 이유이다. 장비의 성능이 얼마나
좋은가를 고려해야 한다. 미국의 군사기술은 세계 최강을 자랑한다. 반면,

---

99) 장쩌민은 1992년 14대, 1997년 15대 공산당 전국인민대표대회에서 과학기술로 군
사력을 강화하는 전략을 강조함. 중국『해방군보』"과학기술로 군사력을 강화하는
전략을 실시하여 우리 군의 현대 방위 및 작전능력을 향상시키자," http://mil.news.
sina.com.cn/2001-02-13/13046.html(검색일: 2012년 10월 22일) 참조.

100) 中華人民共和國國防部, 『2004年中國的國防』, http://mil.news.sina.com.cn/2004-
12-27/1144254063.html(검색일: 2012년 10월 20일).

101) "산전·수전보다 공중전,"『헤럴드경제』, 인터넷판 2012년 10월 26일(검색일: 2012
년 11월 14일).

중국은 근래에 들어와서야 스텔스 기능을 갖춘 전투기를 생산해 낼 만큼 미국의 항공 기술 능력에 비해 현저히 떨어진다. 해군력에서도 중국의 질적 열세가 나타나는데, 엔진출력이 디젤방식인 재래식 잠수함이 51척으로 전체 보유 잠수함 57척의 90%를 차지한다. 미국의 잠수함은 모두 핵추진 방식인 것에 비해 질적 열세를 보여주는 사례이다.

이상의 논의를 종합하여 볼 때, 미국은 아직까지도 유일한 패권국으로서 의 위치를 고수하고 있다고 결론지을 수 있다. 경제적인 면에서 중국이 미 국을 추격하고 있지만, 경제성장의 원동력이 대외무역에 의한 것이고, 그 무역흑자를 가능하게 하는 주요 판매시장이 미국이라는 점에서 여전히 미국 경제가 중국보다 앞서고 있고, 이러한 구조는 한동안 계속될 것으로 보인다. 또한 군사적인 면에서도 수적, 질적 능력에서 모두 미국이 우월한 것으로 나타났다. 경제적 요인이 국제사회의 세력분배 전개에 영향을 주고, 이를 구조화하는 결정적인 역할을 한다. 또한 국제적 세력변화에 따라 국제체제 라는 위계질서 내의 국가 위상이 변화될 수 있다. 따라서 앞으로 센카쿠제 도 영유권 분쟁을 둘러싼 3국 간 힘의 배분 구조는 세계적(또는 지역적) 패권국 미국, 동아시아 지역의 잠재적 패권국 중국과 이에 대응하는 일본의 '불균형 다극체제'의 형상을 띨 것으로 예측된다.

3. 국제체제에 따른 미·중·일 3국의 대응전략

1) 미국의 대응전략

미국은 1990년 소련이 몰락한 이후 명실 공히 세계의 패권국으로 등극했 다. 1990년대 이후 미국의 패권적 지위는 가히 압도적이었다고 말할 수 있 다. 미국은 단순히 일등의 지위를 넘어 국제체제를 자신이 원하는 대로 통 제할 수 있을 만큼 막강해진 것이다.[102] 국제정치의 권력 서열에서 단순한

---

102) 미국의 압도적인 국력에 관한 분석은 Bill Emmott, *20:21 Vision: Twentieth Century*

일등의 지위가 아니라 패권적 지위까지 향유하게 된 미국의 대전략(grand strategy)은 현재의 '전략적 우위 상황을 지속적으로 유지하는 것'을 목표로 삼았다.103) 패권국의 지위를 차지한 미국은 더 이상 "스스로 무엇을 성취하겠다"라는 의미의 전략이 아닌, "남이 무엇을 하지 못하도록 하는 데" 초점이 맞추어졌다. 미국을 향한 도전국들이 무엇을 하지 못하게 하는 것이 미국 세계전략의 핵심이 된 것이다.104) 이러한 미국의 세계전략은 미어셰이머가 언급했던 것처럼 지정학적 요인으로부터 나온 것이기도 하다. 미국이 대서양과 태평양이라는 큰 바다를 사이에 두고 유럽과 아시아라는 권력의 중심으로부터 격리되어 있는 지리적인 특징은 미국의 전략을 형성시키는 전통적인 요인이다. 지리적인 속성에서 나오는 미국의 전략은 "유럽 혹은 아시아 대륙에서 패권국의 출현을 저지해야 한다"는 것이다. 유럽 전체를 장악한 패권국 혹은 아시아 전체를 장악한 패권국은 궁극적으로 미국을 위협할 수 있는 막강한 국가일 것이기 때문이다.105) 따라서 유럽과 아시아에 적어도 2개 이상의 국가 혹은 국가군이 상호 견제와 균형을 이루고 있는 세력균형 상태를 미국은 원한다.

미국은 유럽과 아시아에서 세력균형에서 열세인 국가를 지원하는 정책을 고수한다. 이와 같은 사실은 역사적 경험을 통해서도 증명될 수 있다. 독일이 1, 2차 세계대전을 일으켜 유럽의 패권에 도전했을 때, 미국은 전쟁이 발발한 후 수년 동안 유럽 문제에 직접 개입하지 않다가 전황이 독일에 유리하게 진행되는 시점에서 불리한 쪽을 지원함으로써 유럽의 균형을 회복시

Lessons for the Twenty First Century (New York: Farrar, Straus and Giroux, 2003); Josef Joffe, *Überpower: The Imperial Temptation of America* (New York: Norton, 2006)을 참조.

103) Bruce Berkowitz, *Strategic Advantage: Challengers, Competitors, and Threat to America's Future* (Washington, D.C.: Georgetown University Press, 2009), pp.1-2.

104) George Friedman, *The Next 100 Years: A Forecast for the 21ˢᵗ Century* (New York: Doubleday, 2009), p.5.

105) Mearsheimer(2001), pp.386-387.

컸다. 2차 대전 후 소련이 유럽에서 패권국의 지위에 오를 것으로 보이자, 미국은 북대서양조약기구(NATO)를 결성, 서유럽 국가들을 결집하여 소련과 균형을 이루는 조치를 취했다.

아시아의 경우도 마찬가지로, 2차 대전 당시 일본이 아시아 패권국으로 부상하는 것을 막기 위해 미국은 소련과 중국을 지원했던 것이다. 태평양전쟁에서 미국의 승리로 2차 세계대전이 끝나고 미국은 일본을 완전 무장해제시키려 했다. 그러나 아시아에서 공산주의가 득세하자 미국은 일본을 아시아 대륙에서 공산주의와 대항할 수 있는 세력으로 다시 부흥시키는 조치를 취했다. 1970년대 초 중국과 소련의 분쟁이 격화되자 미국은 공산주의 국가임에도 불구하고 중국을 소련을 견제할 수 있는 전략적 파트너로 인식하고, 전략적 동맹을 통해 소련을 붕괴시키는 작업을 취한 바 있다.

미국은 유럽 또는 아시아 전체를 장악하려는 강대국을 견제하며, 유럽 및 아시아에서 패권국에 대항하는 국가들을 지원해 준다. 유럽의 패권국에 근접했던 독일과 아시아의 패권에 근접했던 일본은 각각 미국의 개입으로 인해 유럽과 아시아에서 지역 패권국이 되지 못했던 것이다. 21세기에 미국의 패권에 도전할 만한 국가로는 중국이 거론되고 있다. 일례로 미국 국방성은 매년 중국 군사력에 관한 보고서를 작성하여 의회에 보고하는 등 중국의 위협에 체계적으로 대처하고 있는 것을 들 수 있다.[106] 미어셰이머도 중국이 아시아에서 패권적 지위를 추구할 것이라 보고 있다. 또한 그는 미국은 이를 저지하려 할 것이기 때문에 결국, 미국과 중국 간 안보경쟁을 피할 수 없을 것이라고 예견하고 있다.[107]

최근 중국이 동아시아에서 주도권을 추구하려 하는 한편, 미국은 전통적

---

106) 최근에 나온 이러한 부류의 보고서에는 U.S. Department of Defense, *Annual Report to Congress: The Military and Security Developments Involving the People's Republic of China*, May 2012; U.S.-China Economic and Security Review Commission, *Indigenous Weapons Development in China's Military Modernization*, April 2012 등이 있다.

107) Mearsheimer(2001), pp.396-400.

으로 타 지역에서 패권국 부상을 저지해 왔다는 역사적 경험에 비춰볼 때, 이번 센카쿠제도 영유권 분쟁에서 미국이 취하게 될 전략은 상대적으로 중국에 열세인 일본의 편에서 균형을 유지해 주는 것이 될 것이다. 이러한 전략은 오바마 행정부의 '신국방전략(New Defense Strategy)'과도 맞물려 생각할 수 있다.108) 전술한 바와 같이, 현재 미국 정부가 아·태지역에 전략적 관여를 강화하는 데 특히 중시하고 있는 것은 일본을 비롯한 동맹국과의 관계이다. 미국은 양자동맹의 틀을 기반으로 한 기존의 '허브 앤 스포크 (hub and spoke)'형 동맹관계의 강화뿐만 아니라, '한·미·일 및 미·일· 호주' 등 미국을 중심으로 하는 소다자(mini-lateral)형 관계구축도 목표로 하고 있다.109) 2011년 11월 하와이에서 힐러리 국무장관은 국제정세의 변화에 따라 동맹관계를 갱신할 필요성을 지적하면서, 오바마 행정부의 목표로 ① 전략 목표에 관한 정치적 합의가 유지된 동맹, ② 새로운 도전에 민첩하게 대처할 수 있는 적응력 있는 동맹, ③ 모든 도발 행위를 억제할 수 있는 운영 및 장비상의 능력을 갖는 동맹의 형성을 밝힌 바 있다.110) 즉, 효율성 문제를 제기한 것으로서, 미국은 일본에게 안보동맹국으로서의 역할 증대를 요구하며, 중국을 견제하기 위해 일본과 동맹을 더욱 굳건히 만들어 갈 것이다.111)

---

108) 미국의 '신국방전략'에서도 미국의 군사력이 "아시아·태평양 지역의 균형에 필수적 인 것"이라고 밝히고 있다. U.S. Department of Defense, *Sustaining U.S. Global Leadership: Priorities for 21st Century Defense*, January 2012. 미국의 국가전략을 구현하기 위한 신국방전략은 21세기의 나머지 미래를 위해 아태지역에 대한 전략적 참여 강화와 중국의 부상을 본격적으로 견제할 것임을 강조하고 있다. Thomas Fingar, "China's Rise: Contingency, Constraints and Concerns," *Survival*, Vol. 54, No.1(2012), p.196.

109) Ralph A. Cossa et al., *The United States and the Asia-Pacific Region: Security Strategy for the Obama Administration* (Washington, D.C.: Center for a New American Security, 2009), pp.26-52.

110) 防衛省, 『東アジア全力開館』(東京: 防衛研究所, 2012), p.202.

111) 2012년 9월 20일 미국 의회의 '동아시아·태평양 소위원회'가 주최한 '아시아 영유권 분쟁' 청문회에서 캠벨(Kurt M. Campbell) 미국 국무부 동아시아·태평양 담당 차관보는 센카쿠제도를 미·일 상호방위조약 대상으로 인정한 바 있다. 당시 캠벨 차

2) 중국의 대응전략

중국의 센카쿠제도에 대한 기존의 영유권 주장은 고문헌에서 찾아낸 근거에 기반한 것이었다. 일본의 센카쿠제도에 대한 주장은 1879년 류큐왕국을 오키나와 현으로 만든 후 인근의 센카쿠를 1885년부터 10년간 실지 조사하여, 청나라의 지배 흔적이 없는 무인도임을 파악하고 1895년에 오키나와 현으로 편입시켰다는 것이다. 즉, 센카쿠제도는 일본의 류큐에 속하기 때문에 일본 땅이라는 것이다. 이와 같은 일본의 주장에 대해 중국은 센카쿠는 류큐가 아닌, 대만의 부속도서이기 때문에 중국의 고유한 영토라고 반박해 왔다.[112)

그러나 최근 중국의 일각에선 센카쿠제도 영유권에 대한 주장에 큰 변화가 있었다. 그것은 바로 센카쿠제도가 류큐에 속한다는 일본의 주장을 인정한 것이다. 중국공산당 기관지 인민일보의 인터넷 사이트 인민망(人民网)은 2012년 7월 진이난(金一南) 국방대전략연구소장(인민해방군 소장)이 "일본에게 댜오위다오는 물론 류큐군도 전역에서 떠날 것을 요구해야 한다"고 말했다고 전했다.[113) 즉, 센카쿠제도는 대만의 부속도서가 아닌 류큐군도에 속하는 것이고, 그 지역을 다스리던 류큐왕국은 원래 중국의 속국이었으므로, 센카쿠를 포함하는 류큐군도 전부를 일본이 불법 점령한 것이라는 주장

관보는 이와 같은 입장을 취한 배경을 설명하면서 "1997년 아미티지(Richard L. Armitage) 국무부 부장관이 처음으로 분명하고 확실하게 밝혔고, 클린턴 국무장관과 페네타 국방장관을 통해서도 확인된 사실"이라고 덧붙였다. 배병우, "한·일 등 동아시아 영토 다툼 미국, 영향력 적극 행사해야," 『국민일보』, 2012년 9월 22일. 미국 의회가 2012년 12월 통과시킨 2013 회계연도 '국방수권법안'은 센카쿠제도에 대해 "미국은 센카쿠제도의 궁극적 주권에 대해서는 특정한 태도를 취하지 않지만, 일본의 행정관리권을 인정한다"면서 "센카쿠제도가 미·일 안보조약 제5조(공동방위) 적용대상이라는 점을 재확인한다"고 명시했다.

112) 中華人民共和國國務院新聞辦公室, "釣魚島是中國的固有領土," http://www.fmprc.gov.cn/chn/pds/ziliao/tytj/zcwj/t973235.htm(검색일: 2012년 11월 10일).
113) "金一南少將: 釣魚島問題太小應先討論琉球主權歸屬," 人民網, 2012년 7월 25일. http://world.people.com.cn/n/2012/0725/c1002-18591815-1.html(검색일: 2012년 11월 10일).

이다. 중국군 소장이 류큐군도의 주권 문제를 들고 나오고, 이를 당 기관지가 비중있게 다룬 것은 중국 정부의 의도를 반영한 것으로 풀이된다.[114] 중국이 해양굴기 차원에서 태평양 진출의 관문이 될 이곳에 대해 류큐군도 전체를 중국에 환수시키라는 주장은 달라진 중국의 국제적 위상에서 힘을 얻어 가능해진 것으로 보인다. 센카쿠 영유권뿐만 아니라 '류큐 회복' 또는 '류큐 독립'의 언급은 중국 학계에서 최근 활발히 제기되고 있다. 중국 인민대 천더공(陈德恭) 교수와 칭화대 진더샹(金德湘) 교수는 이러한 주장에 국제법적 주요 논거 3가지를 다음과 같이 들고 있다.[115]

첫째, 1946년 2월 2일 맥아더 일본점령군 최고사령관 명의로 발표된 성명에서 일본 정부의 행정구역은 혼슈, 큐슈, 시코쿠, 홋카이도 등 일본 4대 섬 및 북위 30도 이북의 1,000여 개 일본 열도의 부속도서로 국한한다고 했다. 북위 30도 이남의 류큐는 일본에 속하지 않는다.

둘째, 1946년 11월 미국은 유엔에 류큐를 미국의 신탁통치 지역으로 설정해 줄 것을 요구했고, 이에 유엔 안전보장이사회는 1947년 4월 2일 미국의 제안을 승인해 일본 신탁통치 도서에 관한 결정을 공포했다. 즉, 류큐는 유엔헌장에 의하여 제2차 세계대전의 결과물로서 적국으로부터 분리된 지역이다. 따라서 일본의 류큐에 대한 점유권은 국제법에 의하여 박탈된 것이 명백하다.

셋째, 「유엔헌장」 제78조는 유엔 회원국의 영토는 신탁통치제도를 적용하지 않는다고 규정하고 있다. 류큐가 신탁통치를 받는다는 사실은 류큐가 일본 영토가 아니라는 증거이다. 「유엔헌장」 제79조, 제83조, 제85조도 신탁통치하의 영토 관할에 관한 변경 및 그 조항의 개정에는 반드시 안전보장이사회 또는 유엔총회의 승인을 받도록 해야 한다고 규정했다. 따라서 이러한 유엔헌장 상의 규정을 이행하지 않은 미・일 간 오키나와 반환조약은 국

---

114) 박일근, "중국군 소장, '日 오키나와서 떠나라'," 『한국일보』, 2010년 7월 26일.
115) 『环球時報』, "日本對琉球无合法主權," http://opinion.huanqiu.com/1152/2010-10/1155013.html(검색일: 2012년 11월 10일).

제법 위반으로 무효다.

이른바 '류큐공정'으로 일컬어지는 이러한 중국의 강력한 주장은 일본을 더욱 당혹하게 만들었다. 이렇듯 중국은 센카쿠제도 영유권 분쟁에 있어 실효지배 중인 일본에 지속적으로 위협을 가하는 공갈전략을 취하고 있다. 위의 류큐공정 사례처럼 수사학적인 공갈을 가하기도 하고, 어정순시선이나 함정을 센카쿠제도 해역에 출몰시키는 물리적인 수단을 동원하여 일본을 위협하기도 한다. 앞서 살펴보았듯이, 현 체제 속 중국의 국력은 미국을 능가하지는 못하기 때문에 센카쿠제도를 자국의 수중에 넣으려는 중국이 취할수 있는 전략이란 공갈이 될 수밖에 없다. 영유권 획득을 위해 국지전이라도 벌일 경우에는 일본이 미국에게 개입을 요청할 것이고, 미국은 중국이 동아시아 지역에서 패권국으로 부상하는 것을 막기 위해 일본의 요구를 받아들여 전쟁에 개입할 것이 예상되기 때문이다.

3) 일본의 대응전략

센카쿠제도 영유권 문제를 놓고 긴장이 고조되고 있던 2012년 9월, 일본 정부는 센카쿠제도 3개 섬을 국유화함에 따라 중국을 더욱 자극시켰다. 이미 실효지배를 하고 있는 일본 입장에서 이 지역의 분쟁화를 방지하겠다며 '조용한 외교' 방침을 유지할 것이라던 기존의 주장과 정반대의 무리수를 둔 것이다. 일본의 센카쿠제도 국유화는 중국의 영해침범과 같은 강한 압박에 대한 대응으로 생각할 수 있다.

즉, 동아시아 힘의 구조와 그 변화라는 시각에서 양국 간 갈등이 심화되었고, 강력한 중국의 위협으로 센카쿠제도를 내주고 나면 류큐군도 전체를 잃게 될 것이라는 우려가 일본으로 하여금 극단적 선택을 하게 만든 것으로 평가된다. 센카쿠를 포함한 전체 류큐군도 내의 160여 개 섬은 육지면적으로는 6.8km², 해양면적은 약 150만km²로 일본 전체 해역의 약 30%를 차지한다. 중국의 '류큐공정'에서 살펴본 바와 같이, 만일 일본이 이번 분쟁에서 센카쿠제도 영유권을 내어주게 될 경우, 류큐군도 전체도 위기에 처할 수있다. 일본이 센카쿠제도의 영유권을 확실히 해두려는 이유가 여기에 있

다.116)

2010년 일본은 경제력 면에서 중국에 추월당했고, 국방비 면에서도 중국에 2배 이상 뒤져 있다(〈표 5-3〉 참조). 이러한 사실이 일본으로 하여금 중국이 더 강해지기 전에 강경한 행동을 통해 중국에 분명한 메시지를 보내고, 센카쿠 제도 영유권 문제도 정리하려 들도록 작용했다는 해석이 가능해진다.117) 또한 일본이 이러한 선택을 할 수 있었던 것은 미국이 사활적 이익의 중심축을 아시아에 두고 있기 때문이다. 일본은 안보를 미국에 의존하고 있다. 일본의 해상 군사력이 중국보다 약하지는 않지만, 그렇다고 강한 것도 아니다. 국유화 조치로 중국의 반발이 예상되는 상황에서 미국이 그들의 안보를 지켜주지 않을 것이라 생각했다면, 그러한 무리수를 둘 수 없었을 것이다.

앞서 일본의 방위대강에서도 살펴본 바와 같이, 미·일 군사동맹은 일본이 갖고 있는 중국, 북한 나아가 러시아에 대한 최고의 방어카드이다. 일본은 이 군사동맹을 활용해 중국의 센카쿠제도에 대한 공세를 막고자 한다. 일본 정치가들은 센카쿠제도가 미·일 동맹의 범주에 속한다는 원론적인 수준의 군사적 대응 여부 자체를 넘어 "어떤 식으로, 어느 정도, 얼마 동안의 군사적 대응이냐"는 구체적인 사안에 관심을 갖는다.

2009년 민주당 정부가 집권하면서 하토야마 유키오(鳩山由紀夫) 전 일본 총리가 중국 등 아시아 중시 외교를 주창하며 미국 편중외교에서 벗어난 대등한 미·일관계 구축을 설정하여, 미국과의 반세기 넘는 동맹관계가 느슨해지기도 했다. 그러나 2010년 센카쿠 주변에서 일본 순시선과 중국 어선의 충돌사고로 인해 중·일 간 갈등이 심화되면서 일본의 외교정책은 다시 미국 중시로 180도 전환하는 양상을 보였다. 특히 아베 신조(安倍晋三) 내각은 미국 주도의 환태평양경제동반자협정(TPP: Trans-Pacific Strategic

---

116) 일본은 중일 갈등을 보통국가화로 가는 기회로 활용하고 있으며, 자연스럽게 미일 동맹의 강화와 동아시아에서의 역할 강화를 의도하고 있다고 보는 견해도 있다. 윤근노, "중일갈등과 일본 보통국가화," 세종연구소, 『정세와 정책』 2013년 3월호, p.11.

117) 김재철, "조어도 분쟁과 동아시아 질서," 세종연구소, 『정세와 정책』 2012년 10월호, pp.6-7.

Economic Partnership)118) 교섭 참가, 미국과의 군사협력 강화 등 친미 일 변도의 외교를 펼치고 있다. 미국이 2009년 11월 돌연 TPP 참여를 결정한 것은 오바마 대통령의 정책 목표인 수출을 부양하는 한편 회원국을 통상으로 묶어 아·태 지역에서 미국의 영향력을 확대하고 중국을 견제하고자 하는 목적이다.119)

일본 역시 미국과 힘을 합쳐 중국을 견제하겠다는 의도로 이 협정에 긍정적 메시지를 보내고 있는 것으로 해석할 수 있다. 미국과 일본은 TPP를 단순한 무역공동체가 아닌 중국을 겨냥한 외교·안보적 공동체로 보고 있는 것이다. 이와 같이 일본의 입장에서는 미국과의 동맹강화만이 군사대국화하는 중국을 견제할 수 있는 유일한 길이라는 결론에 도달한 것으로 보인다.120) 일본은 중국과 힘의 균형을 맞추기 위해 미국의 힘을 이용하는 전략을 선택한 것이다.

---

118) 환태평양경제동반자협정(TPP)은 원칙적으로 농산물을 포함해 모든 상품의 관세를 완전히 철폐하는 높은 단계의 자유무역협정(FTA) 격으로 단 4개국을 회원으로 2006년 출범하였다. 현재 원년 멤버인 싱가포르, 뉴질랜드, 칠레, 브루나이 등을 비롯해 미국, 호주, 말레이시아, 페루, 베트남 등이 참여 중이고, 캐나다, 멕시코, 일본 등으로 확대가 추진 중이다. 외교통상부 2012년 10월 9일 보도자료, "동아시아 FTA 추진 관련, 역내 포괄적경제동반자협정(RCEP: Regional Comprehensive Economic Partnership) 및 한중일 FTA 공청회 개최 예정," http://www.mofat.go.kr/webmodule/htsboard/template/read/korboardread.jsp(검색일: 2012년 11월 9일) 참조.

119) 중국은 2011년부터 동아시아정상회의에서 ASEAN 10개국과 6개 파트너 국가(한국, 중국, 일본, 인도, 호주, 뉴질랜드)를 포용하는 역내 포괄적경제동반자협정(RCEP)을 추진하고 있는 바, 이를 견제하려는 것이다. 임경수, "아태지역에서의 경제통합 논의 및 시사점," 『KIEP 경제포커스』 2012년 9월 10일.

120) 하지만 일본이 "센카쿠를 둘러싸고 중국과 충돌할 때 미국이 과연 일본을 돕겠느냐" 하는 회의론도 존재한다. 이 때문에 극우보수파를 중심으로 중국과 맞서려면 핵무장 등 일본의 재무장화가 필수적이라는 주장도 제기되고 있다.

V. 맺는말

이 글은 공격적 현실주의 이론을 바탕으로 향후 센카쿠제도 영유권 분쟁을 둘러싼 미국과 일본, 중국의 대응전략에 대해 서론에서 네 가지 가설을 제시했다. 여기에서는 본문의 내용을 토대로 그 가설들을 검토하고자 한다.

첫째, 센카쿠제도 영유권 분쟁은 중국이 동아시아에서 지역적 패권을 확보하기 위한 시도로 이해될 수 있다. 공격적 현실주의 이론에서 국가의 목표는 패권을 추구하는 것이다. 무정부적인 국제체제에서 자국 안보를 지킬 수 있는 방법은 국가의 힘을 키워 스스로를 지키는 것이기 때문에, 항상 강력한 힘, 즉 패권을 추구한다는 것이 공격적 현실주의의 힘의 추구 동기이다. 이 이론에 따르면, 중국이 지역적 패권을 추구하는 것 또한 자연스러운 현상이다. 중국은 연평균 10%를 상회하는 경제성장률을 보이며 급격히 국부를 증대시키고 있다. 강력해진 경제력을 기반으로 중국은 자국의 영향력을 더욱 확대시키기 위해 군사력 증강을 꾀하고 있음을 확인할 수 있었다. 경제력과 군사력을 포함한 종합적인 국력이 한층 강화된 중국은 그 힘을 활용해 지역의 패권국가로 발돋움하려 한다.

둘째, 중국은 지역패권을 확보하기 위해 분쟁 상대국인 일본에 경제적·군사적으로 압박을 가하며 위협할 것이다. 센카쿠제도와 그 주변 해역은 중국의 이러한 팽창이 표출될 수 있는 가장 적합한 지역이다. 이 지역은 동아시아 국가들에게 중요한 해상교통로에 위치하고 있다는 안보적 차원과 함께 부존되어 있는 에너지자원이 풍부하기 때문이다. 앞에서 살펴본 바와 같이, 무역을 주요 경제성장 동력으로 하고 있는 중국으로서는 해양으로의 진출이 자유로워야 한다. 이는 대부분의 무역이 해양을 통해서 이루어지기 때문이다. 즉, 이 지역에서 해상교통로를 안전하게 확보하는 것은 국가 생존과도 직결된 사활적 이익이 걸려 있는 문제이다. 현재 이 지역을 실효적으로 지배하고 있는 일본에 대해 경제적·군사적 압박을 가하고 있다. 그러나 미국이라는 또 다른 변수는 중국이 센카쿠제도에 물리적 군사력을 동원하여 쉽

사리 전쟁을 일으키지 못하는 이유가 된다. 미국의 군사력이 중국보다 강한 상황에서 중국은 합리적으로 행동하여 이득없고 손실이 큰 전쟁을 선택하지는 못할 것이다. 중국이 취할 수 있는 전략은 일본에게 지속적으로 공갈을 가하는 것이다.

셋째, 일본은 중국의 공갈에 직접적으로 대응하기보다는 미국과 군사동맹관계의 틀을 활용하는 간접적 대응을 선택할 것이다. 일본은 경제적 측면에서나 군사적 측면에서 중국과 대등한 지위에 있다고 보기에는 무리가 있다. 군사력 부분이 질적 우세에 있다고는 하나, 양적 열세를 보완할 만큼은 아닌 것으로 분석된다. 일본은 미국, 중국에 이어 세계 3위의 경제대국으로 군사비 증강의 여력이 없는 것은 아니다. 그러나 일본은 요시다노선을 고수함으로써 자국의 군사비 지출을 GDP의 1% 정도로 제한하고 있기 때문에 일본의 종합적인 군사력은 중국 수준에 못 미치는 것으로 평가되었다. 따라서 일본이 단독으로 중국의 공세에 맞설 힘이 부족하므로, 이러한 힘의 불균형을 극복하기 위해 일본은 미국과의 안보동맹으로 대처하고자 한다.

넷째, 이 지역에서 세력균형을 바라는 미국은 중국이 동아시아 지역에서 패권적 지위로 부상하는 것을 억제하기 위해 센카쿠제도 영유권 문제에 대해 역외균형자로서 중국을 견제할 것이다. 미국은 타 지역에서 패권국가의 등장을 억제한다는 기존 대외전략의 일환으로 중국의 대양진출을 견제할 것이라는 점에서, 중·일 간 센카쿠제도 영유권 분쟁에서 일본에 힘을 실어줄 가능성이 크다. 미국의 국가안보를 위한 대전략은 전통적으로 타 지역에서 패권국가 등장을 방지하는 것이었다. 미국은 2차 세계대전 때 독일의 부상에 대항하여 연합군 측에 참전하였고, 동아시아에서 일본의 독주를 막기 위해 일본으로의 석유유입을 차단했던 것을 사례로 들 수 있다. 센카쿠제도 분쟁에 있어서도 미국이 역외균형자로서 중국에 비해 상대적으로 군사력이 약한 일본의 편에서 동아시아 지역의 세력균형을 추구할 것이라고 분석된다.

앞으로 중국은 국제체제의 구조(힘의 배분), 특히 미국과의 상대적 국력의 평가에 따라 생존전략을 선택할 것이다. 그리고 그 선택은 중국이 국력을 키워감에 따라 변할 수 있을 것이다. 강대국의 의도가 국력의 상승에 따라 동태적으로 변화해 간다는 공격적 현실주의의 예측에 입각해 볼 때, 지금까지 중국이 진심으로 평화적 굴기를 원했다 할지라도 이러한 의도가 국력의 추가적인 상승이 이루어진 후에도 지속될 것이라고 확신할 수는 없을 것이다. 현 동아시아 지역의 국제관계가 균형적 다극체제에서 불균형적 다극체제로 변화하고 있는 전환의 시점이라면,121) 한국도 이어도를 놓고 중국과 분쟁이 심화될 소지를 갖고 있다는 점에서 센카쿠제도 영유권 분쟁은 한국에 대한 시사점이 작지 않다.

---

121) 2012년 초 새로운 '국방전략지침'을 발표하는 자리에서 오바마 대통령은 오늘의 현실을 '전환의 시기(a moment of transition)'라고 강조했고, 페네타 국방장관은 '전략적 전환점(a strategic turning point)'이라고 표현했다. 김열수(2012), p.172에서 재인용.

■ 참고문헌 ■

곽경탁. 2009. "중국의 외환보유고 운용정책 변화 가능성 점검." 산은경제연구소. 『KDBRI 이슈 분석』 2월.

권태환. 2011. "일·중 영유권 갈등과 전망: 尖閣열도를 중심으로." 한일군사문화학회. 『한일군사 문화연구』 11집.

김경민. 1997. "일·중관계와 동북아 안보: 예상되는 지역분쟁을 중심으로." 한국전략문제연구소. 『전략연구』 9호.

김국군. 2006. "중·일 댜오위다오/센카쿠열도 분쟁의 쟁점에 관한 연구: 영유권, 에너지, 전략, 민족정서적인 측면에서." 석사학위논문. 국방대 안전보장대학원.

김기석·최운도. 2012. "미국의 귀환과 동아시아 지역협력 아키텍쳐: 동아시아 지역주의 협력의 G2화?" 서강대학교 동아연구소. 『동아연구』 62권.

김기수. 2009. "21세기 세계패권의 향방: 미국과 중국의 경제 역학관계를 중심으로." 한국해양전략연구소. 『STRATEGY 21』 23호.

김열수. 2012. "미국의 신국방전략과 한국의 대비 전략." 『국가전략』 18권 2호.

김영춘. 2004. 『중국의 부상에 대한 일본의 인식과 군사력 강화』. 서울: 통일연구원.

김재철. 2012. "조어도 분쟁과 동아시아 질서." 세종연구소. 『정세와 정책』 10월.

김종두. 1998. "댜오위다오/센카쿠열도 분쟁원인에 관한 연구." 한국해양전략연구소. 『STRATE GY 21』 2호.

김흥규. 2010. "중·일간 센카쿠열도 분쟁과 중국의 대외정책." 성균관대학교 동아시아지역연구소. 『동아시아 브리프』 5권 4호.

남궁영. 2011. 『국제정치경제 패러다임과 동아시아 지역질서』. 서울: 도서출판 오름.

남궁영·김준영. 2012. "탈고전적 현실주의 시각에서 본 21세기 일본의 안보정책." 『세계지역연구논총』 제30집 1호.

남궁영·양일국. 2012. "중국의 부상을 보는 두 시각: 현상유지국인가, 도전국인가?" 『21세기정치학회보』 제22집 2호.

마츠다 야스히로. 2012. "일본의 대중국 전략에 대한 이해." 배정호·구재회 편. 『중국의 국내정치 및 대외정책과 주요 국가들의 대중국 전략』. 서울: 통일연구원.

박민형. 2012. "중국의 부상과 한국의 군사적 대응."『국제정치논총』제52집 1호.

박영준. 2010. "일본 〈방위계획대강 2010〉과 한국안보정책에의 시사점." 동아시아 연구원. 『EAI 논평』 제16호.

박창권. 2010. "미중관계의 변화전망과 한국의 대외 안보협력 방향." 한국국방연구 원. 『국방정책연구』 제26권 2호.

배정호·구재회 편. 2012. 『중국의 국내정치 및 대외정책과 주요 국가들의 대중국 전략』. 서울: 통일연구원.

배진수. 1998. "동북아시아 지역에서의 해양영토 분쟁의 배경 및 현황." 이춘근 편. 『동아시아 해양 분쟁과 해군력 증강현황』. 서울: 한국해양전략연구소.

설인효·이택선. 2012. "미어셰이머의 공격적 현실주의 이론과 21세기 동북아 국제 질서: 방어, 공격적 현실주의 논쟁과 공격적 현실주의 재평가." 분쟁해결연구 소. 『분쟁해결연구』 10권 2호.

손기섭. 2008. "중일 해양영토 분쟁." 진창수 편. 『동북아 영토분쟁과 일본의 외교정 책』. 성남: 세종연구소.

송화섭. 2011. "일본 방위계획 대강 개정과 함의." 국방연구원. 『주간국방논단』 제 1343호.

왕페이링. 2012. "중국의 대미국 전략: 저항, 감소, 대체." 배정호·구재회 편. 『중국 의 국내정치 및 대외정책과 주요 국가들의 대중국 전략』. 서울: 통일연구원.

유철종. 2006. 『동아시아 국제관계와 영토분쟁』. 서울: 삼우사.

윤근노. 2013. "중일갈등과 일본 보통국가화." 세종연구소. 『정세와 정책』 3월.

이명찬. 2013. "센카쿠제도를 둘러싼 중·일간 갈등과 동북아."『국제정치논총』제53 집 1호.

이성호 외. 2011. 『연구보고서: 중국의 시장·기술·산업의 잠재력 평가 및 발전 전 망』. 서울: 삼성경제연구소.

정호섭. 2011. "반(反)접근·지역거부 대공·해 전투 개념: 미·중 패권경쟁의 서막?" 한국해양전력연구소. 『STRATEGY 21』 28호. 겨울.

Berkowitz, Bruce. 2009. *Strategic Advantage: Challengers, Competitors, and Threat to America's Future*. Washington, D.C.: Georgetown University Press.

Brad, Setser. 2008. "China: Creditor to the Rich." *China Security* 4(4), Autumn.

Clinton, Hillary. 2011. "America's Pacific Century." *Foreign Policy*. November.

Cossa, Ralph A. et al. 2009. *The United States and the Asia-Pacific Region: Security Strategy for the Obama Administration*. Washington, D.C.: Center for a New American Security.

Dadush, Uri, and Bennett Stancil. 2010. *The World Order in 2050*. Washington, D.C.: Carnegie Endowment for International Peace.

Emmott, Bill. 2003. *20:21 Vision: Twentieth Century Lessons for the Twenty First Century*. New York: Farrar, Straus and Giroux.

Fingar, Thomas. 2012. "China's Rise: Contingency Constraints and Concerns." *Survival* 54(1).

Friedberg, Aaron L. 2011. *A Contest for Supremacy: China, America and the Struggle for Mastery in Asia*. New York: Norton.

Friedman, George. 2009. *The Next 100 Years: A Forecast for the 21ˢᵗ Century*. New York: Doubleday.

Joffe, Josef. 2006. *Überpower: The Imperial Temptation of America*. New York: Norton.

Johnston, Alastair Iain. 2003. "Is China a Status Quo Power?" *International Security* 27(4), Spring.

Kegley, Charles W., Jr., and Gregory A. Raymond. 1994. *A Multipolar Peace? Great-Power Politics in the Twenty-First Century*. New York: St. Martin's Press.

Kim, Hyun-wook. 2012. "Prospects for President Obama's Second-Term Foreign Policy." *IFANS BRIEF* 37.

Lieberthal, Kenneth, and Wang Jisi. 2012. "Addressing US-China Strategic Distrust." Brookings, John L. Thornton China Center, Monograph Series. No.4. March.

Mann, James. 2007. *The China Fantasy: How are Leaders Explain Away Chinese Repression*. New York: Viking Adult.

Mearsheimer, John J. 2001. *The Tragedy of Great Power Politics*. New York: W. W. Norton & Company.

_____. 2006. "China's Unpeaceful Rise." *Current History* 105(690), April.

Nye, Joseph Jr. 2010. "The Future of American Power: Dominance and Decline in Perspective." *Foreign Affairs* 89(6), November/December.

Pan, Zhonqi. 2007. "Sino-Japanese Dispute over the Diaoyu/Senkaku Islands:

The Pending Controversy from the Chinese Perspective." *Journal of Chinese Political Science* 12(1), March.

Shirk, Susan R. 2007. *China: Fragile Superpower.* New York: Oxford University Press.

Swaine, Michael D. 2011. *America's Challenge: Engaging a Rising China in the Twenty-First Century.* Washington, D.C.: Carnegie Endowment for International Peace.

The White House. 2002. *National Security Strategy of the United States of America.* September.

U.S. Department of Defense. 2010. *Annual Report to Congress: Military and Security Developments Involving the People's Republic of China.* August.

_____. 2012. *Annual Report to Congress: Military and Security Developments Involving the People's Republic of China.* May.

_____. 2012. *Sustaining U.S. Global Leadership: Priorities for 21st Century Defense.* January.

Waltz, Kenneth N. 1979. *Theory of International Politics.* Reading: Addison-Wesley Publishing Company.

_____. 1988. "The Origins of War in Neorealist Theory." *Journal of Interdisciplinary History* 18(4), Spring.

Yee, Herbert, and Ian Storey (eds.). 2002. *The China Threat: Perceptions, Myths, and Reality.* London: Routledge Curzon.

Zheng, Bijian. 2005. "China's Peaceful Rise to Great-Power Status." *Foreign Affairs* 84(5), September/October.

高井三郎. 1997. "自衛隊, 尖閣諸島の防衛計画." 『軍事研究』 11月.

防衛省. 2012. 『東アジア全力開館』. 東京: 防衛研究所.

_____. 2012. 『平成23年度以降に係る防衛計画の大綱』 12月.

_____. 2012. 『平成24年度 防衛白書』 7月.

田村尙也. 2011. "「新防衛大綱」動的防衛力構築: 仮想敵は北朝鮮・中國・ロシア." 『軍事研究』 3月. 東京: ジャパン・ミリタリー・レビュー.

中華人民共和國國務院新聞辨公室. 2011. 『2010年中國的國防』. 北京: 人民出版社.

제6장

중국·베트남의 개혁·개방과 북한*

I. 머리말

19세기 초 게오르그 헤겔(G. W. F. Hegel)은 인간에게 제일 소중한 것
은 자유이며 인류 역사의 전개는 곧 자유의식이 진보하는 것을 의미한다고
주장했다.[1] 이는 인류가 자유사상을 확장·심화하는 방향으로 나아가는 것
이 진정한 역사의 진전이라는 것으로 해석할 수 있다. 자유사상은 비효율적
인 정부의 개입을 최소화하고 자유시장과 경쟁을 통해 인간 본연의 창의성

---

* 이 글은 남궁영·양일국, "중국·베트남의 개혁·개방과 북한,"『한국동북아논총』제20
집 제3호(2015)를 수정·보완한 것이다.

1) G. W. F. Hegel, *Grundlinien der Philosophie des Rechts*, Bd. 7 der von E.
Moldenhauer und K. M. Michel besorgten Theorie-Werkausgabe, Frankfurt,
1969ff., § 215, Zus; G. W. F. Hegel, *Vorlesungen über die Philosophie der
Geschichte*, TWA, Bd. 12, p.32, 박배형, "헤겔의 자유주의 비판,"『헤겔 연구』(한국
헤겔학회, 2012), p.204에서 재인용.

이 극대화될 때 인간다운 삶이 보장된다는 것으로 요약될 수 있다.

이러한 자유사상의 타당성은 역으로 사회주의체제가 예외 없이 극심한 빈곤과 인권탄압에 시달렸다는 데에서 유추할 수 있다. 즉, 개인의 근면과 창의성을 극대화할 수 없는 체제는 빈곤을 면할 수 없으며 이러한 체제를 존속시키기 위해 국가는 더 많은 통제와 개입을 하지 않을 수 없었던 것이다. 1998년에 노벨경제학상을 수상한 바 있는 케임브리지대학의 아마티아 센(Amartya K. Sen) 교수는 개인의 자유를 보장하지 않는 독재를 대규모의 기근(飢饉)과 아사(餓死) 등 국가적 재앙의 원인으로 지목했다. 그는 수단, 에티오피아 등 아프리카 빈국들과 중국의 '대약진 운동' 등을 예시하면서 정부를 비판할 수 있는 자유가 없는 독재국가에서만 기근이 발생했다고 결론지었다. 만약 이러한 국가들이 정기적으로 선거를 실시하고 언론의 자유가 보장됐다면 민생을 돌보지 않는 정부를 견제할 수 있었을 것이고 기근을 면할 수 있었을 것이라 진단했다.[2] 국가에 의한 과도한 통제, 개인 창의성의 억압이 대규모 아사와 같은 국가적 재앙으로 이어진다는 센 교수의 주장은 결국 헤겔이 지적한 '보다 큰 자유사상의 실현'이 국가가 나아갈 바른 방향임을 다시 한번 상기하게 한다.

이러한 자유사상 및 시장경제체제의 적실성이라는 측면에서 개혁·개방을 추진하는 중국과 베트남의 사례는 많은 점을 시사한다. 두 국가는 우선 사회주의체제하에서 극심한 빈곤과 폭정을 경험한 것으로써, 그리고 시장경제체제로 전환한 이후 경제적 풍요를 구가함으로써 자유사상 및 시장경제의 효용성을 두 번 실증해주었기 때문이다.

---

2) 아마티아 센, 박우희 역, 『자유로서의 발전』(경기: 세종연구원, 2011), pp.234-237.

II. 자유주의 및 시장경제 논의

1. 자유주의의 기본 가정

1) 개인의 자유

자유주의자들은 정치, 경제 등 사회 모든 분야에서 정부보다 개인이 더 잘할 수 있을 것이라 기대한다. 즉, 개인은 모두 자유와 부를 극대화하려는 이기적 본성이 있으므로 이 본성이 잘 발휘할 수 있는 환경이 갖춰질 때 개인과 국가가 모두 번영할 수 있다는 것이다. 따라서 자유주의가 중요시하는 '개인의 자유'는 선택의 자유이며, 그 선택에 따른 행동을 타인이 간섭하지 않는 상태를 의미한다.[3] 또한 시장에서 개인의 선택이 초래한 결과의 차이, 즉 경제적 소득격차 역시 인정해야 하며 나아가 이러한 불평등 내지 부의 격차는 개인에게 창조와 혁신을 자극하는 유익한 역할을 한다고 본다.[4] 따라서 이러한 격차를 인위적으로 제거 또는 완화하려는 시도는 그것이 아무리 선량한 의도에서 비롯된 것이라 할지라도 결과적으로 광범위한 억압으로 이어질 수 있다고 주장한다.[5]

2) 최소국가

개인의 자유를 중시하는 자유주의가 과도한 정부의 개입과 통제를 거부

3) Isaiah Berlin, *Four Essays on Liberty* (Oxford: Oxford University Press, 1969), p.122, 남궁영, 『국제정치경제 패러다임과 동아시아 지역질서』(서울: 도서출판 오름, 2011), p.22에서 재인용.

4) 자유주의의 불평등에 대한 정당화는 George Harris, *Inequality and Progress* (New York: Armo Press & New York Times, 1972) 참조.

5) P. T. Bauer, *Equality, The Third World and Economic Delusion* (London: Weidenfeld and Nicolson, 1981), p.8, 남궁영(2011), pp.23-24에서 재인용. 프리드먼 역시 1975년 Richard Heffner와의 인터뷰에서 정부의 정책은 의도보다 결과를 더 고려해서 추진돼야 한다고 주장했다.

하는 것은 자연스러운 논리적 귀결이라 할 수 있다. 또한 역사상 정부의
오판 내지 무능에 의한 실정이 국가 전체에 큰 해악을 끼친 사례가 많다는
점에서 자유주의는 기본적으로 국가와 정부를 통제, 관리돼야 할 대상으로
인식한다. 고전『자유론(*On Liberty*)』저자 존 스튜어트 밀(J. S. Mill)은
특히 정부 권력은 기본적으로 공익이 아닌 권력자의 사익을 위해 남용되는
경향이 있으므로 가능한 한 정부의 역할과 권한을 제한하고 개인의 자유를
보장하는 제도가 필요하다고 보았다.[6] 이러한 자유주의적 사고와 제도는 자
연히 국민들의 정치적 자유를 보장하는 체제로 이어지며 정부는 국방 등 개
인의 자유를 보장하기 위한 최소한의 역할만을 해야 한다는 것이 이른바 최
소국가론의 요지이다. 프리드먼(Milton Friedman)은 그의 저서 *Capitalism
and Freedom*에서 정부의 상황인식과 대처, 그리고 전반적인 효율성에 어
쩔 수 없는 한계가 있음을 지적하면서 최소국가의 의의를 다음과 같이 해설
해 주었다.[7]

"정부에 권력이 집중된 사회에서 결코 건축과 회화, 과학과 기술, 공업과 농
업 [등 세상만새의 위대한 진전은 일어나지 않았다 … 정부가 아무리 노력해도
개개인의 다양성[과 창의성]을 따라갈 수 없다."

3) 자유시장

앞서 살펴본 개인의 자유 및 최소국가 원칙에 따라 국가 권력과 제도가
개인의 선택과 행동의 자유를 보장한다면 그 사회에는 필연적으로 부의 증
대를 추구하는 개인, 기업 간의 경쟁이 일어나게 된다.[8] 자유주의는 이러한

---

6) J. S. Mill, *On Liberty* (Harmondsworth: Penguin, 1974), Charles K. Rowley, "The Political Economy of the Public Sector," in R. J. Barry Jones (ed.), *Perspectives on Political Economy: Alternatives to the Economics of Depression* (London: Francis Pinter, 1983), p.38에서 재인용.
7) Milton Friedman, *Capitalism and Freedom* (Chicago: University of Chicago Press, 1962), pp.4-8.
8) 하이에크는 시장은 인위적으로 고안된 산물이 아니라 오랜 시간에 걸쳐 자연 발생한

경쟁이 사회 전반의 효율성을 증대시켜 결과적으로 사회 구성원 모두의 복지를 증진시킨다고 믿는다. 따라서 자유주의자들은 이러한 경쟁의 토대가 되는 자유시장(free market)의 존립과 유지를 중요시한다. 시장에서 경제주체들은 자신의 부의 증대를 위해 가능한 한 싼 가격에 좋은 품질의 상품과 서비스를 제공해 경쟁자들보다 우위에 서기 위해 노력하게 된다.[9] 그 결과 시장 속의 개인은 자신의 다양한 여건과 적성, 소질을 고려해 자신이 가장 잘할 수 있는 분야에 종사하게 되어 결과적으로 유·무형의 자원들이 최적화된 방식으로 소비된다. 이는 사회 전체의 효율성을 향상시켜 국부의 증대로 이어지게 된다. 포스너(Richard Posner)는 희소 자원의 최적화된 사용이 자유주의의 도덕적 정당성을 뒷받침한다고 보았다.

> "무엇이 정의로운가를 판단하는 보편적 기준은 아마도 그것이 효율적이냐에 있을 것이다. 이 세상에서 부족한 자원을 헛되게 낭비하는 것이야말로 비도덕적인 것일 수 있다."[10]

2. 사회주의 국가의 개혁·개방에 관한 이론적 논의

자유시장에서의 경쟁을 통한 효율성 증대, 개인 자유 및 부의 불균등 인정, 정부의 최소 개입 등으로 요약되는 자유시장경제체제의 타당성은 역으로 국가 중심의 통제경제가 예외 없이 실패했다는 점에서 실증되고 있다. 사회주의 국가들이 극심한 빈곤과 체제불안을 경험한 이후 시장경제체제로

사회제도라는 점을 강조했다. F. A. Hayek, *Knowledge, Evolution and Society* (London: Adam Smith Institute, 1983) 참조.

9) F. A. Hayek, *Law, Legislation and Liberty, Vol. 3: The Political Order of a Free People* (London: Routledge & Kegan Paul, 1979), p.74, 남궁영(2011), p.25에서 재인용.

10) Richard Posner, *Economic Analysis of Law*, 3rd ed. (New York: Little, Brown and Company, 1998), p.30.

전환을 시도할 수밖에 없는 이유에 대해서 다양한 해석이 있으나 크게 보아 현실적 측면과 규범적 측면으로 나눠볼 수 있다.

1) 사회주의 몰락의 원인

(1) 현실적 모순: 국가 효율성 저하

우선 미지스(L. Von Mises)는 생산수단을 공유하도록 강요하는 사회주의 체제는 합리적인 가격 및 교환수단의 부재로 자원이 제대로 배분될 수 없어 경기침체가 불가피하다고 진단했다.[11] 즉, 국가가 경제를 통제하는 한 유·무형의 자원들이 정말로 필요한 사람 또는 그 자원을 가장 값지게 사용할 능력이 있는 사람에게 도달하기 어려워지고 이로 인해 자원의 낭비가 만연하게 된다는 것이다. 자유주의자들은 이러한 자원들이 시장에서 자유롭게 거래된다면 상대적으로 그 자원을 통해 더 큰 부를 축적할 수 있는 개인들에게 손쉽게 전달될 수 있고, 이는 결과적으로 국가 전체의 효율성 증대로 이어질 것으로 기대한다. 브레진스키(Z. Brzezinski) 역시 국가의 통제로 인한 생산성 하락 및 자원의 낭비, 사회에 기여할 능력이 있는 개인에게 기회를 주지 않고 억압한 것 등을 공산주의 몰락의 원인으로 지목했다. 또한 경제적 빈곤을 면하기 위해 시장경제를 도입하면 기존의 권력을 포기해야 하고 반대로 권력을 유지하려면 빈곤을 감수해야 하는 상황을 공산주의가 해결할 수 없는 딜레마라 지적했다.[12]

코르나이(Janos Kornai)는 구소련의 사례를 통해 사회주의체제의 빈곤과 경제적 실패가 연쇄적으로 체제 변화로 이어지는 과정을 설명했다. 사회주의 특유의 비효율성과 기술발전의 정체 및 군사력 유지를 위한 과도한 지출

---

11) L. Von Mises, "Economic Calculation in the Socialist Commonwealth," in F. A. Hayek (ed.), *Collectivist Economic Planning* (London: Routledge & Kegan Paul, 1963).

12) Z. Brzezinski, *The Grand Failure: The Birth and Death of Communism in the Twentieth Century* (New York: Charles Scribner's Sons, 1989).

탓에 민생의 어려움이 가중되고, 이는 대중의 불만 증대로 이어졌다. 즉, 사회의 각 분야에서 낮은 생활수준과 물품부족 및 선택의 제약, 그리고 표현의 자유 박탈 등 체제 유지를 위한 관리의 횡포가 주민들의 고통을 가중시켰다. 이처럼 경제적 취약성과 대중의 저항이 고조되면 권력층도 기존의 자신감을 상실하게 된다. 여기에 주변 사회주의 국가들의 패망 등 외부적 요인까지 수반될 때 체제 변화가 불가피하다는 것이다.[13]

(2) 철학적 모순: 사변적 사고의 무리한 현실 적용

하이에크(F. A. Hayek)는 좀 더 거시적이고 역사적인 맥락에서 사회주의의 몰락을 진단했다. 그는 우선 시장경제체제가 사유재산권 등 수천 년에 걸쳐 자연스럽게 인류가 수용·발전시켜 온 도덕적 관습(moral tradition)과 조화를 이루고 있는 데 반해 사회주의는 특정 시기 소수에 의해 강요된 이상(理想)에 불과하다고 주장한다. 따라서 사회주의가 아무리 선의를 가지고 추진된다 해도 다수를 곤경에 빠뜨리게 될 것으로 보았다.[14] 즉, 인간의 이성은 불완전하기 때문에 아무리 뛰어난 지도자라 해도 오랜 시간을 두고 만들어진 사회제도를 단시간에 걸쳐 급조한 사고체계로 개편하는 것은 이미 시작 단계부터 위험성이 내포돼 있다는 것이다. 스타니쯔키스(J. Staniszkis)도 비슷한 맥락에서 완벽할 수 없는 공산당이 역사 흐름을 주도하려 했던 것을 공산주의의 모순이라고 지적했다.[15] 페트라코프(N. Petrakov) 역시 시장경제는 오랜 시간에 걸친 인류의 경험을 통해 선택된 것인 데 반해 사회주의 경제는 소수의 사색에 의한 것이어서 현실성이 결여됐으며, 마르크스와 엥겔스가 구체적 근거와 설명없이 자본주의가 멸망할 것이라 속단했다

13) János Kornai, *The Socialist System: The Political Economy of Communism* (Princeton: Princeton University Press, 1992), pp.383-386.

14) F. A. Hayek, edited by W. W. Bartley, III, *The Fatal Conceit, the Errors of Socialism* (Chicago: Chicago University Press, 1990).

15) J. Staniszkis, *The Dynamics of Breakthrough in Eastern Europe: The Polish Experience* (Berkeley: University of California Press, 1991).

는 점을 공산주의의 모순으로 지적했다.[16]

사회주의체제가 실패한 이유를 인간의 보편적 본성에 반하는 사고를 강요한 것에서 찾는 경우도 있다. 인간의 본성에는 이기심, 탐욕, 부의 증대를 향한 욕망 등 개인주의적 사고가 깔려 있는데, 사회주의체제는 이를 무시하고 집단주의적인 태도를 강요했다는 것이다. 사회주의체제의 설계자들은 인간을 적절하게 계몽·교육한다면 새로운 '사회주의적 인간(socialist man)'을 만들 수 있다고 믿었다. 그러나 물질적 보상 등 현실적 이익을 주지 않고 단지 도덕적 명분만을 강요했기에 국민들의 '정신적' 사회주의화에 실패했다는 것이다. 또한 사람들이 혁명의 시기에 보여 주었던 희생정신이 평화의 시기에는 지속될 수 없음을 간과한 점도 사회주의 실패의 원인으로 지목하고 있다.[17] 사회주의가 성공하기 위해서는 국민 대다수가 당장 자신에게 물질적 이익이 돌아오지 않더라도 사회 전체를 위해 헌신할 수 있는 도덕성을 가져야 한다. 그러나 대다수의 사람들이 일차적으로 자신의 안위를 먼저 생각한다는 점에서 사회주의가 현실성을 결여하고 있다는 것이다.

2) 사회주의 국가에게 개혁·개방이 주는 이익

공식적으로 마르크스주의자들은 사회주의 국가에서 계층의 분화는 가능하지 않다고 주장했다. 그들은 생산수단의 사적 소유가 금지되므로 사람 간에 위 아래가 존재할 수 없으며 사회는 오직 소작농(peasants)과 노동자(workers)만으로 구성된다고 보았다. 이에 대해 질라스(Milovan Djilas)는 이미 1957년에 발표한 저서를 통해 사회주의 국가의 관료들이 생산수단을 통제하기 때문에 사실상 그것을 소유한 것과 다름이 없으므로 새로운 특권층(new class)이 된다고 지적했다.[18] 따라서 사회주의 국가가 시장경제체

---

16) N. Petrakov, "The Socialist Idea and the Economic Failure of Real Socialism," *Problems of Economic Transition*, Vol.36, No.2(June 1993).

17) 임강택, 『북한의 개혁·개방정책 추진 전망』(서울: 통일연구원, 2006), p.13.

18) Milovan Djilas, *The New Class*(New York: Holt, 1957), Victor Nee, "A Theory of Market Transition: From Redistribution to Markets in State Socialism,"

제로 전환된다는 것은 곧 생산수단을 통제하는 국가의 권력 일부가 시장으로 귀속된다는 점에서 단지 경제영역에만 국한된 변화로 볼 수 없다. 코넬대학의 니이(Victor Nee) 교수는 국가통제경제에서 시장경제로의 이행이 단지 국가기구의 개편이나 경제적 효율성만을 가져오는 것이 아니라 국가의 특권적 권력구조와 서열을 바꾸는 사회경제적 이득이 있다고 주장했다.[19] 즉, 사회주의 국가가 시장경제체제를 수용하면 기존 정부의 막강한 권력이 개인과 시장으로 분산되면서 곧 개인의 자유와 권리를 보장하는 '정상국가'로의 이행을 시작하게 된다는 것이다.

한편 자유시장에서 경쟁하는 개인 또는 기업은 저마다 생존과 부의 증대를 위해 자발적으로 최선의 노력을 다하지 않을 수 없다. 또한 가능한 한 좋은 품질의 상품을 값싸게 제공하는 공급자가 최대의 부를 얻게 된다. 이러한 환경에서 공급자는 양질의 원자재 확보, 생산 단가 절감 및 품질개선을 위한 창의적 노력을 하지 않을 수 없다. 따라서 소비자는 공급자들 사이의 자유로운 경쟁이 심화될수록 더 좋은 상품을 저렴하게 구입할 수 있게 되며, 개인용 컴퓨터 혹은 휴대전화처럼 한 때 특권층의 전유물처럼 여겨지던 재화들을 일반 시민들도 소유할 수 있게 된다. 하이에크는 선택의 자유가 있는 구매자가 같은 품질이라면 보다 저렴한 상품을 선택하기 때문에 공급자는 가능한 한 더 값싸게 만들기 위해 노력하게 되고 결국 소비자는 최저가 또는 적어도 그와 비슷한 수준의 가격으로 구매할 수 있게 된다고 설명했다.[20] 그의 설명은 시장경제가 공급자로 하여금 가격절감과 품질향상을 위한 끊임없는 혁신을 자극해 최종적으로 그 혜택이 소비자, 즉 다수의 국민들에게 돌아간다는 점을 잘 보여준다.

American Sociological Review, Vol.54(October 1989), p.665에서 재인용.

19) Nee(1989), p.663.
20) Hayek(1979), p.74.

III. 중국과 베트남의 개혁·개방 성과

1. 베트남의 도이모이(Doi-Moi)정책

1) 실시 배경

1975년 4월 30일 남부 베트남을 무력 통합한 북부 베트남(월맹)은 사유재산 몰수, 집단농장을 통한 자급자족 농업정책을 강요했고 저항하는 주민들을 공개처형하거나 정치범 수용소로 보내 탄압했다. 종전 후 베트남 정권은 사회주의를 거부하는 6만 5천여 명을 처형했고, 약 백만 명을 수용소로 투옥시켜 이 중 16만 5천 명을 사망케 하였다. 이러한 폭정을 피하고자 150만 명이 넘는 보트 피플(boat-people)이 목숨을 걸고 바다로 탈출했다. 이 중 20만 명의 양민들이 해적에 의해 살해·인신매매당하거나 익사한 것으로 조사됐다.[21)]

앞에서 논의한 바와 같이 개인의 자유의지를 철저하게 억압하고 국가 중심의 통제경제를 강요한 베트남은 필연적으로 경제적 빈곤에 시달릴 수밖에 없었다. 1986년 말 인플레이션이 587.2%를 기록하는 등 기록적인 경제난이 계속되자 베트남 정부는 같은 해 열린 6차 전당대회에서 "사회주의를 실현하기 위한 과도기적 시기의 경제발전 모델로 시장경제를 도입한다"는 내용의 도이모이(Doi Moi, 쇄신)정책을 채택하였다. 이 정책은 ① 생산의 효율성 제고, ② 장기적·전략적·일관성 있는 경제정책 수립, ③ 중앙정부 통제와 시장경제의 원활한 조화, ④ 공업·서비스·지식 산업에 있어 대외협력 강화, ⑤ 국제경제에 주도적으로 편입하기 위한 기초 마련 등 시장경제체제를 지향하는 5대 원칙을 골자로 하고 있다.[22)]

---

21) History Learning Site, http://www.historylearningsite.co.uk/vietnam_boat_people.htm(검색일: 2013년 7월 23일).

22) 주 베트남 대한민국 대사관, "도이머이 정책 평가 및 전망," p.3, http://vnm-hanoi.mofa.go.kr/webmodule/htsboard/template/read/korboardread.jsp?typeID=15&

2) 도이모이정책의 성과

(1) 농업 분야

　도이모이정책 실시 이후 가장 두드러진 변화는 농업 분야에서 일어났다. 우선 1988년 1월, 토지의 소유는 국가에 두지만, 장기 사용권을 민간단체나 농민 개인에게 위임한다는 내용을 골자로 하는 「토지법」이 공포됐다. 이후 1993년에 이 법은 한 차례 더 개정돼 농민 개인에게 상속·담보의 권리까지 주어졌다. 이러한 자유주의적 정책이 도입된 이후 베트남의 농업 생산성은

〈그림 6-1〉 도이모이 실시 전후 베트남 쌀 생산량 추이

(톤)

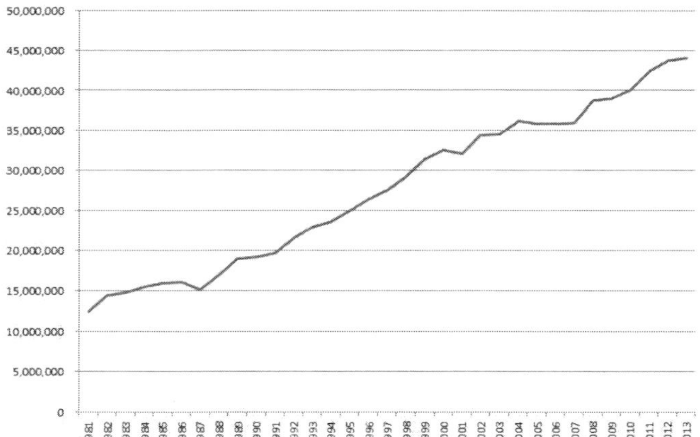

	1985	1990	1995	2000	2005	2010	2013
생산량(만)	1,587	1,923	2,496	3,253	3,583	4,001	4,404

출처: UN 식량농업기구(FAO: Food and Agriculture Organization), http://faostat3.fao.org/browse/Q/*/E(검색일: 2015년 8월 26일)를 바탕으로 재구성

boardid=1759&seqno=738978&c=&t=&pagenum=1&tableName=TYPE_LEGATION&pc=&dc=&wc=&lu=&vu=&iu=&du=(검색일: 2013년 7월 13일).

〈표 6-1〉 베트남의 쌀 수출 순위 추이

연도	1985	1990	1995	2000	2005	2010	2011
세계 순위	18	3	4	2	2	2	2

출처: FAO(2015)

〈그림 6-2〉 세계 10대 쌀 수출국 및 수출량(2011년 기준)

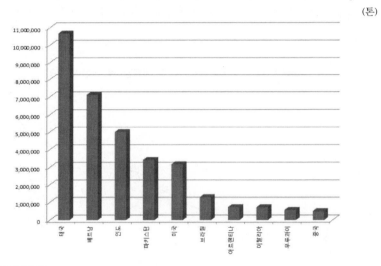

출처: FAO(2015)

비약적으로 향상되었다.

〈그림 6-1〉과 〈그림 6-2〉는 베트남이 국가 통제의 공동생산을 포기하고 사실상 농민의 사유재산을 인정한 「토지법」 공포(1988년) 이후 쌀 생산량이 급증했다는 점을 보여준다. 이는 시장경제가 농민 개인의 근면과 성실함을 고무해 생산성 향상으로 이어졌음을 실증하는 자료라 할 수 있다. 〈표 6-1〉은 UN 식량농업기구가 공개한 통계자료를 재구성한 것으로, 1990년 베트남의 쌀 수출 순위가 도이모이 채택 전인 1985년에 비해 15단계를 급상

승 한 것으로 조사되고 있다. 이후 베트남은 1999년부터 세계 2위 쌀 수출국 자리를 지켜오고 있다. 이외에도 2010년 기준으로 연간 120만 톤의 커피를 생산, 브라질에 이어 세계 2위를 차지했으며, 후추 생산량은 1위(전 세계 47%)로 집계되고 있다. 이상의 자료들은 베트남의 개혁·개방이 농업생산성 증대를 통해 1차적으로 국민의 생존 문제를 해결했다는 점을 실증하고 있다.

(2) 경제 분야

1988년 「외국인투자법」 제정과 국영기업령 공포를 계기로 도입된 '독립채산제'로 국영기업들이 정부 보조금 대신 자기자본과 금융기관으로부터 차입한 자금으로 경영하게 되었다. 이로 인해 국가의 특혜를 받으며 혁신과 모험을 기피하던 부실기업들이 상당수 정리되면서 국고의 낭비를 줄일 수 있었다. 독립채산제 도입 직후인 1989년에 3,092개, 1990~1991년 사이 504개 기업이 정리되었다. 2000년 1월에는 「기업법」이 발효돼 150개 업종에서 사업허가제가 폐지되고 국내 기업 설립요건이 완화되었고, 7월에는 호찌민시에 최초의 증권거래소가 개설되었다.

국제무역과 투자 활성화를 위한 조치도 잇따랐다. 1987년 12월 외국인투자의 법적 근거가 마련됐고, 1996년 11월까지 「외국인투자법」이 세 차례 개정되면서 수출이 활성화되는 계기가 되었다. 1995년에 미국과의 국교정상화를 이뤄냈으며, 같은 해에 동남아시아국가연합(ASEAN: Association of South East Asian Nations), 1998년 아시아·태평양 경제협력체(APEC: Asia-Pacific Economic Cooperation)에 가입하는 등 국제기구와의 연대도 본격화되었다. 2006년 12월에는 미국 의회로부터 베트남과 교역에서 제3국에 비해 불리하게 대우하지 않겠다는 약속이라 할 수 있는 '항구적 정상무역관계(PNTR: Permanent Normal Trade Relation, 최혜국대우와 동의어)' 지위를 부여받았고 이듬해인 2007년 세계무역기구(WTO: World Trade Organization)에 정식 가입하였다. 이러한 일련의 행보는 베트남이 도이모이정책 실시를 통해 미국 등 자유진영으로부터 신뢰할 수 있는 무역국가로 공인받

<그림 6-3> 베트남 무역량 추이

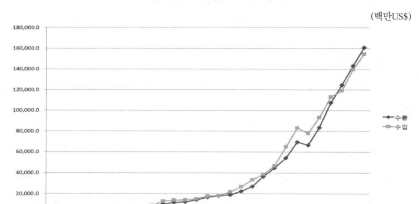

(백만US$)

	1986	1990	1995	2000	2005	2010	2014
수출	1,744.2	2,332.3	6,804.1	16,808.7	36,712.1	83,473.6	160,889.7
수입	4,370.9	2,930.2	8,690.2	17,922.8	38,623.1	92,994.7	154,791.5
합계	6,115.0	5,262.5	15,494.3	34,731.5	75,335.2	176,468.3	315,681.2
1986년 대비	×0.9	×2.5	×5.7	×12.3	×28.9	×51.6

출처: World Bank, http://data.worldbank.org/country/vietnam(검색일: 2015년 8월 26일)을
바탕으로 작성

앉음을 상징한다고 볼 수 있다.[23]

〈그림 6-3〉은 2000년대 후반 미국의 항구적 정상무역관계 인정, 세계무역기구 가입을 기점으로 국제무역이 큰 폭으로 늘었음을 보여주고 있다. 연쇄적으로 이러한 국제무역의 증가가 결과적으로 베트남 전체 경제력 증대에 크게 기여했다는 점을 〈그림 6-4〉를 통해 알 수 있다. 세계은행이 공개한

———————————
23) 외교통상부, 『베트남 개황』(서울: 외교통상부, 2011), pp.57-58.

〈그림 6-4〉 베트남 GDP 중 무역이 차지하는 비중

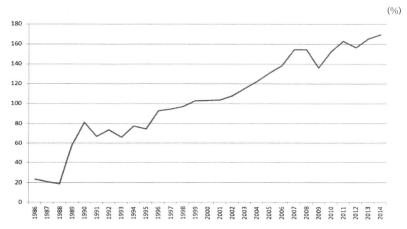

(%)

출처: World Bank(2015)

〈그림 6-5〉 베트남 GDP 추이

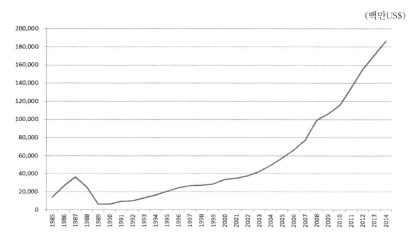

(백만US$)

	1990	1995	2000	2005	2010	2014
GDP	6,471.7	20,736.2	33,640.1	57,633.3	115,931.7	186,204.7

출처: World Bank(2015)

〈그림 6-6〉 베트남 1인당 GDP 추이

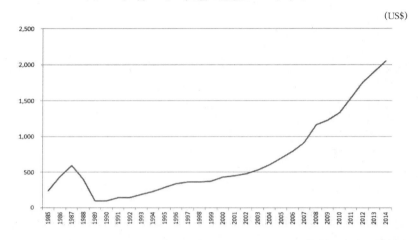

(US$)

	1990	1995	2000	2005	2010	2014
1인당 GDP	98.0	288.0	433.3	699.5	1,333.6	2,052.3

출처: World Bank(2015)

이 통계에 따르면 도이모이 도입 당시 전체 GDP 중 국제무역이 차지하는 비중이 약 23%에 그쳤으나 2014년에는 170%에 가까워진 것으로 나타났다. 즉, 〈그림 6-5〉와 〈그림 6-6〉에서 나타나듯 도이모이 이후 베트남 GDP의 약진은 사실상 국제무역을 통해 이뤄진 것이라 해도 과언이 아니라 할 수 있다.

해외직접투자(FDI: Foreign Direct Investment)는 기업이 다른 나라에서 새로운 사업체를 설립하거나 기존 사업체를 인수해 직접 경영에 참여하기 위해 투자하는 것이다. 특히 유치하는 개도국의 입장에서는 선진기술, 경영을 위한 노하우, 기반시설, 자본 등을 한 번에 묶어서 제공받는 의미가 있다. 이러한 FDI 유치를 통한 경험과 자본의 축적은 일반적으로 개도국의 기술 개발과 혁신에 큰 자극제가 되어 미래 수출 강국으로 거듭나는 초석이 되고 있다. 베트남은 도이모이의 일환으로 FDI 유치에 있어 국가의 규제와 간섭

〈그림 6-7〉 베트남 해외직접투자액 추이(유치)

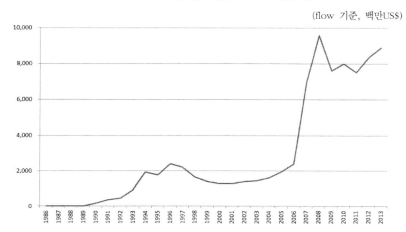

출처: UNCTAD, http://unctadstat.unctad.org/TableViewer/tableView.aspx?ReportId=88(검색일 2015년 8월 27일)을 바탕으로 재구성

을 완화하자 꾸준히 해외기업의 진출이 늘다가 WTO에 가입한 2007년을 계기로 급증하였다. 이는 개혁·개방으로 국제사회의 정상적인 일원으로 대우받은 결과였다.

(3) 민생 분야

우선 국제기준으로 1993년 58%에 이르던 베트남의 절대빈곤인구(소득수준이 최소한의 생계를 유지하는 데 못 미치는 인구)의 비중이 2004년 28% 수준으로 급감했다. 가계가 빈곤을 면하면서 전반적인 교육수준도 높아져서 15세 이상의 문맹률이 1980년 당시 12%에서 2004년 5%로 감소됐다.[24] 또한 국제사회 역시 베트남의 개혁·개방을 지지해 빈곤층의 복지향상을 위한 다양한 지원을 해오고 있다. 일례로 베트남 정부는 세계은행(World Bank), 아시아개발은행(ADB: Asian Development Bank) 등으로부터 자금을 지원

---

24) 주 베트남 대한민국 대사관(2010), pp.5-6.

〈그림 6-8〉 베트남의 식수 및 위생시설 부족 인구 추이

(백만 명)

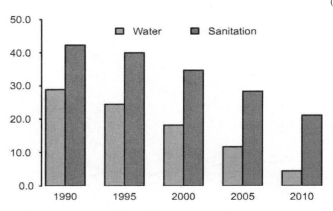

출처: UN ESCAP, *Statistical Yearbook for Asia and the Pacific 2012*, p.58

받아 취수장, 정수장, 오폐수 처리시설을 확충하고 있다.[25] 〈그림 6-8〉은 이러한 노력에 힘입어 마실 물과 기본적 위생시설을 충분히 제공받지 못하는 빈곤층이 지속적으로 줄고 있음을 보여주고 있다.

한편 〈표 6-2〉는 1993년 베트남에서 하루에 약 2달러 정도를 버는 빈곤층이 전체 인구의 86%였다가 2012년 13% 수준으로 급감했음을 보여준다. 일반적으로 빈곤층 및 영아사망률은 취약계층의 삶의 질을 현시적으로 보여

〈표 6-2〉 베트남 전체 인구 중 빈곤자 비율 추이

(구매력 기준, 하루 소득 2$ 이하)

연도	1993	1998	2002	2006	2010	2012
비율(%)	85.7	78.1	68.7	48.1	16.8	12.5

출처: World Bank(2015)

---

25) 외교통상부(2011), p.73.

〈표 6-3〉 베트남의 5세 이하 사망률

(천 명당)

연도	1985	1990	1995	2000	2005	2010	2013
사망률(명)	59.7	50.6	41.7	35.1	30.0	25.9	23.8

출처: World Bank(2015)

주는 지표라 할 수 있다. 두 지표가 현저히 개선됐음을 보여주는 〈표 6-2〉와 〈표 6-3〉은 도이모이정책이 거시적 국부의 중대뿐 아니라 하층민 삶의 질까지 개선시킨 성공적인 개혁개방 정책임을 시사해주고 있다.

2. 중국의 개혁·개방

1) 실시 배경

베트남과 마찬가지로 중국의 개혁·개방 역시 사회주의 독재로 인한 국가경제의 파탄이 발단이 됐다. 1949년 중국 공산당은 국민당을 축출하고 중화인민공화국을 선포한 뒤 사유재산 몰수, 공동생산·공동분배 등 사회주의를 단행하였다. 이후 1950년대부터 정부가 현실적 여건을 무시한 채 소련의 원조를 배경으로 중화학공업 육성정책을 무리하게 추진하다 자원낭비와 경제침체를 겪어야 했다. 이를테면 농촌에 무리한 집단생산체제를 강요해 약 3천만 명을 굶어죽게 한 대약진운동(1958~1960)과 경제, 교육, 문화 등 사회 전반에 걸쳐 근간을 파괴한 문화대혁명(1965~1975)과 같은 정부 주도의 대형참사로 인해 생산시설 파괴, 노동력 감소 등 국가 경제기반이 크게 훼손됐다. 이외에도 계획경제 자체의 모순과 비효율성도 경제 낙후에 한 몫을 했다. 개혁·개방 이전 정부가 노동력을 직접 관리하는 데 따른 비효율적 폐단은 이른바 3철 현상으로 요약된다. 이는 鐵飯碗(철밥그릇), 鐵椅子(철의자), 鐵工資(철임금)를 말하는 것으로 각각 평생직장을 보장하고, 공산당 권력자의 인맥으로 채용된 간부들의 경직성, 생산성과 관계없이 고정된 임금을 보장한데서 비롯된 국가 경제의 총체적 부실을 의미한다.[26]

이러한 배경에서 중국은 1978년 덩샤오핑 집권 이후 어떤 체제이건 민생 문제만 해결하면 된다는 이른바 '흑묘백묘(黑猫白猫)론'을 주창하며 시장경제체제를 도입하기에 이르렀다. 초기 중국의 개혁·개방은 우선 ① 집단노동방식을 철폐하고 농민에게 토지경작권을 부여하는 '가정책임경영제', ② 국가소유기업이 주를 이루던 경제구조에서 민영기업 허용, ③ 기존의 자력갱생 구호를 철회하고 연해도시 개방 및 경제특구 설립 등 대외문호 개방 등으로 요약될 수 있다. 이 중 경제특구는 해외로부터 자본과 기술을 도입하기 위해 1979년부터 설치한 특별구역으로 외국의 자본이나 기술을 도입하기 위해 100% 외자 기업 인허가, 수출입 관세 면제, 기업이나 개인의 국외 송금 자유 등의 특혜가 주어졌다. 1979년 광둥성(廣東省)의 선전, 주하이, 산터우, 샤먼의 4개 특구를 시작해서 1988년 4월 성으로 승격된 최대 규모의 경제특구인 하이난다오(海南島), 2010년 신장위구르 자치구의 카슈가르(喀什, 중국명 카스)까지 포함하여 6개가 운영 중이다.

미국은 중국이 개혁·개방을 시작한 직후인 1979년 중국과 정식 수교했으며, 2000년 항구적 정상무역관계(PNTR: Permanent Normal Trade Relation)를 선언했다. 중국의 이러한 미국을 위시한 서방 자유진영과의 협력은 2001년 WTO 가입으로 이어졌다. 이후 중국은 2012년 말 기준으로 경제 규모와 교역규모 세계 2위, 외환보유고 1위의 강대국에 등극하였다. 이는 개혁·개방이 국부 증대와 국민 삶의 질을 높인다는 자유시장경제의 가정이 가장 잘 실현된 사례가 중국이라는 점을 실증하고 있다.

---

26) 임강택(2006), p.42.

2) 개혁·개방의 성과

(1) 농업 분야

〈그림 6-9〉와 〈그림 6-10〉은 각각 대표적 작물인 중국의 쌀 생산량과 농촌 가구당 고정자산 추이를 나타내고 있다. 고정자산이란 경영을 위해 장기적으로 보유하는 자산으로 건물, 토지, 공장 및 기계장치 등의 가치를 의미한다. 개혁·개방을 거치면서 중국의 쌀 생산은 1990년까지 급증하다 안정세를 유지하고 있으며, 농촌 가구당 고정자산은 1985년 당시 603위안에서 2012년 기준 1만 1,406위안으로 약 19배 증가한 것으로 조사됐다. 이는 개혁·개방으로 인해 농촌의 작황과 영농 환경이 큰 폭으로 개선됐다는 점을 보여주고 있다. 한편 〈그림 6-11〉은 농촌 1인당 순이익의 추이를 나타낸 것으로 개혁·개방이 본격적으로 시작된 1978년부터 2013년까지 농촌지역

〈그림 6-9〉 중국의 쌀 생산량 추이

(만 톤)

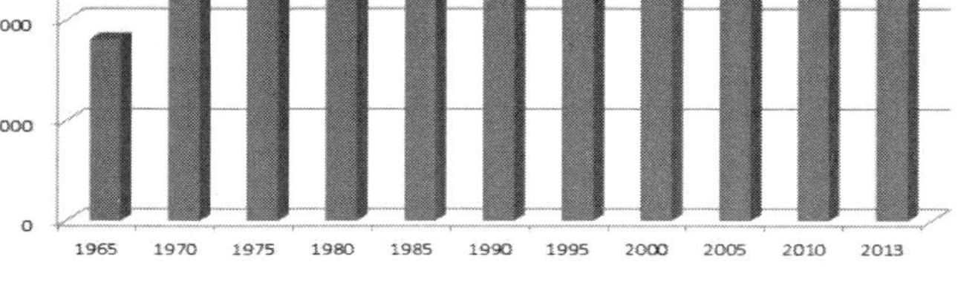

연도	1965	1970	1975	1980	1985	1990	1995	2000	2005	2010	2013
생산량 (만)	9,071	11,310	12,873	14,288	17,132	19,161	18,730	18,981	18,206	19,721	20,521

출처: FAO, http://faostat3.fao.org/browse/Q/*/E(검색일: 2015년 8월 27일)를 바탕으로 재구성

〈그림 6-10〉 중국의 농촌 가구당 고정자산 추이

(위안)

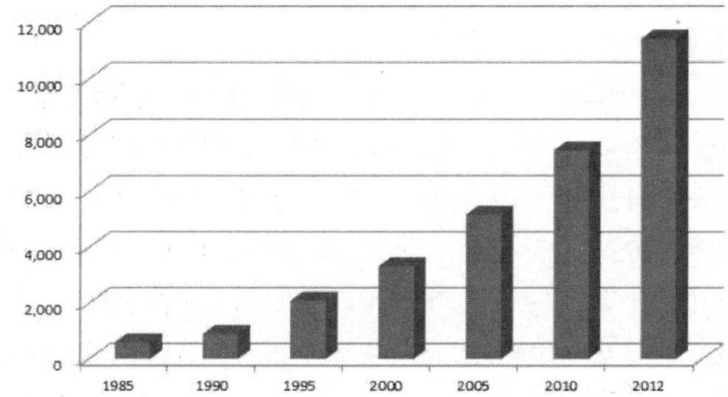

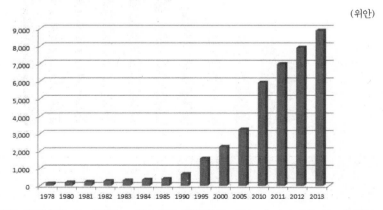

연도	1985	1990	1995	2000	2005	2010	2012
고정자산(위안)	603	899	2,088	3,322	5,179	7,444	11,406
1985년 대비		×1.5	×3.5	×5.5	×8.6	×12.3	×18.9

출처: *China Statistical Yearbook 2013*, http://www.stats.gov.cn/tjsj/ndsj/2013/indexeh.htm
(검색일: 2015년 8월 27일)을 바탕으로 재구성

〈그림 6-11〉 중국의 농촌지역 1인당 평균 순수익
(Per Capita Annual Net Income of Rural Households)

(위안)

출처: 1978~1985년도는 Nee(1989), p.665; 1990~2013년도는 *China Statistical Yearbook 2014*,
http://www.stats.gov.cn/tjsj/ndsj/2014/indexeh.htm(검색일: 2015년 8월 27일)

의 평균 1인당 소득이 약 67배 늘었음을 보여주고 있다.

(2) 경제·무역 분야

〈표 6-4〉는 1978년부터 2011년까지 소유형태별로 기업의 종사자 수를 정리한 것으로 국영기업 종사자 비중이 78.3%에서 25.6%로 대폭 감소한 반면, 자영업과 사기업 종사자의 수를 합친 비중이 전체 고용의 46.2% 수준으로 나타났다. 이는 정부의 막강한 권력이 시장과 개인에게 배분되고 있음

〈표 6-4〉 중국의 소유형태별 기업 종사자 수 추이(도시 기준)[27]

(만 명)

소유형태＼연도	1978	1985	1990	1995	2000	2005	2011
국가소유(State-owned)	78.3	70.2	70.2	65.0	54.1	37.2	25.6
집단소유(Collective-owned)	21.5	26.0	24.1	18.2	10	4.6	2.3
협동조합(Cooperative)	-	-	-	-	1.0	1.1	0.6
공동소유(Joint Ownership)	0	0.3	0.7	0.3	0.3	0.3	0.1
유한책임회사 (Limited Liability Corporations)	-	-	-	-	4.6	10.0	12.5
주식회사 (Share Holding Corporations Ltd.)	-	-	-	1.8	3.0	4.0	4.5
민영기업(Private Enterprise)	-	-	0.4	2.8	8.5	19.8	26.3
홍콩, 마카오, 대만 투자회사 (Funds from HK, Macao, Taiwan)	-	-	-	1.6	2.1	3.2	3.6
해외투자사(Foreign Funded)	-	-	0.4	1.4	2.2	3.9	4.6
자영업(Self-employed Individuals)	0.2	3.5	4.2	9.0	14.3	15.9	19.9
합계	100	100	100	100	100	100	100

27) 편의상 통계에 잡힌 유형별 고용자 수의 합을 각 연도 총고용자 수로 계산하였다. National Bureau of Statistics of China, http://www.stats.gov.cn/tjsj/ndsj/2012/indexeh.htm(검색일: 2013년 7월 10일)을 바탕으로 재구성.

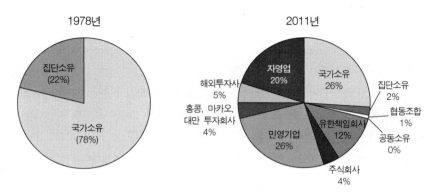

출처: *China Statistical Yearbook* (2012)

을 현시적으로 보여주고 있다. 〈그림 6-12〉는 1990년까지 중국의 GDP 추이
를 재구성한 것으로 개혁·개방이 시작된 1978년을 기점으로 성장 폭이 커
진 것으로 조사됐다. 〈그림 6-13〉은 90년대 이후 중국이 기록적인 성장을
계속하면서 영국, 독일, 일본 등 이 시기 주요 강대국을 각각 제치고 2010년
미국에 이어 2위를 기록, 세계적인 경제 강대국으로 부상하였음을 보여준
다. 세계은행의 통계를 재구성한 〈표 6-5〉에 따르면 중국의 2014년 GDP는
개혁·개방을 시작한 1978년과 비교할 때 70배 증가한 수치이며 1인당
GDP는 49배 성장한 것으로 나타났다.

〈표 6-5〉 중국 GDP 및 1인당 GDP 추이

	1978	1985	1990	1995	2000	2005	2010	2014
GDP (십억$)	148.4	307.5	359.0	732.0	1,205.3	2,268.6	6,039.7	10,360.1
1978년 대비		×2.1	×2.4	×4.9	×8.1	×15.3	×40.7	×69.8
1인당 GDP($)	155.2	292.5	316.2	607.6	954.6	1,740.1	4,514.9	7,593.9
1978년 대비		×1.9	×2.0	×3.9	×6.2	×11.2	×29.1	×48.9

출처: World Bank, http://data.worldbank.org/country/china(검색일: 2015년 8월 27일)를 바
탕으로 재구성

〈그림 6-12〉 중국 GDP 추이(1960~1990)

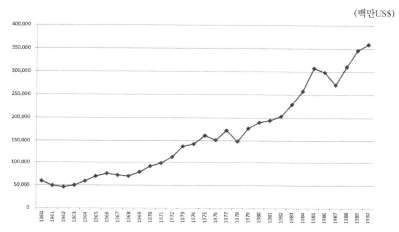

출처: World Bank(2015)

〈그림 6-13〉 1990년 이후 중국 및 주요 선진국 GDP 추이

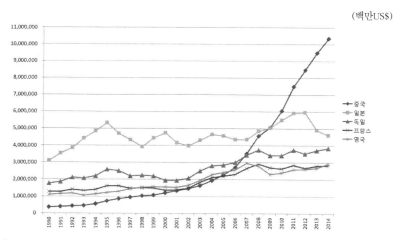

출처: World Bank(2015)

〈그림 6-14〉 중국 1인당 GDP 추이

(US$)

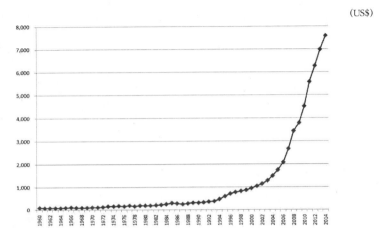

출처: World Bank(2015)

〈그림 6-15〉 중국 무역량 추이

(억US$)

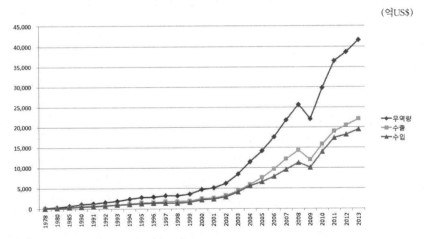

출처: *China Statistical Yearbook*(2014)

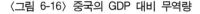

〈그림 6-16〉 중국의 GDP 대비 무역량

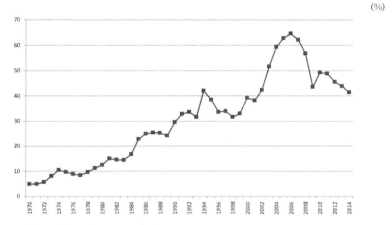

출처: World Bank (2015)

〈그림 6-14〉와 〈그림 6-15〉는 WTO에 가입한 2001년을 기점으로 중국의 1인당 GDP와 무역량이 동시에 급격히 증가했음을 보여준다. 한편 〈그림 6-16〉은 중국의 경제적 부상이 상당 부분 국제무역에 의해 가능했음을 보여주고 있다. 4~5회의 부침이 있었으나 무역이 GDP에 기여하는 비중은 꾸준히 커져왔고 2006년을 전후해 전체 GDP의 65%로 정점을 기록했으며, 2010년 이후 40% 이상을 유지하고 있다. 〈그림 6-15〉의 국제무역량으로 미루어 볼 때 중국 역시 베트남의 경우와 마찬가지로 국제무역에 대한 국가의 규제완화, 기업 민영화 등 개혁·개방의 핵심 정책들이 거시적으로 소기의 성과를 거둔 것으로 분석된다.

〈그림 6-17〉은 개혁·개방 시기를 전후한 해외직접투자(FDI)를 나타낸 것으로, 중국의 경우 선유치 후투자의 양상을 보였다. 개혁·개방 이후 10여 년이 지난 1992년을 기점으로 해외 기업들의 중국 진출이 급증하였다. 이후 약 10여 년간 해외 기업들과의 투자·교류를 통해 경험을 쌓은 중국 기업들은 2000년대 중반을 기점으로 해외 투자를 큰 폭으로 늘려오고 있다.

〈그림 6-17〉 중국 FDI 추이

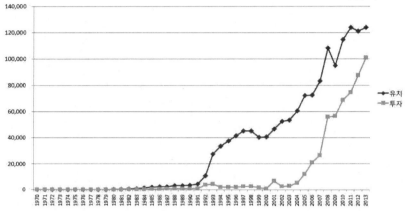

(flow 기준, 백만US$)

	1980	1985	1990	1995	2000	2005	2010	2013
유치	57	1,956	3,487	37,521	40,715	72,406	114,734	123,911
투자	0	629	830	2,000	916	12,261	68,811	101,000

출처: UNCTAD(2015)

(3) 민생 분야

중국의 거시적 경제성장이 국민 개개인의 삶의 질도 향상시켰는지를 알아보기 위해 우선 현대인의 필수적 문명의 이기라 할 수 있는 인터넷 사용자 현황을 알아보았다. 〈그림 6-18〉은 UN이 발표한 중국 인구 100명당 인터넷 사용자 통계로, 2008년을 기점으로 세계 평균치를 상회하고 있는 것으로 조사됐다. 〈그림 6-19〉와 같이 식수와 기본적 위생시설이 부족해 곤란을 겪는 인구도 1990년 대비 절반 수준으로 줄어든 것으로 나타났다. 이는 시장경제가 특정 계층만이 아니라 보편적인 중국 국민의 삶의 질을 개선시키고 있다는 근거로 볼 수 있다. 세계은행의 통계를 재구성한 〈그림 6-20〉은 중국 경제가 급부상하던 2006년을 기점으로 국민 1인당 건강을 위해 지출하는 비용이 급증하고 있음을 보여준다. 세계은행에 따르면 이 통계는 예방과 치료를 목적으로 하는 의료 서비스, 가족계획 및 응급구조 등에 쓰인 비용을 인구로 나눈 값으로 앞서 살펴본 식수 및 위생시설과 관련한 비용은 제외된다.

〈그림 6-18〉 중국의 인구 100명당 인터넷 사용자 추이

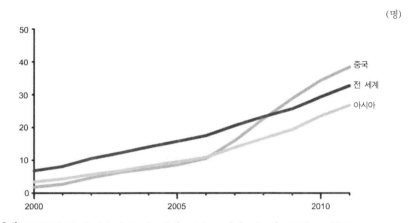

출처: UN ESCAP, *Statistical Yearbook for Asia and the Pacific 2012*, pp.10-11

〈그림 6-19〉 중국의 식수 및 위생시설 부족 인구 추이

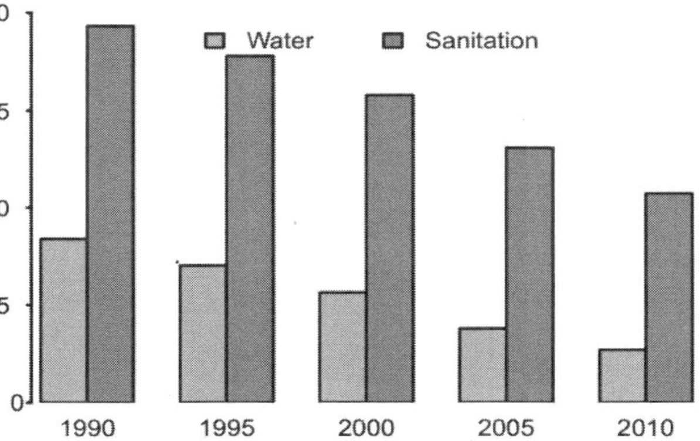

출처: UN ESCAP(2012)

〈그림 6-20〉 중국의 1인당 건강지출비용

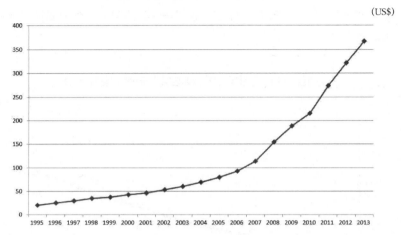

출처: World Bank(2015)

〈그림 6-21〉 중국의 5세 이하 영아 사망자 수

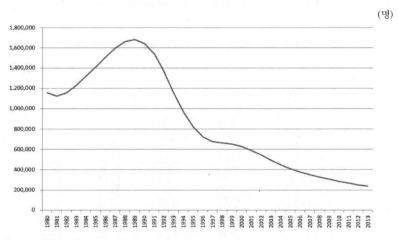

출처: World Bank(2015)

한편 5세 미만 영유아들의 사망률은 그 나라의 민생현황을 단적으로 보여주는 지표라 할 수 있다. 영유아를 제대로 보호하지 못하는 국가는 기본적 의료 접종, 교육, 위생시설 수준 등 정상적 국가가 필히 갖춰야 할 다양한 사회적 자원들이 부족한 것이라 볼 수 있기 때문이다. 〈그림 6-21〉은 개혁·개방을 시작한 후 1987년을 고비로 5세 미만 사망률이 급감하고 있음을 보여준다.

〈표 6-6〉과 〈표 6-7〉은 중국이 개혁·개방을 시작한 이후 세계은행이 수시로 조사한 문맹률과 하루 2달러 이하의 저소득층 통계를 모두 정리한 것이다. 이들 역시 중국의 개혁·개방이 민생부문을 크게 개선시켰음을 보여준다. 후진국의 단적인 척도인 문맹률이 1982년 대비 7분의 1 수준으로 줄었으며, 1987년 당시 하루 2달러 이하를 버는 빈곤층이 국민 대부분(약 84%)이었던 데 반해 2011년에는 19% 수준으로 급감하였다.

〈표 6-6〉 중국의 15세 이상 문맹률 추이

(%)

연도	1982	1990	2000	2010
문맹률	34.5	22.2	9.1	4.9

출처: World Bank(2015)

〈표 6-7〉 중국 전체 인구 중 빈곤자 비율 추이

(구매력 기준, 하루 소득 2$ 이하)

연도	1987	1993	1999	2005	2010	2011
비율(%)	83.63	79.56	61.88	36.03	23.19	18.61

출처: World Bank(2015)

IV. 북한의 개혁·개방 필요성

베트남과 중국의 개혁·개방 사례는 시장경제체제의 도입이 거시적 국부의 증대뿐 아니라 개개인의 삶의 질 또한 향상시킨다는 점을 보여준다. 따라서 북한의 극심한 경제난 역시 근본적으로는 자유시장체제의 도입으로 해결될 수 있다고 볼 수 있다. 여기서는 현재 북한체제를 객관적인 경제지표를 통해 진단하고 향후 시장경제 도입의 필요성을 검토해본다.

1. 경제적 낙후

국제연합무역개발회의(UNCTAD: United Nations Conference on Trade and Development)가 집계한 북한 GDP 추이는 〈표 6-8〉과 같다. 시기별

〈표 6-8〉 북한 GDP 추이

연도	GDP(백만US$)	순위
1980	9,879.0	183개국 중 66위
1985	12,074.7	185개국 중 62위
1990	14,702.3	184개국 중 62위
1995	4,849.3	204개국 중 109위
2000	10,607.9	204개국 중 88위
2005	13,031.2	205개국 중 101위
2010	13,945.2	206개국 중 113위
2013	15,454.3	208개국 중 118위

출처: UNCTAD, http://unctadstat.unctad.org/TableViewer/tableView.aspx(검색일: 2015년 8월 21일)를 바탕으로 재구성

〈표 6-9〉 북한 1인당 GDP 추이

(US$)

연도	1인당 GDP	순위 및 근사치 국가
1980	568.7	• 183개국 중 138위 • 탄자니아(499.9), 세네갈(584.3)
1985	643.0	• 185개국 중 128위 • 필리핀(627.0), 모로코(645.6)
1990	728.0	• 184개국 중 133위 • 나이지리아(714.6), 잠비아(771.8)
1995	222.8	• 204개국 중 190위 • 네팔(220.3), 르완다(229.5)
2000	464.4	• 204개국 중 164위 • 케냐(462.1), 몽골(474.2)
2005	547.2	• 205개국 중 173위 • 짐바브웨(489.6), 우즈베키스탄(552.7)
2010	596.2	• 206개국 중 188위 • 잠비아(566.3), 네팔(607.3)
2013	620.8	• 208개국 중 193위 • 기니(614.6), 르완다(645.4)

출처: UNCTAD(2015)

로 통계에 잡히지 않은 국가들을 고려하더라도 북한의 GDP 순위는 1980년의 66위에서 2013년 118위로 큰 폭으로 하락했으며 최근까지 GDP의 근사치를 보인 국가들도 대부분 중동·아프리카의 빈국들이었다.

〈표 6-9〉에서 보는 바와 같이 1인당 GDP의 경우 1980년에 총 183개국 중 138위에서 2013년은 208개국 중 193위로 하락한 것으로 나타났다. 북한의 1인당 GDP는 르완다, 기니 등 아프리카의 최빈국들과 유사한 수준으로 세계 최악의 가난에 시달리고 있음을 현시적으로 보여주고 있다. 〈표 6-10〉은 남북한의 무역총액을 비교한 것으로 2005년에 최대 182배 차이를 보였고 2013년은 약 146배 수준인 것으로 조사됐다.

〈표 6-10〉 북한 무역총액 추이

(억 $)

	1990	1995	2000	2005	2010	2012	2013
남한	1,348.6	2,601.8	3,327.5	5,456.6	8,916.0	10,674.5	10,752.2
북한 대비	×32	×127	×169	×182	×140	×157	×146
북한	41.7	20.5	19.7	30.0	63.6	68.1	73.4

출처: 통계청, 「북한통계」, http://kosis.kr/bukhan(검색일: 2015년 8월 27일)을 바탕으로 재구성

남북한 경제력 차이가 민생에 끼치는 영향을 알아보고자 기대수명을 비교해본 결과 통계청이 처음 조사한 1993년에 남한 국민들이 평균적으로 2.2세를 더 살았던 데 비해 2000년을 기점으로 그 격차가 12년 이상 벌어졌다. 이는 북한의 독재와 그로 인한 경제적 빈곤이 북한 주민들의 평균적 수명까지 줄이고 있음을 보여주는 것이라 할 수 있다.

〈표 6-11〉 남북한 기대수명 비교

시점	남한		북한		남북한 차이	
	남자	여자	남자	여자	남자	여자
1993	68.8	76.8	67.0	74.1	1.8	2.7
1995	69.6	77.4	65.4	72.5	4.2	4.9
2000	72.3	79.6	60.5	67.4	11.8	12.2
2005	75.1	81.9	62.8	69.7	12.3	12.2
2010	77.2	84.1	64.9	71.7	12.3	12.4
2015	78.2	85.0	66.0	72.7	12.2	12.3
2020	79.3	85.7	66.9	73.6	12.4	12.1
2025	80.4	86.4	67.7	74.4	12.7	12.0

출처: 통계청, 「북한통계」(2013)

2. 인권·민주화 상황

북한의 인권 및 민주화 수준을 가늠하기 위해 우선 영국 이코노미스트 (*The Economist*)가 매년 집계하는 민주화 지수(Democracy Index)를 참 조했다. 2012년 순위에서 북한은 전체 조사 대상국 167개국 중 최하위를 차지했다. 특히 '선거절차 및 투명성' 항목에서 사우디아라비아, 시리아와 함 께 0점, '시민자유' 항목에서도 0점을 받아 최악의 독재국가로 지목되고 있 다. 한편 남한은 20위를 차지하여 미국(21위)과 일본(23위)을 상회하였다. 이는 남북한이 경제력뿐 아니라 인권과 민주화에서도 극단적 격차를 보이고 있음을 보여주고 있다.

다음으로 국제인권단체 프리덤하우스(Freedom House)가 매년 발표해 오고 있는 「세계자유보고서(Freedom in the World)」의 2013년 판에서도 북한은 세계 최악의 인권탄압국으로 지목되고 있다. 이 단체는 정치적 권리 (PR: Political Right)와 시민자유(CL: Civil Liberty) 2가지 항목으로 민주주 의 및 인권수준을 평가하고 있는데 북한은 모두 최하점인 7점을 받았다.

〈그림 6-22〉 북한의 민주화 순위(Democracy Index)

Democracy Index 2012

	Rank	Overall score	I Electoral process and pluralism	II Functioning of government	III Political participation	IV Political culture	V Civil liberties
South Korea	20	8.13	9.17	8.21	7.22	7.50	8.53
United States of America	21	8.11	9.17	7.50	7.22	8.13	8.53
Costa Rica	22	8.10	9.58	8.21	6.11	6.88	9.71
Japan	23	8.08	9.17	8.21	6.11	7.50	9.41
United Arab Emirates	149	2.58	0.00	3.57	1.11	5.00	3.24
Syria	164	1.63	0.00	0.36	2.78	5.00	0.00
Chad	165	1.62	0.00	0.00	1.11	3.75	3.24
Guinea-Bissau	166	1.43	0.42	0.00	2.22	1.88	2.65
North Korea	167	1.08	0.00	2.50	1.67	1.25	0.00

출처: The Economist, *Democracy Index 2012*, pp.3-8을 재구성

〈표 6-12〉 남북한의 세계자유보고서 성적(2013년)

	총점		세부항목						
	정치적 권리	시민자유	A	B	C	D	E	F	G
한국	1	2	11	15	10	14	11	13	12
	자유 국가(F)								
북한	7	7	0	0	0	0	0	0	3
	비자유 국가(NF)								

주: 총점은 1~7단계로 1이 최고점이며 7이 최하점수, 세부항목은 값이 클수록 양호함을 의미
 • 정치적 권리 항목: A(선거절차), B(정치적 투명성과 참여), C(정부의 기능)
 • 시민자유 항목: D(표현과 신념의 자유), E(집회결사의 자유), F(법치 수준), G(개인 독립성 및 권리보장)
출처: Freedom House, http://www.freedomhouse.org/report/freedom-world-aggregate-and-subcategory-scores(검색일: 2013년 7월 15일)를 바탕으로 재구성

이외에도 북한처럼 두 평가 항목 모두 최하점을 받은 국가는 조사 대상국 192개국 중 소말리아, 수단, 시리아 등 9개국인 것으로 조사됐다.

프리덤하우스는 7점을 받은 국가들을 다음과 같이 평가하고 있다. 특히 경제활동 대부분을 국가가 통제하고 있다는 진단은 북한에 시장경제체제 도입이 시급하다는 점을 시사하고 있다.

7점대는 시민의 자유가 전혀 없거나 극히 제한된 국가들이다. 그들은 표현 또는 집회의 자유가 전혀 없으며 정치적 이유에 의한 구금자나 죄수의 권리를 사실상 보장하지 않는다. 그리고 종종 대부분의 경제활동을 정부가 통제 또는 장악하고 있다.[28]

28) Freedom House, http://www.freedomhouse.org/report/freedom-world-2012/methodology(검색일: 2013년 7월 15일).

V. 맺는말

개인과 기업의 경제활동을 정부가 통제하는 국가들 대부분이 최악의 인권탄압국이라는 프리덤하우스의 지적은 자유시장경제가 단지 경제적 부(富)를 넘어 인간다운 삶을 보장하는 초석이 된다는 점을 시사한다. 이는 필연적으로 사유화되는 권력을 견제할 제도가 반드시 필요하다고 역설한 밀(J. S. Mill)이나 국민 여론을 의식할 이유가 없는 독재국가에서만 대량 아사가 발생한다는 센(Amartya Sen)의 지적과 맥을 같이하고 있다. 결국 정부에 과도하게 집중된 권력을 개인과 기업 등 민간 영역으로 이양하지 않는 한 경제적 빈곤과 인권탄압의 악재에서 벗어나기 어렵다는 것으로 요약된다.

베트남과 중국은 공통적으로 자유시장경제체제를 지향하는 상대 즉, 월남 정부와 국민당을 무력으로 타도해 전 국토의 사회주의 경제노선을 실현했다는 공통점이 있다. 그 결과 베트남의 '보트 피플(boat-people),' 중국의 '대약진 운동' 등 정부의 과도한 권력과 개입으로 인한 대형참사와 경제적 빈곤을 면치 못하다가 개혁·개방으로 선회하지 않을 수 없었다. 물론 두 국가 모두 공식적으로 사회주의를 폐기하지는 않았지만 그들이 택한 개혁·개방의 실질적 내용은 ① 사유재산 인정, ② 개인 및 기업의 자유로운 경제활동 보장, ③ 국제 무역질서로의 편입 등 자유주의적 제도로 요약된다. 그리고 본 연구에서 통계적으로 검토한 바와 같이 그러한 개혁의 결과 국부(國富)와 민생이라는 두 마리 토끼를 모두 잡는 데 성공한 것으로 볼 수 있다.

향후 바람직한 북한체제의 개혁 방향에 대해서는 전면적 시장경제 도입에서 혼합·절충형 경제체제에 이르기까지 다양한 의견이 있을 수 있다. 그러나 사유재산, 개인 및 기업 경제활동 자유, 국제무역 등 실질적인 시장경제의 핵심 요소를 결여한 개혁·개방은 사실상 국가 통제경제의 존치를 위한 임시방편일 수 있으며 결과적으로 빈곤과 인권탄압을 가중시킬 우려가 있다. 따라서 향후 북한의 개혁·개방은 베트남과 중국의 경우처럼 실질적인 시장경제체제로의 이행을 보장하는 방향으로 진행돼야 한다. 이와 관련 독일의 경제학자 빌헬름 뢰프케(Wilhelm Röpke)는 혼합·절충형 시장경제가 애초부터 가능하지 않음을 지적한 바 있다.[29]

　　"경제질서는 시장에서 가격을 통해 이루어지는 시장경제가 아니면 국가기관의 계획과 통제에 의해 이루어지는 통제경제라는 두 가지가 있을 뿐 … 그리고한 원칙이 다른 원칙을 지배하게 되어 있으며 … 양자 사이에 존재하는 다른제3의 원칙이란 있을 수도 없으며, 만일 있다고 한다면 그것은 대혼란만이 있을뿐이라는 것이다."

〈표 6-13〉 중국·베트남의 개혁·개방과 북한 상황 비교

국가	사회주의 국가수립	개혁·개방 시점	사회주의 존속 기간	미국과의 관계개선	미국의 최혜국대우 지위 부여	WTO 가입
중국	중화인민 공화국 (1949년)	1978년 공산당 중앙위 개혁개방 결정	29년 (1978년 기준)	1972년 핑퐁외교 1979년 대사급 수교	2000년	2001년
베트남	베트남 민주공화국 (북베트남) (1954년)	1986년 공산당 당대회 도이모이 (쇄신) 결정	32년 (1986년 기준)	1990년 관계개선 1995년 대사급 수교	2006년	2007년
북한	조선민주주의 인민공화국 (1948년)	–	67년 (2015년 기준)	2000년 일시적 관계개선	–	–

---

29) W. Röpke, "Kernfragen der Wirtschaftsordnung," *ORDO*, Bd.48(1997), pp.27-64, 권혁철, "시장경제의 중요성," 『경제교육연구』 제8권(한국경제교육학회, 2002), p.266에서 재인용.

■ 참고문헌 ■

권혁철. 2002. "시장경제의 중요성." 『경제교육연구』 제8권. 한국경제교육학회.

남궁영. 2011. 『국제정치경제 패러다임과 동아시아 지역질서』. 서울: 도서출판 오름.

네이버 시사상식사전(http://terms.naver.com/list.nhn?cid=43667&categoryId=436 67).

다음 백과사전(http://100.daum.net).

박배형. 2012. "헤겔의 자유주의 비판." 『헤겔 연구』 제31호. 한국헤겔학회.

아마티아 센. 박우희 역. 2011. 『자유로서의 발전』. 경기: 세종연구원.

외교부. 2013. 『중국 개황』. 서울: 외교부.

외교통상부. 2011. 『베트남 개황』. 서울: 외교통상부.

임강택. 2006. 『북한의 개혁·개방정책 추진 전망』. 서울: 통일연구원

주 베트남 대한민국 대사관. "도이머이 정책 평가 및 전망." http://vnm-hanoi.mofa. go.kr(검색일: 2013년 7월 13일).

통계청. 「북한통계」. http://kosis.kr/bukhan(검색일: 2013년 8월 3일).

Bauer, P. T. 1981. *Equality, The Third World and Economic Delusion*. London: Weidenfeld and Nicolson.

Berlin, Isaiah. 1969. *Four Essays on Liberty*. Oxford: Oxford University Press.

Brzezinski, Z. 1989. *The Grand Failure: The Birth and Death of Communism in the Twentieth Century*. New York: Charles Scribner's Sons.

Djilas, Milovan. 1957. *The New Class*. New York: Holt.

FAO(http://faostat.fao.org).

Freedom House. http://www.freedomhouse.org(검색일: 2013년 7월 15일).

Friedman, Milton. 1962. *Capitalism and Freedom*. Chicago: University of Chicago Press.

Harris, George. 1972. *Inequality and Progress*. New York: Armo Press & New

York Times.

Hayek, F. A. 1979. *Law, Legislation and Liberty Vol.3: The Political Order of a Free People*. London: Routledge & Kegan Paul.

_____. 1983. *Knowledge, Evolution and Society*. London: Adam Smith Institute.

Hayek, F. A. Edited by W. W. Bartley, III. 1990. *The Fatal Conceit, the Errors of Socialism*. Chicago: Chicago University Press.

Hegel, G. W. F. 1969. *Grundlinien der Philosophie des Rechts*. Bd.7 der von E. Moldenhauer und K. M. Michel besorgten Theorie-Werkausgabe. Frankfurt. 1969ff. § 215. Zus.

_____. *Vorlesungen uber die Philosophie der Geschichte*. TWA Bd.12.

History Learning Site. http://www.historylearningsite.co.uk/vietnam_boat_peo ple.htm(검색일: 2013년 7월 23일).

Kornai, Janos. 1992. *The Socialist System: the Political Economy of Communism*. Princeton: Princeton University Press.

Mill, J. S. 1974. *On Liberty*. Harmondsworth: Penguin.

Mises, L. Von. 1963. "Economic Calculation in the Socialist Commonwealth." In F. A. Hayek (ed.). *Collectivist Economic Planning*. London: Routledge & Kegan Paul.

National Bureau of Statistics of China(http://www.stats.gov.cn).

Nee, Victor. 1989. "A Theory of Market Transition: From Redistribution to Markets in State Socialism." *American Sociological Review* 54. October.

Parkin, Frank. 1971. *Class Inequality and Political Order*. New York: Praeger.

Petrakov, N. 1993. "The Socialist Idea and the Economic Failure of Real Socialism." *Problems of Economic Transition*. June.

Posner, Richard. 1998. *Economic Analysis of Law*. 3rd ed. New York: Little, Brown and Company.

Röpke, Wilhelm. 1997. "Kernfragen der Wirtschaftsordnung." *ORDO* Bd.48.

Rowley, Charles K. 1983. "The Political Economy of the Public Sector." In R. J. Barry Jones (ed.). *Perspectives on Political Economy: Alternatives to the Economics of Depression*. London: Francis Pinter.

Smith, Adam. 1976. *An Inquiry into the Nature and Causes of the Wealth of Nations*. Oxford: Oxford University Press.

Staniszkis, J. 1991. *The Dynamics of Breakthrough in Eastern Europe: The Polish Experience*. Berkeley: University of California Press.

UN ESCAP. 2012. *Statistical Yearbook for Asia and the Pacific*.

World Bank(http://data.worldbank.org/country).

【부록 6-1】중국·베트남·북한의 경제지표 비교

연도	경제성장률			1인당 GDP		
	중국	베트남	북한	중국	베트남	북한
1980	7.8	-3.5	4.1	312	44	569
1981	5.2	5.8	3.7	294	34	581
1982	9.1	8.2	3.7	292	38	719
1983	10.9	7.1	3.7	306	56	707
1984	15.2	8.4	3.7	304	84	663
1985	13.5	5.6	3.7	291	78	643
1986	8.8	3.4	1.4	281	80	716
1987	11.6	2.5	1.4	299	82	744
1988	11.3	5.1	1.4	368	88	724
1989	4.1	4.7	1.4	401	93	793
1990	3.8	5.1	-4.3	347	94	728
1991	9.2	6.0	-4.4	359	109	667
1992	14.2	8.6	-7.1	417	137	598
1993	14.0	8.1	-4.5	529	180	508
1994	13.1	8.8	-2.1	475	218	387
1995	10.9	9.5	-4.4	612	273	223
1996	10.0	9.3	-3.4	715	320	481
1997	9.3	8.2	-6.5	784	343	464
1998	7.8	5.8	-0.9	826	344	458
1999	7.6	4.8	6.1	865	358	454
2000	8.4	6.8	0.4	932	385	464
2001	8.3	6.9	3.8	1,023	400	478
2002	9.1	7.1	1.2	1,124	425	469
2003	10.0	7.3	1.8	1,267	475	471
2004	10.1	7.8	2.1	1,484	540	472
2005	11.3	8.4	3.8	1,735	623	547
2006	12.7	8.2	-1.0	2,106	710	574
2007	14.2	8.5	-1.2	2,626	821	596
2008	9.6	6.3	3.1	3,387	1,043	550
2009	9.2	5.3	-0.9	3,778	1,102	494
2010	10.4	6.8	-0.5	4,375	1,302	569
2011	9.3	6.2	0.8	5,345	1,507	637
2012	7.7	5.2	1.3	5,976	1,716	642
2013	7.7	5.4	0.8	6,626	1,868	621

..

연도	GDP(십억US$)			FDI 유치(flow기준 백만US$)		
	중국	베트남	북한	중국	베트남	북한
1980	306.5	2.4	9.9	57	1.7	0
1981	293.9	1.9	10.2	265	17.9	0
1982	295.4	2.2	12.9	430	13.1	0
1983	314.6	3.3	12.9	916	0.1	0
1984	317.4	5.1	12.3	1,419	0.7	0
1985	309.1	4.8	12.1	1,956	-0.1	0
1986	304.3	5.1	13.7	2,244	0	0.3
1987	329.9	5.3	14.4	2,314	10.4	3.1
1988	413.4	5.8	14.2	3,194	7.7	1.0
1989	459.8	6.3	15.8	3,393	4.1	629.0
1990	404.5	6.5	14.7	3,487	180.0	-60.8
1991	424.1	7.6	13.7	4,366	375.2	133.8
1992	499.9	9.9	12.5	11,008	473.9	1.9
1993	641.1	13.2	10.7	27,515	926.3	8.5
1994	582.7	16.3	8.3	33,767	1,944.5	-0.7
1995	757.0	20.7	4.8	37,521	1,780.4	0
1996	892.0	24.7	10.6	41,726	2,395.0	1.8
1997	985.0	26.8	10.3	45,257	2,220.0	307.4
1998	1,045.2	27.2	10.3	45,463	1,671.0	30.7
1999	1,100.8	28.7	10.3	40,319	1,412.0	-14.9
2000	1,192.8	31.2	10.6	40,715	1,289.0	3.4
2001	1,317.2	32.7	11.0	46,878	1,300.0	-3.8
2002	1,455.6	35.1	10.9	52,743	1,400.0	-16.4
2003	1,650.5	39.6	11.1	53,505	1,450.0	158.2
2004	1,944.7	45.4	11.2	60,630	1,610.0	196.9
2005	2,287.2	52.9	13.0	72,406	1,954.0	50.2
2006	2,793.2	60.9	13.8	72,715	2,400.0	-104.6
2007	3,504.4	71.0	14.4	83,521	6,981.0	66.7
2008	4,547.3	91.1	13.3	108,312	9,579.0	43.8
2009	5,105.5	97.2	12.0	95,000	7,600.0	2.0
2010	5,949.8	115.9	13.9	114,734	8,000.0	37.7
2011	7,314.4	135.5	15.7	123,985	7,519.0	56.0
2012	8,229.4	155.8	15.9	121,080	8,368.0	120.0
2013	9,181.2	171.2	15.5	123,911	8,900.0	227.0

출처: UNCTAD, http://unctadstat.unctad.org/wds/TableViewer/tableView.aspx(검색일: 2015
년 8월 2일)

[부록 6-2] 중국·베트남·북한의 1인당 GDP 추이

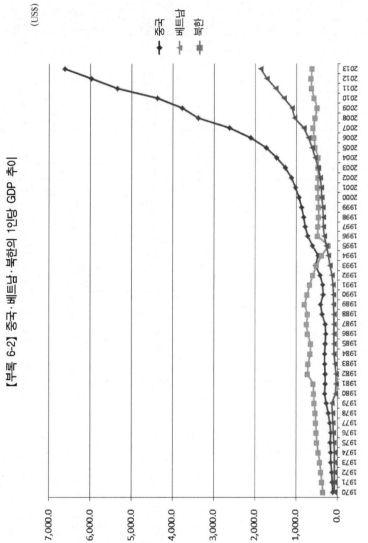

출처: UNCTAD(2015)

8·25 합의 이후,
'한반도 신뢰프로세스'
본격 진입해야

광복 70주년을 맞은 2015년 8월, 남북은 첨예한 군사적 대치와 갈등으로 일촉즉발의 위기 상황을 맞았다. 전례가 드문 대치 끝에 남북 고위급 회담이 이뤄지고 무박 4일의 끈질긴 대화를 통해 여섯 개 항에 달하는 8·25 합의를 도출해냈다. '시선 대 시선'에서는 이번 8·25 합의의 의미를 반추해보고, 이 합의를 통해서 박근혜 정부의 '한반도 신뢰프로세스'가 제 궤도에 진입할 수 있는지를 집중 토론했다. 대담은 8월 24일 진행되었고, 남북합의 이후 추가로 답변을 받아 보충했다.

정리_ 염규현(민화협 정책홍보팀 부장) / 사진_ 김성헌(객원작가)

〈사회〉　　　　　　〈대담〉

공용철
KBS PD·『민족화해』
편집기획위원

고유환
동국대학교
북한학과 교수

남궁 영
한국외국어대학교
정치행정언론대학원장

■ **공용철(사회)** 남북관계가 큰 변곡점을 넘은 기분이다. 이번 남북합의가 어떤 의미가 있다고 보는가. 그리고 이번 합의를 통해 남북관계가 어느 정도 정상화의 길로 접어들었다고 봐도 되는지 궁금하다.

● **고유환** '8·25 합의'는 충돌 일보직전의 대결국면을 대화국면으로 전환함으로써 남북관계 복원을 위한 전기를 마련했다. 북한의 지뢰도발과 포격도발에 대한 시인, 사과, 재발방지 약속을 받아내야 대북 심리전 확성기 방송을 중단하고 관계를 복원할 수 있다는 남측 정부의 원칙 있는 강한 대응이 반영돼 북한의 '유감' 표명을 받아냈다. 남북합의문에서 외교적으로 사과에 해당하는 북측의 '유감' 표시를 명문화한 것은 이번이 처음이다. 지뢰도발과 포격도발에 대한 북측의 '사과'를 받아냄으로써 그동안 반복된 북한의 도발에 제대로 대응하지 못했다는 비판 여론을 잠재우고, 도발 → 위기 → 타협 → 보상 → 재도발로 이어지는 악순환의 고리를 끊어냈다. 합의대로 당국 회담을 비롯해 각 분야의 대화와 협상을 진행하고, 이산가족 상봉과 민간교류를 활성화한다면 7여 년 동안 단절된 남북관계를 복원하고 새로운 관계발전의 계기를 마련하게 될 것이다.

● **남궁 영** 8·25 남북합의는 군사적 대치 상황을 대화로 풀었다는 점에서 적지 않은 의미가 있다. 그리고 북한의 도발에 대해 역대 어느 정부보다 진일보한 북한의 유감 표명을 받아냈다. 하지만 절반의 성공이었다. "북측은 최근 군사분계선 비무장지대 남측지역에서 발생한 지뢰폭발로 남측 군인들이 부상을 당한 것에 대하여 유감을 표명했다"는 합의문에는 유감 표명의 주체(북한)는 분명하지만, 지뢰도발의 주체는 모호하다. DMZ 목합지뢰 도발에 대한 확실한 시인도 사과도 재발방지 약속도 없다. 황병서 북한군 총정치국장 은 8월 25일 북한에 돌아가 "남조선 당국은 일방적 사태를 일방적으로 판단하고 일방적 행동으로 상대를 자극하는 행동을 벌이는 경우, 있어서는 안 될 군사적 충돌을 일으킨다는 심각한 교훈을 찾게 됐을 것"이라며 책임을 우리 측에 돌렸다. 북한에 확성

기 중단이라는 선물(보상)을 주면서 확실한 사과도 재발방지 약속도 받아 내지 못했다고 볼 수 있다. 북한의 '도발 → 협상 → 보상'이라는 악순환의 고리를 여전히 남긴 것이다. 앞으로도 북한의 도발 가능성은 얼마든지 있다.

■ **공용철** 이번 회담은 만남의 '형식과 격'에 있어서 과거와는 다른 모습이었다. 양측에서 각각 안보와 대북, 대남관계를 책임지고 있는 중량감 있는 인사들이 만나 협의를 진행했다.

● **남궁 영** 이번 회담에서 북한의 가장 큰 목적은 우리의 확성기 방송을 최대한 빨리 멈추게 하는 것이었다. 북한의 도발이 저강도 수준이긴 했지만, '48시간 이내'라는 최후통첩이나 준전시상황 선포 등 매우 강하고 위험한 분위기를 조성했다. 이를 풀기 위해선 남북관계를 담당하는 인사들과 함께, 무력도발에 대한 문제를 다룰 군사 부분의 책임자도 필요했다. 이번 회담의 격은 북한이 만들어 줬다고 할 수 있다. 북한은 확성기 방송 중단의지가 매우 강했기 때문에, 그 목적을 이룰 수 있게 격을 맞춰 결국 2+2 회담이 되었다.

● **고유환** 이번 회담은 남북회담 역사에서도 유례가 없는 방식이다. 과거엔 특사교환이나 장관급이라든가, 경협추진위와 같이 급을 맞추는 회담이었다. 이번에는 양 당국의 해당 분야 실무 책임자들이 모여 허심탄회하게 논의했다. 매우 의미 있는 모양새였다. 오랫동안 남북 사이의 갈등이 지속되어왔고, 그 사이 오해와 불신도 많았기에 한자리에 모여 서로 상대의 이야기를 들어보는 것이 중요하다. 또 회담 과정을 양측의 최고 책임자들도 보고 있었다. 양쪽 당국의 핵심라인들이 남북 간 현안을 함께 논의한 자리가 된 셈이다. 적지 않은 의미가 있었다고 본다.

'8·25 합의,' 한반도 신뢰프로세스의 디딤돌 될까?

■ **공용철** 극적인 남북합의로 박근혜 정부의 대북정책에 대한 국민적 지지도가 높아졌다. 현 정부의 대북정책을 어떻게 평가하는가.

● **남궁 영** 대북정책을 근본적이고 장기적인 관점에서 살펴볼 필요가 있다. 기본적으로 좋은 대북정책은 없다고 생각한다. 다만 나쁜 대북정책과 더 나쁜 대북정책만 있을 뿐이다. 그 이유는 북한이라는 국가가 한국과 안정되고 제도적인 관계를 지속적으로 가질 수 있는 입장이 아니기 때문이다. 역대 정부의 대북정책 명칭을 보면 거의 다 비슷해 평화적이고 긍정적인 남북관계를 만들겠다는 의지를 표현했다. 북한에 선의로 접근했건 아니면 선의가 다소 부족한 접근을 했건 모두 한계를 가질 수밖에 없었다. 현 정부의 한반도 신뢰프로세스는 북한과 신뢰를 만들어나가면서 관계발전에 이르는 것까지를 포함했다고 본다. 하지만 실제 정책추진에 있어서 북한이 신뢰감을 주지 않을 경우에는 관계진전에 상당히 주저한 측면이 있다. 그렇다면 정책을 잘못 펼친 것일까? 그렇게 잘한 것도 아니지만 문제도 아니라는 입장이다. 평가하기 어렵다는 것이다. 통일대박론도 북한을 자극하는 것이 잘못이라고 본다면, 그건 문제고 좋은 정책이 아니다. 그러나 통일이 우리에게 정말 필요한 미래라는 점을 제시했다는 부분에서는 긍정적인 측면이 있었다. 두 정책 모두 양면성을 가지고 있다. 다시 말하지만 한국의 모든 정부는 대북정책을 펼치는 데 있어 한계를 가지고 있을 수밖에 없다.

● **고유환** 남북관계에 대한 구상이나 메뉴를 많이 개발했다. 그런데 아무리 좋은 메뉴를 개발하고 구상을 제시 하더라도 북한이 호응하지 않으면 실행될 수 없다. 결국 일방적인 메뉴 개발을 많이 했다고 본다. 통일대박론을 제시하고 통일에 대한 공감대를 이뤄나간 것이나, 통일준비위원회를 출범시키는 등 어느 정도 노력을 했다. 하지만 집권 전반기 동안

의미 있는 관계복원이 이뤄지지 못했고 상당히 악화된 측면이 있다. 현 정부는 선거공약으로 김대중, 노무현 정부의 포용정책, 이명박 정부의 강경정책을 결합해 제3의 길을 가겠다고 했다. 강경과 포용의 균형을 찾아가겠다는 입장이었다. 이제 그 갈림길에 있는 것 같다. 집권 후반기를 강경으로 가져갈 것인가, 아니면 다소 포용적인 부분을 발굴해서 복원해 나가느냐의 선택 과정에 있는 것 같다.

■ **공용철** 3차 핵실험, 개성공단의 일방적 폐쇄 등 박근혜 정부가 대북정책을 본격적으로 펼치기도 전에, 북한이 남한의 입지를 좁게 만들어버린 부분도 있었던 것 같다. 김정은 집권 이후 북한의 대남정책은 어떻게 보는가.

● **고유환** 박근혜 정부는 기본적으로 한계를 안고 출범했다. 전임 정부에서 발생한 숙제들이 하나도 해결이 안 된 상태에서 출범했고, 출범 직전 북한의 핵실험이 있었다. 김정은 체제 출범 이후 북한에 일정 부분 기대한 것도 있었다. 김정은이 서방에서의 교육 경험도 있고, 인민생활 향상에 대한 공약도 했기 때문이다. 그런데 김정은이 출범 초기에 내부 권력 공고화에 너무 집중해 장성택, 현영철 등 핵심인사들에 대한 숙청과 처형을 단행해 대남관계에서 신뢰를 잃은 것 같다. 그 부분에서 북한이 신뢰프로세스를 받아들일 만한 '신뢰'를 쌓지 못했다고 본다.

● **남궁 영** 대북정책을 바라보는 시야를 조금 더 넓혀야 한다고 본다. 대북정책의 첫 번째 대상은 우리 국민이고, 두 번째는 국제사회다. 우리 국민과 국제사회가 더 우선적인 대상이고 그다음이 북한이라고 본다. 북한도 주민을 우선시해야 하고 당국은 그 다음이라고 생각한다. 국제정치나 정치학에서 말하는 '행위자'라는 관점에서 보면 북한의 김정은은 전형적인 독재자로서의 행위자다. 전형적인 독재자에게는 국가이익보다 정권유지가 더 우선이다. 민주주의 국가 지도자들이 만들어내는 정책 배경의 합

리성을 기준으로 북한을 판단하기는 어렵다고 본다. 북한은 앞으로도 계속 도발할 것이다. 그 이유는 북한이 비이성적이기 때문이 아니라 김정은이 합리적이기 때문이다. 북한은 도발을 통해 낙후된 경제 때문에 국민들이 갖고 있는 불만을 진정시키고 결속시킬 수 있다. 국제적으로도 도발을 통해 존재감을 드러내야 생존할 수 있다. 안보를 위해서건 경제 지원을 받기 위해 서건 북한은 국제사회에서 무시할 수 있는 대상이 아니라는 역량을 보여줘야 한다. 더구나 북한이 도발을 하면 항상 남남 갈등이 발생했다. 도발 이후 어떤 비용 손실이나 부담보다 북한이 원하는 결과가 나오곤 했다. 때문에 북한은 자신들이 갖고 있는 근원적 구조가 해결되기 전에는 도발을 반복할 수밖에 없다. 우리는 그것을 감안하고 대북정책을 펼쳐야 한다. 단순히 어떤 좋은 선물을 하나 주고 나면 남북관계가 문제없다든가, 북한의 도발이 없을 것이라 믿고 접근하는 것은 비현실적이다.

한일관계 회복을 통한
한미 신뢰구축 중요해

■**공용철** 이번에는 우리 정부의 대외정책에 대한 말씀을 듣고 싶다. 박근혜 대통령의 중국 전승절 기념식 참석이 주목을 받았다. 참석을 결정하기까지 한미관계 등 외교적 고민이 많았을 것으로 보이는데 어떻게 평가하는가.

●**고유환** 고민하기보다는 이미 오래전부터 참석을 전제로 여론의 동향을 살펴오지 않았나 싶다. 박근혜 정부의 최대 외교적 성과는 한중관계라 할 수 있다. 때문에 한중관계에 대한 성과를 유지하려 할 것이고, 우리가 지금 처한 현실 즉 한미안보 의존과 한중경제 의존의 구조에서도 중국과의 관계를 쉽게 생각할 수는 없을 것이다. 그런 의미에서 잘한 결정

이라 본다.

● **남궁 영** 총체적으로 미국이라는 국가가 갖고 있는 영향력을 아직은 중국
과 비교할 수 없다. 중국이 한국을 특별하게 볼 수 있는 이유도 우리가
한미 동맹으로 미국과 연결되어 있기 때문이라는 사실을 인식해야 한다.
우리가 중국, 미국과의 이해관계 속에 있을 때 우리의 우선순위는 분명
히 미국이라는 점을 미중 모두에게 분명히 밝히는 게 외교적으로 훨씬
더 안정되고 이익이다. 한미관계에 신뢰성이 강하다면 대통령이 중국에
가는 것은 매우 잘하는 것이다. 그런데 한미관계에 보이지 않은 신뢰
문제가 있다. 한일관계에서 비롯된 문제다. 우리는 한일관계를 양자관계
로 보는데 절대 그렇지 않고 한미관계와 연결되어있다. 일본은 일본과
중국 사이에 문제가 발생했을 때 한국이 중국의 손을 들어준다고 생각한
다. 때문에 미국에게 '한국은 진정한 동맹이 아니라 리틀 차이나'라고 말
하고 있다. 이런 상황에서 대통령이 중국에 가서 한중 우호적인 모습을
보여준다는 것은 현 상황에서 좋은 외교라고 볼 수 없다. 중국은 북한이
존재하는 한 우리의 진정한 친구가 될 수 없다. 또한 미국은 절대 천사
의 나라가 아니라는 것을 알아야 한다. 미국은 우리가 힘들 때마다 항상
도와주는 나라가 아니라는 것이다. 동맹에는 '방기(abandonment)'와
'연루(entrapment)'가 있다. 연루는 원하지 않지만 끌려들어 가는 것이
고, 방기는 내가 꼭 필요할 때 동맹이 도와주지 않는 것이다. 동맹관계
에서 제일 두려운 게 바로 방기다. 내가 필요 없을 때에도 끌려 들어가
주는 비용을 어느 정도 치르지 않으면 내가 필요할 때 방기 당할 수 있다.

● **고유환** 지역구도에서 일본이 과거사를 정리·반성하며 협력하려 하지 않
고, 중국과 대결구도로 끌고 가면서 거기에 미국과 한국을 끌어들이려
하는 모양새다. 우리로서는 외교적으로 굉장히 어려운 문제다. 때문에
어느 일변도로 가는 게 아니라 서서히 균형을 맞춰갈 수밖에 없다고 본
다. 한미 동맹 일변도나 한중 경제관계 중시 등의 단순한 차원이 아니라

다차원적인 균형외교를 해야 한다. '가교국가'로서의 외교력을 발휘해야
한다.

남북관계, 군사적 대치에서
사회문화적 교류확대로 전환돼야

■ **공용철**　마지막 질문을 드리겠다. 8·25 남북합의를 계기로 군사부분보다는
다양한 분야에서 남북관계의 새로운 전환을 기대해 보고 싶다. 이번 합의를
잘 관리하고 현 정부의 대북정책인 한반도 신뢰프로세스를 제 궤도에 올려놓
기 위해서 필요한 부분이 무엇인지 말씀해 달라.

● **고유환**　남북관계 단절로 그동안 한반도 신뢰프로세스가 제대로 작동하지
못했다. 임기 반환점을 지나는 시점에서 대화국면이 열림에 따라 한반도
신뢰프로세스를 본격적으로 가동할 수 있는 전기를 마련했다. 이번 남북
대화에서 안보와 통일 분야 책임자들이 만나 허심탄회하게 대화를 나누
어 상호 불신을 해소하고 신뢰를 쌓기 시작했다. 무엇보다 중요한 것은
합의 이행이다. 이제 합의 불이행의 악순환 고리도 끊어야 한다. 국지도
발 억지에 집중하는 동안에도 북한의 핵능력은 고도화되고 있다. 남북관
계 복원과 함께 7여 년 동안 중단된 6자회담 재개를 서둘러야 할 것이
다. 군사분계선 일대에서 반복하고 있는 충돌과 갈등을 근원적으로 해소
하기 위해서는 불안정한 정전질서를 평화질서로 바꾸기 위한 노력을 본
격화해야 할 것이다.

● **남궁 영**　이번 남북합의는 남북관계를 긴장국면에서 대화국면으로 반전시
키는 계기가 되었다. 앞으로 당국자 회담, 이산가족상봉, 민간교류 등
남북 접촉과 교류가 이루어질 것이다. 그러나 앞으로도 '한반도 신뢰'를

만들어 나가는 데는 많은 난관과 한계가 있다는 인식이 필요하다. 몇 해 전, 이벤트데이터 기법을 통해 노태우, 김영삼, 김대중, 노무현 정부의 대남 갈등을 연구한 적이 있다. 그 결과 노태우 정부 때 대남 갈등, 즉 북한의 도발이 김대중, 노무현 정부 때보다 더 적었다는 점을 알 수 있었다. 북한의 도발, 대남 갈등은 대북지원이나 남북관계를 잘 만들어 가는 것과는 관계가 없다는 것이다. 북한의 도발은 북한이 저항력이 있고 남측이 대응하기 어렵다고 느낄 때 발생한다. 북한의 저항력이 작고 한국의 대응력이 크다고 느끼면 도발하기 어렵다는 것이다. 때문에 남북관계를 보다 장기적으로 봐야 한다. 북한에 '나쁜 행동에는 나쁜 결과가 좋은 행동에는 좋은 결과'가 있다는 것을 분명하게 보여준다는 원칙을 갖고 장기적인 '프로세스'를 진행해 나가야 할 것이다.

■**공용철** 광복 70년을 넘기면서 아쉬움이 컸는데 한반도에 화해의 서광이 비치는 것 같아 다행이다. 무엇보다 원칙을 지키면서 대화의 모멘텀을 잘 살린 현정부 당국자에게도 박수를 보낸다. 모처럼의 남북합의가 한반도의 긴장을 해소하고 민족화해로 나아가는 지름길이 되길 기대해 본다. 좋은 말씀 들려주신 두 분께 감사드린다.

[부록 II] 『동북아 평화 새 시대를 연다』 4개국 전문가 대담

한·중·일 공동번영 위해
평화적 분쟁 해결 공감대 필요

▶ 전문가 릴레이 인터뷰
① 트로이 스탠가론
_ 美 KEI 의회·무역 담당 국장

21세기 국제사회에서 차지하는 동북아시아의 위상은 날로 커지고 있다. 하지만 영토분쟁과 역사 문제 등에서 비롯된 갈등과 대결로 긴장감도 높다. 동북아 지역에서 갈등을 넘어 상호 존중과 번영의 길로 나아가기 위한 방안을 모색하기 위해 미국 워싱턴 싱크탱크인 한국경제 연구소(KEI)의 트로이 스탠가론(사진) 의회·무역 담당 국장을 15일(현지시간) 인터뷰했다. 그는 평화적인 분쟁해결에 대한 공감대가 형성돼야 한다고 강조했다.

_워싱턴=박희준 특파원 july1st@segye.com

> **"**
> 中 부상 따른 긴장관리가 중요 이슈
> 동북아는 21세기 가장 역동적 지역
> 中, 군사력 증강 등 불안정성 키워
> 한·중·일 서로 협력해야 경제적 이익
> **"**

> **"**
> 진행 중인 이란 핵협상 합의 성공 땐
> 북한 핵 문제 해결도 돌파구 찾을 것
> 남북 통일 가능하나 시기는 불확실
> 유엔 제5사무국 남북 군사협력 중요
> **"**

- 올해 동북아 상황을 진단해 보면.

"중국 부상에 따른 긴장 관리가 중요한 이슈였다. 중국은 센카쿠제도(중국명 댜오위다오) 영토분쟁으로 일본을 지속적으로 압박했다. 에이펙(아시아태평양경제협력체) 정상회의 기간에 중국 시진핑(習近平) 주석과 일본 아베 신조(安倍晋三) 총리 간 정상회담을 통해 '콜드데탕트(cold detente·냉전완화)'에 이르기는 했으나 중국은 순시선 등을 보내 영유권 주장을 강화하고 있다. 한·일관계도 일년 내내 긴장상태였다. 다른 중요한 이슈가 홍콩에서 일어난 민주화 시위로, 1국2체제 아래에서 민주주의와 표현의 자유 등에서 중국의 한계를 보여줬다. 남북 문제는 답보상태를 벗어나지 못한 한 해였다."

- 동북아 지역이 미국과 세계에 미치는 영향은.

"미국에 이어 세계 2, 3위 경제 대국인 중국과 일본이 있다. 한국도 주요 경제 대국 중 하나다. 세계에서 가장 빠른 성장을 보이며 21세기 가장 역동적인 지역 중 한 곳이 될 것이다. 인구가 가장 많은 곳 중 하나이기도하다. 세계의 생산 중심지가 됐고 경제성장의 핵심 동력으로 부상했다. 미국의 경제안보 국익에 핵심 지역이 될 것이다."

- 동북아 안정과 안보를 해치는 요인은.

"중국 부상에 따른 관리다. 덩샤오핑(鄧小平) 이후 가장 강력한 중국 지도자가 된 시진핑 주석은 동북아에서 역할 확대를 추구하고 있다. 아시아 문제를 아시아가 해결하자는 제안을 통해 그가 추구하려는 지역의 모습을 일부 암시하기는 했다. 하지만 제한적인 이슈로 한정하는 '현상유지 국가(statue quo power)'를 추구하는지, 자국 목표에 맞춰 지역 안보와 경제를 설계하려는 '현상타파 국가(revisionist power)'를 추구하는지가 분명하지 않다. 의도가 불분명하고 군사력증강이 투명하지 않기 때문에 중국의 행동은 불안정성을 키우고 있다. 우크라이나에서 영토 확장을 위해 외교적 수단이나 대화 외 다른 수단을 사용하는 러시아와 달리 중국이 확실히 도발적이지는 않지만 그 목표가 무엇이고 왜 군사력을 증강하는지, 주변 국가와 어떤 관계를 형성하려는지 불확실하다. 이 때문에 중국 부상은 동북아 평화와 안정에 영향을 미치는 가장 중요한 요인이다."

- 중국 부상에 따른 미·중, 한·중, 중·일관계를 전망하면.

"미국의 대중관계는 복잡할 것이다. 미국은 버락 오바마 대통령이 최근 베이징정상회담에서 강조했듯 중요 글로벌 이슈에서 중국이 역할을 해 주기를 바라면서 동시에 중국과 일정한 거리를 두려고 할 것이다. 미국과 중국은 모두 이 지역의 무역 질서에서 리더십을 발휘하려고 하므로 관계가 복잡하다. 양국은 지역 내 무역 확대를 추구하면서도 목표를 이루는 과정이 다르다. 중국이 아시아태평양자유무역지대(FTAAP)를 주도하고 있으나 미국은 환태평양경제동반자협정(TPP)을 추진하고 있다. 에이펙을 계기로 화해한 듯한 중·일관계가 관계증진으로 이어질지 궁금하다. 에이펙을 위한 일시적 화해로 긴장이 다시 조성될지, 관계개선을 위한 노력을 보게 될지 드러날 것이다. 양국은 서로 협력해야 경제적 이익이 크다. 한국과 중국은 시진핑 주석과 박근혜 대통령이 좋은 관계를 유지하고 있고 FTA도 타결해 가까운 장래에도 이러한 관계가 유지될 것으로 본다."

- 오바마 대통령은 중동 문제로 동북아에 관심을 두지 못하는 것처럼 보이는데.

"올해는 수니파 무장단체 '이슬람국가(IS)' 부상에 따른 국제관계, 이스라엘·팔레스타인 회담, 이란 핵협상, 러시아의 크림반도 합병처럼 도전이 많았다. 그럼에도 오바마 행정부는 동북아에 큰 관심을 기울였다. 오바마 대통령이 이 지역을 2차례 방문해 한국, 일본과 정상회담을 했고 에이펙정상회담, 선진 20개국(G20) 정상회담, 미·중정상회담에 참석했다. 중국 측과는 기후변화와 정보기술협정 개선, 새 군사협력 부문에서 중요한 합의를 이끌어낼 수 있었다."

- 미국 내에 한국이 중국과 지나치게 가까워진다는 우려가 있는 것으로 아는데.

"박 대통령과 시 주석의 정상회담 이후 미국에 그런 우려가 있었다. 하지만 한·미, 미·중관계 전문가가 아니라 논평가들 사이에서 나온 얘기다. 한국은 글로벌 이슈에서 미국의 가까운 협력국 중 하나다. 양국은 수십 년간 동맹관계를 발전시켜 왔다. 미국 관점에서 한·중관계개선은 긍정적인 진전이다. 미국은 한국이 중국과 FTA를 맺은 것을 지지하고 있다."

- 한국에는 미국과 중국이 모두 중요하다.

"한국이 중국, 미국과 상호 배타적인 관계만 아니라면 양국 모두와 좋은 관계를 유지 못할 이유가 없다. 중국은 한국뿐 아니라 미국에도 경제적으로 중요한 협력국이다. 한·중 무역을 통한 최종 상품 상당물량이 미국과 유럽, 일본 시장으로 간다. 이미 서로 연관성이 매우 공고해졌다. 또한 한·미 동맹은 북한을 억제하고 동북아 안정과 평화 유지에 중요하다."

- 한·중·일 3국이 상호 존중하고 번영하기 위해서는.

"2차 세계대전 직후 유럽에서는 대륙을 갈라놓을 전쟁보다 미래 분쟁을 피하는 방안을 지속적으로 추구해야 한다는 공동의 인식이 있었다. 동북아 상황은 다르다. 한국과 일본은 성공적인 경제개발을 이뤘으나 중국에서는 아직도 진행 중이다.

경제 핵심 부문을 통합해 전쟁을 피하려는 노력도 없었다. 오히려 영토와 다른 이슈를 둘러싼 분쟁이 커졌다. 상호 존중과 번영을 위해서는 무엇보다 평화적인 수단으로 분쟁을 해결해야 한다는 점에 공감해야 한다. 아마 시간이 걸릴 것이고 각 국가의 희생도 필요하다."

- 한·일관계개선을 위해 미국이 할 수 있는 역할은.

"박 대통령과 아베 총리 집권 이전부터 한·일 간에 긴장감이 존재했다. 박 대통령은 최근 한·중·일 3국 정상회담 재개를 제안해 계기를 마련했다. 양국 역사 문제를 해결하는 건 어렵고 시간도 오래 걸릴 것이다. 한·일 간 긴장관계가 3국 협력을 더욱 어렵게 하는 측면도 있다. 오바마 대통령은 올해 초처럼 양측이 해당 문제를 다루는 데 촉진자 역할을 계속할 것으로 본다."

- 북한 핵무기 개발은 지역 안정에 위협이다. 어떻게 돌파구를 찾아야 할까.

"북한이 취할 수 있는 비교적 쉬운 조치인 2012년 초 미사일 발사 유예선언도 금세 깨지고 말았다. 북한과 교착상태를 깨뜨릴 핵심 요인은 최근 진행 중인 서방국가와 이란 간 회담이라고 생각한다. 이란 핵프로그램 해결을 위한 합의가 이뤄진다면 북한에도 긍정적인 사례가 될 것이다. 미국 및 서방국가와 협상이 가능하고 이익이 될 것이라는 인식을 심어줄 수 있다. 이란 핵협상이 실패한다면 미국 내에서 대북 대화에 대한 정치적 지지는 찾아보기 힘들 것이다. 이란 협상이 북한과 협상에도 중요한 이유다. 궁극적으로 돌파구는 북한이 핵프로그램을 유지하는 것보다 포기함으로써 얻는 이익이 많다고 전략적으로 판단하게끔 만들 때 가능하다.

- 남북통일 가능성과 한국의 준비에 대해 얘기해 달라.

"남북이 70년가량 분단됐으나 통일은 가능하다. 다만 오래 분단된 만큼 언제 통일의 적절한 여건이 만들어질지 불확실하다. 남측은 가능한 한 자세히 통일에 관한 이슈를 점검하고 다양한 견해를 모아야 한다. 특히 남측은 경제를 성장시키는 게 중요하다. 북측에 아무리 협조적인 체제가 들어서더라도 남측이 북측 경제개발에 영향을 미치는 데에는 한계가 있다. 남측은 경제를 더욱 다양화하고 혁신을 추구해 통일에 따른 경제적 도전과제에 대응해야 한다."

- 세계일보가 주도하는 유엔 제5사무국 한반도 유치에 대한 의견은.

"유엔에서 사무국을 새로 개설하려는 생각이 있는지 모르겠다. 한 가지 얘기한다면 박 대통령이 제안한 비무장지대 평화공원에 대해 어느 미국 장군이 남북 간 협력은 긍정적이라고 말한 게 기억난다. 제5사무국에 대한 유엔 생각을 모르지만 남북 간 군사협력이 중요하다고 본다."

스텐가론 국장은 …
▲멤피스대 경제학·정치학 ▲런던 경영대학원 국제관계학 ▲뉴저지주지사 보좌관 ▲로버트 토리첼리 상원의원 입법보좌관 ▲한미경제연구소(KEI) 의회·무역 담당 국장 ▲미외교협회(CFR) 국제외교 펠로

동북아 갈등 효과적 대응 위한
다각적 안보 체제 수립 급선무

▸ 전문가 릴레이 인터뷰
② **자칭궈**
_베이징대 국제관계학원 원장

"북한 핵 문제를 해결하려면 시간과 인내가 필요합니다. 동북아시아에서 갈등을 줄이고 효과적으로 대응할 다각적 안보체제를 수립해야 합니다." 중국 내 국제관계 권위자로 꼽히는 자칭궈(賈慶國·58·사진) 베이징대 국제관계학원 원장은 지난 9일 세계일보와 인터뷰에서 "당장 북한 핵 문제를 해결할 수는 없을 것"이라며 "긴 안목에서의 다각적 안보체제 수립에 나서야 한다"고 말했다. 그는 북한 핵 문제 등 지역 문제와 관련해서는 "중국과 한국, 중국과 미국이 서로 긴밀하게 연락해 위기 상황을 극복해야 한다"고 강조했다.

_베이징=글·사진 신동주 특파원 ranger@segye.com

"
北핵실험설로 주변국 한때 긴장
북핵해결 위해선 시간·인내 필요
국제사회와 관계개선이 北에 이익
한·중관계 우선과제는 FTA 발효
대북 문제 협상통한 신뢰구축 중요

동북아 안보체제로 역내충돌 막아야
중·일, 한·일 갈등은 일본에 책임있어
한·중·일정상회담 조만간 성사될 것
한반도 주변국들 긴밀협력이 관건
"

- 올해 동북아시아 지역 평화를 평가한
다면.

"지난해에 비해 상대적으로 평화
로운 시기였다. 특별히 큰 사건이나
충돌도 없었다. 한반도와 동중국해
형세도 상대적으로 안정됐다. 동북
아 안정을 해친 요인을 하나 꼽자면
한반도다. 북한의 새로운 핵실험 소
문이 전해졌기 때문이다."

- 북핵 문제에 대한 마땅한 해법이 보이
지 않는다.

"북핵 문제를 해결하려면 주변 여
러 나라는 참을성을 가져야 한다. 북
한이 핵을 포기할 수 있도록 서로 협
력해야 한다. 그리고 북한에게 핵을
포기할 시간을 줘야 한다. 북한 스스
로가 이익이 무엇인지를 알 수 있도
록 해야 한다. 북한이 핵 포기를 통
해 얻을 수 있는 가장 큰 이익은 국
제사회와의 관계를 개선함으로써 평
화로운 주변 환경을 만들고 북한 내
개혁과 발전의 여건을 조성하는 것

이다. 북한이 안전을 보장받고 발전
을 추구할 수 있는 가장 좋은 방식이
라고 생각한다. 북한은 시간이 걸려
야 그 이익이 무엇인지 인식할 수 있
을 것이다."

- 한·중관계 발전방향은. 한·중 자유
무역협정(FTA) 발효 외에 지역 안
보를 강화할 국제기구의 필요성은.

"우선 과제는 FTA 발효다. 이 바
탕 위에서 더 긴밀한 경제관계를 수
립할지 토론해야 한다. 아마 앞으로
쌍무투자협정이 필요할 것 같다. 양
국의 경제관계는 한·중관계 발전의
중요한 기초다. 북핵 문제에 있어서
도 중국과 한국은 교류를 한층 더 강
화해야 한다. 예를 들어 북한이 어떤
상황이 있을 때 쌍방이 어떻게 대응
해야 할지 등에 대해 많이 논의해야
한다. 협상과 교류를 통해 서로 신뢰
를 구축해야 한다. 중국과 미국 사이
에 북한과 관련된 문제가 있다면 중
국은 한국에게 상황을 알려줘야 한

다. 한국과 미국 사이에 중국과 관련된 문제가 있다면 한국도 되도록 빨리 중국과 의견을 교환해야 한다. 이렇게 해서 생긴 신뢰감은 앞으로 양국이 당할 충돌이나 위기 상황을 극복하는 데 도움이 될 것이다. 동북아에서 다각적인 안보체제가 필요하다. 예전에 6자회담이 성공한다면 6자회담을 바탕으로 동북아 안보체제를 수립하자는 논의가 있었다. 당장 북핵 문제를 해결할 수 없더라도 5자회담을 기초로 하면서 다각적 안보협력체제를 만들 수 있을 것이다. 군사 동맹을 기초로 하는 안보체제의 부정적인 면은 '우리'와 '그들'의 이분법에 있다. 중국은 '그들' 국가의 위치에 있다. 중국은 미·일 동맹과 한·미 동맹에 강한 경계심을 갖고 있다. 지역 안보를 해칠 수 있기 때문이다. 만약 다각적 안보체제가 구축된다면 이 문제는 누그러질 수 있을 것이다. 기존의 상호군사동맹조약 해제 여부는 별 상관이 없다. 관건은 지금의 지역 안보 문제를 해결하고 효과적으로 대응할 다각적 안보체제 구축이다."

– 중국 주도의 아시아인프라투자은행(AIIB) 한국 참여 문제로 미·중 갈등이 예상된다.

"AIIB를 통해 중국과 주변 국가들은 기반시설 건설을 할 수 있고 서로 소통하면서 이익을 얻을 수 있다. 중국은 물론 한국에도 유리하다. 미국은 AIIB에 이견을 갖고 있다. 미국은 AIIB가 현행 금융질서에 도전할까 지나치게 우려한다. 중국은 국제금융질서에 도전할 생각이 없다. 중국은 현행 국제금융질서의 수익자다. 물론 AIIB 창설은 중국의 불만이 반영돼 있다고 할 수도 있다. 세계은행이나 국제통화기금(IMF) 개혁은 미국 의회의 비준 없이는 불가능하다. 이런 문제로 인해 중국은 다른 융자 방법을 연구하는 것이다. 한국은 스스로의 이익에 따라 판단하면 된다. 만약 미국이 AIIB에 가입 한다면 중국은 매우 환영할 것이다. 한국이 AIIB에서 중국의 권한이 지나치지 않을까 걱정한다면 협상을 통해 좋은 방법을 찾아야 한다. 미국은 AIIB의 대출 표준과 현행 국제금융조직의 대출표준이 다를까 걱정하지만 중국이 그렇게 할 리 없다."

– 내년 한국과 중국 모두 일본 제국주의에서 벗어난 지 70년을 맞이한다. 갈등이 더 많아질 것 같은데.

"지금 중·일, 한·일 갈등은 일본의 책임이 크다. 첫째는 일본의 과거사에 대한 태도다. 아베 신조(安倍晋三) 총리가 일본 내 정치만 고려해야스쿠니(靖國)신사 참배를 강행했다. 침략 과거사를 인정하지 않아 중국과 한국의 반발을 불러일으켰다. 영토 분쟁도 있다. 그동안 일본 정부는 영토 분쟁을 처리하면서 지나치게 경직된 태도를 보였다. 일본은 분쟁이 있는 것조차 인정하지 않고 있다. 일본은 분쟁을 해결하거나 제어할 방법을 논의할 기회마저 회피하고 있다."

- 중·일관계 정상 회복 등에 대한 기대는.

"중·일관계는 과거사뿐 아니라 댜오위다오(일본명 센카쿠제도) 문제, 해상권익 문제 등 복잡다기한 성격을 띤다. 지난 11월 시진핑(習近平) 중국 국가주석과 아베 신조(安倍晋三) 총리가 만났고 양국이 정치적 상호신뢰 구축을 위해 노력한다는 내용을 담은 관계개선 4대 원칙에 합의했다. 이 원칙은 중·일 간 긴장을 완화하고 악화일로인 양국관계를 돌리는 데 중요한 역할을 할 수 있다고 생각한다. 중·일이 4대 원칙을 준수한다면 양국관계는 호전될 것이다."

- 한·중·일정상회담 성사 가능성은.

"조만간 열릴 것이라고 생각한다. 중·일, 한·일관계에 달려있다. 서로 관계가 호전되면 3국정상회담은 성

사될 것이다."

- 친중국 성향의 대만 국민당이 지방선거에서 참패했다. 양안(중국과 대만) 관계에 대한 우려가 크다.

"어느 정도 영향이 있겠지만 확대 해석할 필요는 없다. 대만 정치 형세 변화가 양안관계에 영향을 미치는 것은 필연적이다. 하지만 영향은 크지 않다. 양안관계는 지난 6년간 경제·무역관계를 통해 밀접해졌고 인적 교류도 많아졌다. 대만이 많은 이익을 얻었다. 야당인 민진당이든 다른 정당이든 이익을 고려한다면 양안교류와 왕래를 인위적으로 파괴하지 않을 것이다. 민진당이 대선에서 승리한다 해도 대만 현 정권의 정책을 대폭 수정하지 않을 것이라 생각한다. 그렇게 하면 정권을 잃을 수도 있기 때문이다. 대만 정치권력이 바뀌더라도 앞으로 양안관계는 안정을 유지할 것이다. 물론 민진당이 독립을 추구하면서 양안 간 마찰이 일어날 가능성을 배제할 수 없다. 그럴 가능성은 크지 않다."

- 동북아 갈등은 어디서부터 풀어가야 하나.

"우선 한반도 문제를 해결하려면 참을성이 있어야 한다고 지적하고 싶다. 북한에게 더 많은 시간을 주고

스스로 문제를 고민할 수 있도록 해야 한다. 그렇게 하는 동안 북한이 핵무기를 개발할까 걱정하는 이들도 많다. 지극히 정상적인 우려라고 본다. 하지만 지금 북한의 경제력과 기술력에 비춰볼 때 오랜 세월이 걸려도 큰 진전은 없을 것이다. 한반도 주변 국가들이 더 긴밀하게 협력해 북한이 핵무기를 포기할 수 있도록 해야 한다. 북한이 핵무기를 포기하는 바탕 위에서 주변국들은 북한의 경제 발전에 도움을 줘야 한다. 둘째, 중·일 양국은 되도록 빨리 교류를 정상화하고 신뢰를 바탕으로 토론해야 댜오위다오 문제를 해결할 수 있다. 충돌을 억제해야 한다. 일본은 야스쿠니 신사를 참배하지 말고 댜오위다오 문제와 관련해 군사 충돌이 벌어지지 않도록 제도적 장치를 마련해야 한다. 한·일 간의 과거사·영토 문제도 서로 충격을 주지 않는 방법을 찾아야 한다. 그리고 중국과 미국은 협력을 강화하고 충돌을 피해야 한다. 대만 문제의 경우 국제사회는 대만 독립을 지지하지 않으며 대만이 독립할 리 없다. 지금 양안의 경제·인적교류관계는 상당히 발전한 상태다. 이를 되돌리기는 어려운 일이다. 그렇기 때문에 누가 정권을 차지하든 양안관계가 심각하게 후퇴할 가능성은 상대적으로 작다. 중국은 자신감이 있다."

자칭궈 원장은 …

▲ 1956년 중국 허난성 출생 ▲ 1988년 미국 코넬대 정부학 박사 ▲ 1992년 호주 시드니대 정부학과 교수 ▲ 1994년 베이징대 국제관계학원 교수 ▲ 2008년 중국인민정치협상회의(정협) 상무위원 ▲ 현재 베이징대 국제관계학원 원장 ▲ 주요 저서: '21세기의 중미외교' '미실현의 화해: 냉전초기의 중·미관계' 등

동북아 긴장완화·한반도 통일 위해
다국적 틀 꼭 필요

▶ 전문가 릴레이 인터뷰
③ 강상중
_日 세이가쿠인대학 학장

"내셔널리즘은 '슈퍼 내셔널(super national),' 즉 국가를 뛰어넘는 다국 간의 틀을 만들어 조금씩 줄여가는 수밖에 없습니다. 통일도 남북한이 솔선해 미국과 중국, 러시아, 일본 4개국을 포함한 다국적 틀을 통해야만 이뤄질 수 있습니다. 빨리 북핵 6자회담을 재개해야 합니다." 재일(在日) 정치학자 강상중(姜尙中·65·사진) 세이가쿠인(聖學院)대학 학장(한국의 총장)은 세계일보와 인터뷰에서 동북아 긴장완화는 물론 한반도 통일을 위해서도 남북한을 포함한 다국적인 틀이 꼭 필요하다고 밝혔다. 한국 국적자론 처음으로 도쿄대 정교수가 됐던 그는 지난해 4월부터 사이타마(埼玉)현 아게오(上尾)시에 있는 사립 세이가쿠인대학 학장을 맡고 있다. '고민하는 힘(2009)'이나 소설 '마음(2013)' 등 그의 저술은 수십만 부가 팔렸고 방송 출연도 활발하다. 인터뷰는 지난 6일 대학 학장실에서 이뤄졌다.

_사이타마=김용출 특파원 kimgija@segye.com

세계일보 | 2015년 1월 14일 수요일

> **남·북한+美·중·러·日도 포함해야**
> **동북아, 세계 대국 밀집 유일한 곳**
> **향후 中·러 움직임 큰 영향 미칠 듯**
> **역내서 내셔널리즘 높아져 위험**
> **동북아 공동체 토대는 6자회담**

> **복수 바스켓 통화 등도 만들어야**
> **한국 내 보이지 않는 38선 없애야**
> **남·북한 서로 실체 존중 後 교섭을**
> **주변국과도 협력 '평화 틀' 급선무**

– 동북아는 지금 어디로 가고 있는가.

"동북아에 대해 말하면, 미국은 실제 이곳에서 큰 힘을 갖고 있고 국익에서도 이 지역의 이해관계가 사활적인 의미를 갖고 있어 포함해봐야 한다. 아울러 극동 러시아도 넣어 생각하지 않을 수 없다. 그러면 동북아에는 6개국, 즉 한국과 북한, 중국, 일본, 미국, 러시아가 있게 된다. 세계적으로 이정도의 대국이 밀집한 곳은 이곳밖에 없다. 이 지역의 귀추가 지구적 규모에서 21세기를 결정한다고 해도 과언이 아니다. 문제는 이지역이 안정돼 있지 않다는 점이다. 가장 큰 변화는 무엇보다 소련이 사라졌지만, 소련을 이은 러시아가 우크라이나 문제 등으로 미국과 지정학적인 대립을 심화하고 있다는 점이다. 러시아가 동쪽에서 활로를 찾아내려고 하는 게 아닌가 생각된다. 이는 100년 전 상황과 다르다. 지금은 중국이 미국과 겨룰 정도의 경제대국이 됐고, 일본도 세계 3위의

경제대국이며, 한국도 급속히 성장했기 때문이다. 향후 중국과 러시아의 움직임과 중·러관계가 동북아에 큰 영향을 미칠 전망이다."

– 중·러관계가 중요하다는 건데.

"확실히 얘기할 수 있는 것은 지금 미·러관계는 매우 악화됐고, 그럴수록 중·러의 접근이 진행될 것이다. 냉전시대에는 중·소논쟁 등 대립이 계속됐고, 자연히 동북아에서 지금과 같은 흡인력이 작동되지 않았다. 하지만 지금 중국의 GDP는 일본의 2배 가까이 됐고, 러시아도 한반도와 관련해 북한에 대해 중립적인 방향으로 이동 중이고, 남한도 세트로 생각하는 듯하다. 즉 향후 천연가스나 에너지 등을 생각하면 한국을 북한보다 중요한 경제적인 파트너로 인식하면서도 북한이 갖는 전략적인 가치도 알고 있다. 한국도 냉전 때에는 소련과 좋지 않았지만, 지금 러시아와 나쁠 요소가 거의 없다.

이런 상황에서 중·소 간 접근이 깊어지면 미·중관계는 어떻게 되며 동북아엔 어떤 변화를 야기하겠는가."

- 최근 역내에 내셔널리즘도 고조되고 있다.

"중국과 러시아, 일본, 한국, 북한 등 역내에서 내셔널리즘의 '전압(voltage)'이 높아져 매우 위험한 상황이다. 여기에 영토 문제가 더해지면 큰 사건이 일어나기 쉽다. 미디어의 책임도 있다. '슈퍼내셔널,' 국가를 넘어선 다국적인 틀을 만들어 가는 것으로 내셔널리즘을 조금씩 줄여가는 방식을 만드는 수밖에 없다."

- 동북아 공동체를 주장해왔는데.

"동북아는 공통의 이해관계를 갖고 있는데, 그것은 남북한이 만에 하나 충돌하면 이 지역은 막대한 타격을 입는다는 점이다. 이를 막기 위해 북한을 봉쇄하거나 교체하려 하지 말고 북한의 존속을 보장하는 대신 북핵 문제를 어떤 형태로든 매듭을 지어야 한다. 기본적으로 북핵 6자회담을 통하지 않으면, 북핵 문제 해결과 북한 안전보장 문제는 해결되지 않는다. 동북아 공동체의 토대는 바로 6자회담으로부터 가능할 것이다."

- 구체적인 동북아 공동체상을 설명해 달라.

"동북아 또는 동아시아 공동체를 말하면 유럽연합(EU)을 떠올리는 사람이 있는 것 같다. EU는 법을 만들어 회원을 엄격히 정하고 이사회를 만들어 운영하지만, 동북아 공동체는 이런 EU 이미지를 부정해야한다. 먼저 낮은 차원의 집단 안보체가 형성돼 역내에서 전쟁과 영토침략 등이 일어나지 않도록 한다. 지역 특유의 다국적인 안전 네트워크를 만든 뒤 그 위에 역내무역과 교역, 인적교류를 더 활발하게 하면 동북아 공동체가 된다. 무역과 교역 활성화 등을 위해 과도적으로 달러만이 아니라 중국 위안화와 일본 엔화, 한국 원화를 복수 바스켓 통화로 하거나 새로운 통화를 만들어야 한다."

- 이 과정에서 한국의 역할은.

"한국은 지금 미국과 중국, 러시아와 관계를 어떻게 정리하고 이런 바탕에서 대일관계를 어떻게 정립할 것인가 하는 매우 어려운 다원적인 방정식을 풀어야 하는 상황이다. 한국이 여기에서 선택을 잘못하면 19세기 말 또는 20세기 초 같은 상황으로 빠질 수 있다. 동북아 6개국 중 크기나 국력에서 가장 작은 것은 우리 한반도다. 다만 남북은 분단됐지만 전략적으로 매우 중요한 중심에 있기에 이를 어떻게 활용하느냐가 관건이다. 구체적으론 한국은 6자회담에서 북핵 문제를 풀어가면서 북한과는 이산가족과 식량지원 문제, 개성개발 등을, 남북한 및 미·중 4개국 간에는 휴전협정을 평화협정으로 바꾸기 위한 논의를 동시에 해야 한다. 서독은 통일 전 '독일 통일은 유럽의 통일'이라는 슬로건을 일관되게 주장했고, 그게 결국 통일을 가능하게 했다. 남북이 솔선해 미국과 중국, 러시아, 일본 4개국을 포함한 다국 간 틀을 만드는 것에 의해 통일도 될 수 있다."

– 남북 문제는 어떻게 풀어야 하는가.

"현재 한국의 최대 문제는 경제적 또는 나라의 존재방식이 한계에 도달했다는 점이다. 재벌주도형개발경제론은 더 이상 견딜 수 없는 상황이다. 돌파구는 38선 이북에 있는 2,000만 명의 동포와 어떻게 관계를 맺느냐이다. 북한도 2013년 장성택을 처형하면서 중국과 관계가 악화됐고, 이에 미국과 관계개선을 하고 싶어 하지만 핵 및 미사일 문제 등으로 간단치 않다. 북한도 남한과 관계를 새롭게 만들지 않으면 활로가 없다. 그것이 올해 김정은 북한 국방위원회 제1위원장의 연두회견으로 나왔다고 본

다. 남북 모두 한계를 돌파하려면 적극적인 대북 어프로치가 필요하고, 이를 위해선 김대중 노무현 정권이 취한 대화정책을 취하는 게 기본적으로 맞다. 다만 복잡한 조건 속에서 너무 북한만의 변화를 압박하면 남북관계는 잘 되지 않을 것이다. 한국이 동북아에서 프리핸드(free hand)를 가질 때는 남북긴장이 완화될 때였다. 긴장이 고조될수록 한국의 선택이 좁아지고, 소위 한·미·일 삼각관계 속에 갇혀버린다. 한국은 미·중관계 속에서 남북관계를 중시하면서 어느 정도 자유로운 범위에서 통일을 추구해 나가야 한다. 다만 남북문제를 둘러싸고 한국 내부가 분열돼 있는 점은 큰 문제다. 한국 내에 보이지 않는 38선이 있고, 그것을 해소하지 않으면 남북화해도 어려울 것이다."

– 대북정책 일관성을 어떻게 유지할 수 있나.

"독일은 우리와 달리 내전이 없었다는 점에서 다르다. 하지만 독일은 대연정을 통해 가능한 한 대동독 및 대소련 정책 등에서 정권이 바뀌어도 크게 변하지 않도록 했다. 그것을 해낸 것이 10년 이상 외상을 역임한 한스 디트리히 겐셔이다. 겐셔는 1995년에 나고야에서 만났을 때 동독은

존재하는 실체인데도 존재하지 않는 것처럼 하는 것은 문학의 세계라며 동독의 실체를 인정하고 교섭하는 게 외교 아니겠느냐고 말한 게 기억난다."

- 동북아 공동체론을 고민하게 된 계기는.

"1979년 서독에 있을 때 독일은 1000년이 돼도 통일되지 않을 것이고 서독은 서독으로 있을 수 있다며 그래도 좋다고 말하는 독일 학생도 있었다. 그런데 10년 만에 베를린 장벽이 붕괴했다. 놀랍기도 하면서 동시에 그렇게 통일하고 싶다고 해온 남북은 왜 되지 않는가, 무엇이 문제인가를 생각하게 됐다. 우리는 이전에 주변국을 빼고 남북만 노력하면 통일될 것이라고 생각했지만, 실제 그렇지 않았다. 독일은 주변나라와 다국적 관계를 만드는 것으로 통일을 실현했다. 남북관계를 포함해 4자협의, 6자회담 등 지역적 평화틀을 만드는 것이 통일로 가는 최대의 지름길이라고 생각이 바뀌었다."

강상중 학장은 …

▲ 1950년 구마모토시 출생(재일한국인 2세) ▲ 와세다대 정치경제학부 정치학과(1974) 및 동대학원 정치학연구과 박사과정 수료(1979) ▲ 국제기독교대학과 도쿄대 대학원 정보학과 교수 등 역임 ▲ 현재 세이가쿠인(聖學院) 대학 제6대 학장(한국의 총장, 2014년 4월~) ▲ '오리엔탈리즘을 넘어서'(1998), '동북아시아 공동의 집을 향하여'(2001), '내셔널리즘'(2004), '세계화의 원근법'(2004), '고민하는 힘'(2009), 소설 '마음'(2013) 등 저술

동북아·유라시아 평화·번영
선결과제는 한반도 통일

▸ 전문가 릴레이 인터뷰
④ 남궁 영
_한국외대 정치행정언론대학원장

"한반도 통일이야말로 동북아시아 유라시아의 진정한 평화 번영시대를 여는 중요한 계기가 될 것입니다." 남궁 영(사진) 한국외국어대 정치행정언론대학원장은 진정한 의미의 동북아 평화 시대를 열기 위해서는 남북통일이 선결 과제임을 강조했다. 한반도와 동북아의 평화 안정을 위해서는 역내 협력이 필요한데 지금처럼 북한 이슈에 발목이 잡혀서는 평화 안정의 획기적 진전은 어렵다는 이유에서다. 국내 대표적인 국제정치학자인 남궁 원장은 지난해 제 58대 한국국제정치학회장을 역임했으며 지난해 2월부터 한국외대 정치행정언론대학원장을 맡고 있다. 남궁 원장과의 인터뷰는 지난 22일 서울 동대문구 이문동 한국외대 정치행정언론대학원장실에서 진행됐다.

_글=김청중, 사진=이재문 기자

세계일보 | 2015년 1월 28일 수요일

"
北이슈에 발목 잡혀선 진전 어려워
동북아는 분쟁 없지만 불안정 평화
국지적 차원 외 전체적 구조 짚어야
美·中관계가 역내평화 7할 이상
美 국력약화 땐 충돌 가능성 높아

韓, 당당한 대미 대중정책 취해야
유라시아 이니셔티브 북한이 변수
DMZ 평화공원 차선책도 마련해야
동북아 7자+동남아 공동체 바람직
"

- 지난 한 해 동북아의 평화상황을 평가하면.

"특별한 분쟁은 없었으나 중국의 부상, 일본의 우경화, 북한의 도발로 긴장상태에 있었다고 할 수 있다. 그런 의미에서 현재 동북아는 긴장상태이나 특별한 분쟁은 없는 '불안정의 평화시대'라고 할 수 있다. 그런데 동북아 문제를 논의할 때는 국지적 차원뿐만 아니라 전체적인 구조를 봐야 한다. 동북아의 가장 큰 구조는 미국과 중국관계다. 지난 1년도 그랬고 향후에도 동북아에서는 미·중관계가 결정한 국제구조가 역내 평화·안정의 7할 이상을 좌우할 것이다."

- 동북아 질서에 투영된 미·중관계란 어떤 것인가.

"거시적인 국제구조 속에서 동북아의 불안정 요인은 미·중의 갈등과 협력이다. 우리가 지켜봐야 할 부분은 미국의 아시아 회귀, 재균형 정책과 중국의 신형대국관계가 가져오는 불안정성과 그 나름의 이해 조정이다. 중국의 신형대국관계는 한마디로 이제 중국을 강대국으로 인정하고 중국의 핵심 이익을 인정하라는 것이다. 반면 미국의 아시아 회귀, 재균형 정책은 부상하는 중국이 미국의 영향력을 잠식하는 것을 용인하지 않겠다는 것이다. 미·중의 이런 중요한 정책이 충돌하는 지역이 바로 동북아다. 중·일 갈등도 미·중 갈등의 연장선상에 있다. 동북아에서 미·중의 패권 갈등이 불안정 요소다."

- 불안정 요소를 해소하는 방법은.

"미·중 갈등이 분쟁화하지 않고 어느 정도 조정되는 것은 아직 미국의 국력이 중국에 비해 월등한 덕분이다. 미국 국력은 쇠락하고, 중국 국력은 상승해서 미·중의 패권적 지위가 뒤바뀐 것으로 보는 학자가 많다. 객관적 상황은 중국은 군사력,

경제력, 소프트파워 등 여러 면에서 미국을 여전히 따라잡을 수 없다는 것이다. 특히 중국이 실질적인 대국이 되기 위해서는 지속적인 경제발전이 필요하고, 지속적 경제발전을 위해서는 동북아와 세계의 안정이 긴요하다. 이를 위해 가장 중요한 것이 미국과의 협력이다. 중국이 동북아에서 지역적으로 미국과 갈등하면서도 전 세계적으로는 미국과의 협력을 더 강조하는 이유다. 또 현재 미국이 주도하는 국제질서가 중국의 경제발전에 도움이 된다는 측면도 있다.”

– 미국의 상대적 국력이 약화하면 분쟁 가능성은 더 높아지는가.

“그렇다. 중국은 그럴 경우 미국에 많은 변화를 요구할 것이다. 중국의 요구를 받아들일지는 미국이 결정하겠으나 미국이 수용하지 않으면 갈등이 격화할 것이다.”

– 그렇다면 중국의 부상에 따른 동북아의 불안정 확대는 필연적이라는 것인가.

“가장 중요한 것은 장래 중국이 어느 정도까지 성장할 수 있는지, 그리고 미국에 어느 정도까지 도전할 수 있는지를 정확히 평가하는 것이다.”

– 한반도 평화와 안정을 위해 우리는 미·중 사이에서 어떤 기조를 취해야 하나.

“무엇보다 매우 신뢰 있는 한·미 협력관계를 만드는 것이 중요하다. 우선 미국은 현재 세계 최강국이지만 미래에도 그 지위를 유지할 가능성이 매우 크다. 둘째, 한·미는 민주주의, 시장경제, 인권의 가치를 공유한다. 셋째, 미국은 주변의 중국 러시아 일본과 달리 역외(域外) 강대국이다. 우리에게는 영토적 야욕이 있는 강대국이 아니라는 것이다. 이 세 가지 이유로 한·미 동맹, 미국과의 진정성 있는 협력은 군사 안보뿐만 아니 정치, 외교, 경제, 사회 여러 분야에서 매우 중요하다. 미국도 중국 일본 러시아가 포함된 동아시아에서 한반도는 전략적으로 포기할 수 없는 중요 지역이다. 우리의 핵심 이익과 미국의 전략적 이해가 일치한다. 한·미는 상호협력이 가능하다.”

– 그러면 중국과 불편해지지 않을까.

“역사적으로 강대국인 중국과 단독 액터(actor)로서의 한국의 관계는 불균형적일 수밖에 없었다. 그런 점에서도 한·미 동맹이나 미국과의 강력한 협력관계가 없는 한국은 중국이 볼 때 중요한 액터일 수 없다. 중국이 앞으로 한 세기 정도는 미국에 도전할 수 있는 유일한 국가라는 점에서, 또 우리와의 경제관계에서도 중국과의 협력은 중요하다. 다만 미·중 사이에서 눈치를 보는 식이 아니라 중국에는 한·미관계의 중요성을 분명히 강조하고, 미국에는 중국과의 협력 필요성을 충분히 설명하는, 당당한 대미·대중 정책을 취해야 한다."

‒ 박근혜 대통령의 유라시아 이니셔티브와 같은 정책은 동북아시아의 평화 안정에 도움 될까.

"유라시아 국가와의 협력을 통해 우리의 경제성장 동력도 만들고 평화통일의 기반을 구축한다는 의도는 매우 좋다. 문제는 이것을 어떻게 현실화하느냐의 부분이다. 우리가 유라시아로 나아가는 길목에 북한이 있기 때문에 북한이 중대변수다. 유라시아 실크로드익스프레스, 나진·하산 지역 경제협력 등은 모두 북한의 참여나 역할 없이는 불가능한 사업이다."

‒ 비무장지대(DMZ) 세계생태평화공원 구상은 어떤가.

"이 역시 어떻게 북한을 참여토록 하느냐가 가장 중요한 부분이다. 북한과 DMZ 세계생태평화공원의 비전과 의미를 공유해서 이 구상이 현실화하면 한반도 통일기반 조성과 동북아 평화에 공헌할 수 있다. 다만 북한과 어떻게 비전과 의미를 공유해서 북한이 이 사업에 참여토록 하느냐가 첫 번째 숙제일 것이다. 또 좀 더 현실적으로 북한이 참여하지 않을 경우 유엔 등 국제기구와 어떻게 차선책을 추진할 수 있느냐가 두 번째 숙제다."

‒ 동북아 다자안보 틀 구축에 대한 견해는.

"동아시아 공동체와 같은 다자 간 지역안보협력체가 필요하다. 동북아 7자(남북·미·중·일·러·몽골)로는 구성단위가 작고 이해관계가 첨예하게 엇갈려 있어 이해 조정이 쉽지 않으니 동남아를 포함한 동아시아 공동체가 필요하다. 역내 국가 간 안보협력이 없으면 앞에서 말한 '불안정한 평화'가 진정한 의미의 '안정의 평화'가 되기 어렵다. 유럽에서 유럽연합(EU)이라는 파라다이스가 탄생하는 데에는 나토(북대서양조약기구)가 결정적 역할을 했다. 미국이 나토라는 틀을 통해 부흥하는 전범국 독일과 팽창하는 소련 문제를 해결했기 때문에 EU가 탄생할 수 있었다."

‒ 동아시아 안보협력 틀을 구성하는 과정에서 유의해야 할 점은.

"미국의 참여와 미국의 양자 동맹

인정이 필요하다. 미국이 참여하지 않으면 중국의 힘이 너무 강하게 작용해 안보협력의 성격이 사라진다."

– 한·미, 미·일 등 양자 동맹이 강한 미국은 동북아에서 다자 간 안보 협력 틀을 구축하는 데 소극적이라는 평가가 있다.

"그래서 미국의 참여를 유도하기 위해서는 일정 시점까지 미국의 양자 동맹을 인정해줘야 한다. 동아시아 안보협력체와 경제협력체 두 개를 잘 만들면 동아시아의 번영과 평화를 위해 가장 중요한 아키텍처가

될 것이다."

– 동아시아의 평화·번영을 위해 제언을.

"무엇보다 한반도 통일이야말로 진정하고 장기적인 한반도 안정과 동북아·유라시아의 평화·번영을 가져올 수 있는 계기가 될 것이다. 남북통일이 역내 국가의 협력적 분위기 속에서 이루어지면 이 자체가 한반도 평화·안정, 한·중·일·러의 지역협력, 동북아와 유라시아 번영과 안정에 크게 기여할 것이다."

〈시리즈 끝〉

남궁 영 원장은…

▲1957년 서울 출생 ▲미국 미주리대 정치학 박사(1989) ▲통일연구원 연구위원(1991) ▲한국외국어대 정치외교학과 교수(1997) ▲남북관계발전위원회 민간위원(2011~2013), 한국세계지역학회장(2011), 한국국제정치학회장(2014) ▲외교부·통일부·국방부 정책자문위원 ▲한국외국어대 정치행정언론대학원 원장(현) ▲주요저서: '분단 한반도의 정치경제: 남한·북한·미국의 삼각퍼즐'(2010), '국제정치경제 패러다임과 동아시아 지역질서'(2011) 등

색 인

지은이 소개

• 남궁 영

경기고등학교 졸업
한국외국어대학교 정치외교학과 졸업
미국 University of Missouri, Columbia 정치학 박사

한국외국어대학교 정치행정언론대학원 원장
한국외국어대학교 정치외교학과 교수
캐나다 University of British Columbia, Visiting Scholar
동아일보 객원논설위원
한국국제정치학회 회장
한국세계지역학회 회장
비교민주주의학회 회장
전국대학통일문제연구소협의회 공동의장
외교부 정책자문위원
국방부 정책자문위원
통일부 정책자문위원
남북관계발전위원회 민간위원
국가인권위원회 북한인권포럼 위원
국가인권위원회 인권정책관계자협의회 민간위원
국무총리실 납북피해자보상 및 지원심의위원회
　　　납북피해산정분과위원장
국무총리실 정부업무 특정평가단 평가위원
민주평화통일자문회의 상임위원
민족화해협력범국민협의회 정책위원

주요 저서 | 『신자유주의 세계화와 민주주의』(2009, 공저)
　　　　　　『분단 한반도의 정치경제: 남한·북한·미국의 삼각퍼즐』(2010)
　　　　　　『국제정치경제 패러다임과 동아시아 지역질서』(2011)
　　　　　　『강대국 정치와 한반도: 미·중의 패권경쟁』(2016)